“十二五”普通高等教育本科国家级规划教材
高等院校教师教育公共课教材

新课程背景下的公共教育学教程

（第2版）

主　编　余文森
副主编　谌启标　张荣伟　方元山
参加编写人员（以撰写章节先后为序）
余小茅　张荣伟　余文森　方元山
谌启标　吴刚平　刘家访　黄国才
吴永忠　洪　明　刘良华

高等教育出版社·北京

内容提要

随着基础教育新课程的全面推进和素质教育的深入开展，广大教师和师范生都面临着教育学知识的“充电”，公共教育学课程的内容也面临着重构，本书就是在这一方面的重要尝试。依据新课程背景下教师所需要形成的教育学基本观念，除绪论外，本书分为教育观、学生观、教师观、课程观、教学观、评价观、研究观七个单元，力求使读者真正形成一种观念、一种思想、一种精神、一种实用的知识方法。

本书为“十二五”普通高等教育本科国家级规划教材，可作为各类师范院校公共教育学教材，也可作为中小学教师培训用书。

图书在版编目（CIP）数据

新课程背景下的公共教育学教程 / 余文森主编. — 2版. 北京：高等教育出版社，2009.7（2016.12重印）

ISBN 978-7-04-027383-0

Ⅰ.新… Ⅱ.余… Ⅲ.教育学-师范大学-教材 Ⅳ.G40

中国版本图书馆CIP数据核字(2009)第088440号

策划编辑 苏伶俐 张忠月 责任编辑 王建强 封面设计 王睢 版式设计 张岚
责任校对 俞声佳 责任印制 韩刚

出版发行 高等教育出版社
社　　址 北京市西城区德外大街4号
邮政编码 100120
印　　刷 保定市中画美凯印刷有限公司
开　　本 787×960 1/16
印　　张 22.25
字　　数 340 000
购书热线 010-58581118
咨询电话 400-810-0598

网　　址 http://www.hep.edu.cn
http://www.hep.com.cn
网上订购 http://www.landraco.com
http://www.landraco.com.cn

版　　次 2004年8月第1版
2009年7月第2版
印　　次 2016年12月第8次印刷
定　　价 35.00元

物 料 号 27383-A0

修订说明

本书出版五年来，得到使用者的普遍好评。大家一致反映本书给人耳目一新的感觉，时代性和人文性突出，尤其是在联系和解读新课程方面做得到位而深刻，是目前同类教材中特色鲜明的一本。但是，广大教师也指出本教材存在的不足，其一，实践性和可操作性不够强；其二，传统教育学一些有价值的内容反映不够；其三，有些概念表述不够严谨。这些问题是促使我们对教材进行修订的现实动因。

本书被列为普通高等教育“十一五”国家级规划教材、“十二五”普通高等教育本科国家级规划教材，教材的“地位”和“级别”提升了，教材的内涵、品质和质量也理应有相应的提升。这是促使我们对教材进行修订的责任动因。

本书的修订仍由我主持，为了保证修订的质量和针对性，我们特别邀请部分校外使用者参与本书的修订。在高等教育出版社及本书策划编辑苏伶俐女士的指导下，我们召开了本书修订研讨会，参加研讨会的有：高等教育出版社苏伶俐女士、华东师范大学吴刚平教授、华中师范大学郭元祥教授、华南师范大学刘良华教授、集美大学方元山教授、遵义师范学院余小茅副教授、贵州省凯里学院吴永忠副教授、福建师范大学余文森教授、洪明教授、刘家访教授、谌启标副教授、张荣伟副教授、蔡旭群博士、刘冬岩博士，以及福建省教研室教研员、特级教师黄国才等。

经过研讨，我们形成了本书的修订方案，强调修订工作要确立精品意识，特别是要在保持和发扬本书特色和优点的同时，对本书内容体系以及概念理论做进一步的调整完善和学理推敲；在凸显人文性和理念性的同时，加强实践性和可操作性。本书具体的修订分工为：绪论（余小茅、张荣伟、余文森修订）、第1单元（余小茅、张荣伟、余文森修订）、第2单元（余文森、张荣伟、方元山修订）、第3单元（谌启标、余文森修订）、第4单元（余文森、吴刚平、刘家访修订）、第5单元（余文森、刘家访、黄国才、吴永忠修订）、第6单元（余文森、洪明修订）、第7单元（余文森、洪明、刘良华修订），全书由我负责统稿。

我本人从1986年开始一直从事中小学教育教学改革实践研究和高师公共教育学（教师教育课程）教学工作，2000年有幸成为教育部基础教育课程改革专家工作组成员，参与国家课程改革纲要、方案和课程标程的设计与研制，并作为教育部新课程教学专业支持工作项目组负责人，一直深入第一线指导开展新课程的课堂教学改革工作。正是这样的工作经历，使我觉得有责任来组织编写一本能够反映新课程理念的、切合中小学实际的高师公共教育学教材。

教育学和新课程绝不能搞成两张皮，我们不得不遗憾地承认，“在新的基础教育课程改革逐步展开以后，人们越来越觉得教育学教科书对中小学普遍关注的课程改革反应迟钝”。新课程改革“不仅向教育学发出急迫的呼唤，它事实上已经对教育学基调的调整作出并不含糊的暗示”。“教育学如能诚实地接受这种暗示，抛弃一些失效的老调，且不为时新的空谈所惑，则幸甚！”（陈桂生语）

本书的修订仍然坚持并强化教育学与新课程在理念、内容等方面的对接和整合。我们也坚持强调，公共教育学作为教师教育专业的一门公共基础课程，其核心任务就是激发师范生对教育事业和教师职业的热爱和忠诚，对教育活动和教育问题的兴趣和思考，培植师范生的教育学基本理论素养，帮助师范生形成分析、解决教育教学问题的基本观点和理论视角，让师范生成为有教育学“头脑”和“情结”的未来教师。

教材的完善是个无止境的过程，本书的修订只是这个过程的一个环节，不足、缺漏和问题肯定依然存在，我们深切地希望专家学者与广大教材使用者继续给予关注和批评指正。

余文森

2009年2月28日

第1版前言

公共教育学依然是当前师范院校和举办教师教育的其他院校一门具有奠基性质的专业必修课，它的重要性是不言而喻的。但是，这门课程的教学效果却一直不尽如人意，教材难写、教师难教、学生不爱学等问题一直困扰着我们。几年来，我们一直都在试图改变这门课程的"面貌"，让学生亲近它、喜欢它，虽说有点收效，但整体状况并未改观。

2001年正式启动的新一轮基础教育课程改革，对教育学科尤其是公共教育学科提出了全新的挑战，我们真切地感受到，重建公共教育学课程的时机来临了！我们有意识、有计划地组织一些公共教育学的教师学习、研究新课程，并深入课程改革实验区开展调查和专题实验研究，与此同时，在目标定位、课程内容和教学模式等方面对公共教育学进行改革和探索。正是在这个过程中，我们产生了一种强烈的冲动：编写一本反映新课程理念的公共教育学教材！

本教材的编写力求反映和体现以下特征：

第一，时代性。传统公共教育学教材大至教育教学理论的板块结构，小至教育教学的内容、原则、方法的具体表述和条文，大都显得老套陈旧，不仅学生学起来不新鲜，就是教师也教得厌烦。本教材编写则充分注重从当代教育科学研究的最新成果中筛选适合公共课性质和要求的内容和观点，充分注重反映新课程精神和新课程实施中的新进展、新问题，使教材充满时代气息，体现时代特色。

第二，基础性。传统公共教育学教材大多只是专业课教育学教材（著作）的简单移植或翻版，很少考虑到"公共"的性质和特点，致使教材内容体系大而全、杂而乱。本教材则以打造未来教师的教育学基本素养为宗旨，以新课程为导向，以21世纪中小学教师必须确立的若干教育教学观念为主线，精选教育学科的基础知识和基本理论，不求面面俱到。这些基本观念和基本理论也是学生今后学习学科教育学或学科课程与教学论以及教育教学实习的基础。

第三，实践性。传统公共教育学教材偏重教育教学概念和理论的抽象阐述，片面追求教育教学理论的系统化取向，偏离了教育教学理论得以生长和发展的生活根基和人文轨道。这种教材缺乏感召力，缺乏对实践的有效引导，存在严重的“实践乏力”。本教材十分注重实践品质和人文关怀，全书一以贯之地体现以人为本的教育思想和回归生活的教育理念，使教育教学理论的阐述一方面渗透人文精神，另一方面反映教育教学现状和发展要求，惟其如此，才有可能让师生真切感受到教育教学理论的指导意义、真切关怀和现实帮助。

第四，创新性。传统公共教育学教材套用专业课教育学教材（著作）的体系，固守着“教育原理—教学论—德育论—学校管理”四大板块的布局，这种教材编写模式缺乏开放性和活力，不利于新思维、新理论、新知识的输入和教育学的自我更新。本教材力图在体系上冲破传统的框架模式，在结构上尝试一种全新的思维。全书依据新课程所需要确立的基本观念，分为教育观、学生观、教师观、课程观、教学观、评价观、研究观七个单元，每个单元的编写都力求使学生真正地形成一种观念、一种思想、一种精神。我们期望《新课程背景下的公共教育学教程》能够为公共教育学教学提供一个新平台，引发一种新思维，带来一种新气象。

参加本书讨论和编写的有余文森、谌启标、王晞、连莲、苏莉、闵钟、夏俊丽、方元山、涂怀京、叶信治、洪明、张俊峰、陈国平等老师。具体编写分工如下：绪论（谌启标执笔），第1单元（谌启标执笔），第2单元（谌启标、夏俊丽、闵钟执笔），第3单元（连莲执笔），第4单元（余文森执笔），第5单元（余文森、苏莉执笔），第6单元（王晞、余文森执笔），第7单元（余文森执笔）。全书由余文森、谌启标、王晞负责统稿。

本书的编写得到郭华、吴刚平、张华、郭元祥、康长运、苏文锦、朱敏、黄汉升、许明等专家领导的指导与支持。高等教育出版社的领导和编辑对本书的编写也给予了热情的鼓励和具体的帮助。本书在编写过程中参阅和引用了大量其他研究人员的成果。在此，我们一并表示深深的谢意。

本书只是新编公共教育学教材的一种尝试，由于编写者认识水平的局限和专业理论的限制，这种尝试一定存在诸多缺漏和遗憾，我们恳请同行提出宝贵的意见。

编　者
2004 年 6 月

目　录

绪论　教育学——充满人性魅力的学科 …… 1
第一节　教育学的研究对象 …… 2
第二节　教育学的研究任务 …… 3
第三节　教育学的性质与魅力 …… 5
第四节　研习教育学的意义与方法 …… 8

第 1 单元　教育观——以人为本的教育观 …… 15
第一章　教育的认识 …… 16
第一节　教育的理解 …… 16
第二节　教育的发展 …… 24
第三节　理想的教育 …… 29
第二章　教育的意义 …… 37
第一节　教育的社会意义 …… 37
第二节　教育的个人意义 …… 42
第三章　教育的目的 …… 49
第一节　教育目的的认识 …… 49
第二节　新课程的培养目标 …… 55

第 2 单元　学生观——主体性的学生观 …… 61
第一章　人性观 …… 62
第一节　人性假设与教育主张 …… 62
第二节　人的基本属性与教育 …… 66
第三节　新课程与“人性化教育” …… 71
第二章　学生观 …… 76
第一节　儿童发展观和权利观 …… 76
第二节　多元智力视野中的学生 …… 81
第三节　新课程的学生观 …… 84

第三章 学习观 …… 87
第一节 学习的理解 …… 87
第二节 学习的分类 …… 91
第三节 新课程与学习方式转变 …… 96

第 3 单元 教师观——专业化的教师观 …… 101
第一章 教师职业概述 …… 102
第一节 教师职业的认识 …… 102
第二节 教师的权利与义务 …… 108
第三节 教师与学生 …… 113
第二章 教师专业素养 …… 119
第一节 教师专业知识 …… 119
第二节 教师专业能力 …… 123
第三节 教师专业精神 …… 128
第四节 教师专业人格 …… 131
第三章 教师专业发展 …… 137
第一节 教师专业发展阶段 …… 137
第二节 教师专业发展途径 …… 143
第三节 教师专业发展实践 …… 146

第 4 单元 课程观 …… 153
第一章 课程认识 …… 154
第一节 课程概念 …… 154
第二节 新课程观 …… 160
第三节 课程标准 …… 164
第二章 课程结构 …… 170
第一节 课程类型 …… 170
第二节 义务教育课程结构 …… 175
第三节 高中课程结构 …… 177
第三章 课程资源 …… 185
第一节 课程资源的意义 …… 185
第二节 课程资源开发与利用的理念和原则 …… 189
第三节 课程资源开发与利用的途径 …… 195

第5单元　教学观 …… 201
第一章　教学的认识 …… 202
第一节　教学的意义 …… 202
第二节　教学的基本规律 …… 207
第三节　教学的基本原则 …… 213
第四节　新课程的教学观 …… 225
第二章　教学的基本方法 …… 233
第一节　教学方法的分类 …… 233
第二节　直接型教学方法 …… 235
第三节　间接型教学方法 …… 243
第四节　直观实践性教学法 …… 249
第三章　课堂教学 …… 252
第一节　备课 …… 252
第二节　上课 …… 258
第三节　听课与评课 …… 264

第6单元　评价观——旨在促进发展的评价观 …… 271
第一章　教育评价的认识 …… 272
第一节　教育评价的意义 …… 272
第二节　传统考试评价存在的问题与反思 …… 278
第三节　促进学生全面发展的评价体系 …… 282
第二章　教育评价的类型与方法 …… 291
第一节　教育评价的主要类型 …… 291
第二节　教育评价的主要方法 …… 297

第7单元　研究观——以校为本的研究观 …… 309
第一章　校本研究的认识 …… 310
第一节　校本研究的特点与类型 …… 310
第二节　校本研究的意义 …… 313
第三节　校本研究的基本要素 …… 315
第二章　校本研究的实施 …… 324
第一节　校本研究的基本过程 …… 324
第二节　校本研究的主要方法 …… 327
第三节　校本研究的成果表述 …… 330

绪　论

教育学——充满人性魅力的学科

教育学是什么？教育学的研究对象是什么？作为一门学科，教育学具有怎样的发展历程？教育学有何魅力？研习教育学与师范生未来的教育工作之间有何关系？师范生如何研习教育学？新课程改革对于公共课教育学提出了怎样的挑战？以上是师范生初涉教育学时必须明确的首要问题。相关问题的探讨可以为后续学习、研究和应用好教育学奠定良好的基础。

第一节 教育学的研究对象

教育学是一门研究教育现象和教育问题，揭示教育规律的科学。因此，教育学是一门非常有用的学问，具有极其重要的理论价值和实际意义。作为一个师范生，只有学好了教育学，掌握了教育的基本理论知识，将来才有可能成为一名合格的人民教师。

捷克教育家夸美纽斯曾经赞誉教师这个职业为“太阳底下最光辉的职业”。但是，要真正地成为一个受学生爱戴的优秀教师并不是一件容易的事情。不仅如此，有一些在职教师疲于奔命，敷衍塞责，甚至违背教育的基本规律办事。不但自己没有体验和享受到教育这项事业所特有的快乐与幸福，而且给学生的身心发展造成了无可挽回的后果。这与这些教师的职业态度、职业情感尤其是对教育的理解和认识有直接关系。也可以说，这些教师没有真正地理解和认识教育的本质和规律，没有真正地认识到教育的目的和功能，更没有真正地认识到教师这个职业的价值和意义。而这些问题都是教育学所要研究的基本内容。

这里讲一讲我国著名教育家陶行知先生在南京金陵女子师范大学第一次讲授“教育学”的故事。在讲课之前，陶先生不慌不忙地拿出一只大公鸡，放在讲台上，然后开始给大公鸡喂米。他按住公鸡的头，强迫它吃米，可是大公鸡只叫不吃。怎么才能让鸡吃呢？他掰开鸡的嘴，把米硬往鸡嘴里灌，大公鸡拼力挣扎，还是不肯吃。陶先生轻轻地松开手，把鸡放到桌子上，自己后退了几步，接着，大公鸡慢慢地吃起米来。这时陶先生开始上课：“我认为，教育就跟喂鸡一样！先生强迫学生去学习，把知识硬灌给他，他是不情愿学的，即使学，也是食而不化，过不了多久，他还会把知识还给先生的。但是，如果让他自由地学习，充分发挥他的主观能动性，那效果将一定会好得多！”陶行知“喂鸡”这一故事说明的道理很清楚，就是教学应该让学生成为学习的主人，教师在教学中起主导作用，这个主导作用就是把学生推到主体地位，让学生积极、主动地学习，这样才会有理想的效果。

爱因斯坦曾经说过：“把学生的热情激发起来，那么学校所规定的功课，就会被当作一种礼物来领受。”我国宋朝的理学家程颐也说过：“教人未见其趣，必不乐学。”大量教育实践证明，教学方法直接决定着教学质量和学生素质的的高低，同时也对学生智能的发展水平产生巨大影响。在新课程背景下，如何改进课堂教学方法，如何实行启发式教学，如何发挥学生的主观能动性，如何促进学生在知识与技能，过程与方法，情感、态度与价值观等方面和谐发展？这本《新课程背景下的公共教育学教程》将会作出全面而细致的探讨。

当然，作为一门学问，教育学所要研究的问题远不止这些。科学研究始于问题。作为一门科学，教育学同样始于（教育）问题。值得注意的是，随着时代的发展和科学的进步，教育学的问题领域一直在不断扩大。目前，已经由微观的教育教学过程扩展到宏观的教育规划；由教育的内部关系扩展到教育的外部关系；由基础教育扩展到高等教育；由正规教育扩展到非正规教育；由学校教育扩展到社会教育；由正常儿童教育扩展到特殊儿童教育；由儿童青少年教育扩展到成人教育和老年教育；等等。不仅如此，近些年来，教育学的理论性与实践性的关系问题，教育学的本土化与国际化问题，以及教育学的科学性和价值性等问题，也引进起了广泛关注。

总之，教育问题是推动教育学发展的内在动力。当然，并非所有的教育问题都能够在短期内进入教育学的视野。一般而言，只有那些具有理论和现实价值，能够引发普遍关注的问题才能构成教育学的研究对象。因此，真正优秀的教师和教育理论工作者，总是善于从纷繁复杂的教育现象中发现真实而又具有独特价值的教育问题，并积极寻求问题的可靠答案。

第二节 教育学的研究任务

明白了教育学的研究对象，也就明白了教育学的研究任务。教育学的研究任务在于，通过对教育现象和教育问题的研究、探索，发现教育规律，构建科学的教育理论体系。

这里需要进一步明确的是：规律是什么？教育规律是什么？

一般来说，规律是事物发展中本身所固有的本质的、必然的、稳定的联系。它体现了事物的根本性质和发展过程。简言之，规律就是关（联）系，就是不同事物本质之间的关（联）系。一方面，规律具有必然性，它代表着事物必然如此、确定不移的趋势。另一方面，规律具有稳定性，它是变动不居的现象中相对稳定的、不变的联系。规律总是体现、贯穿于事物发展的现实过程中，是事物的本质联系在发展中的表现。

相对而言，教育规律则是教育发展过程中的本质联系和必然趋势。诸如，教育事业的发展速度、规模受生产力发展水平的制约；教育的社会性质受生产关系的性质所决定，教育同人的发展、社会发展之间以及教育内部各要素之间的本质联系等。整体上，教育规律具有如下特点：

（1）教育规律是教育现象所固有的、客观存在的。只要教育现象存在，教育规律就存在。

（2）教育规律是反复起作用的。教育在任何状况下都受到自身发展规律的制约。

需要强调的是，根据层次性的不同，教育规律可分为三大类：

（1）教育的一般规律。它存在于一切教育现象之中，并贯穿于教育发展的整个过程。如教育的根本职能在于传递社会生活经验，促进人的社会化。

（2）教育的特殊规律。它反映不同时期、不同领域或教育过程不同阶段的特殊性。如不同社会形态下教育发展的不同规律。

（3）具体的教育活动规律。如德育的知、情、意、行相结合，教学的传授知识和发展能力相结合，体育要根据人体生理机能变化规律规定不同的活动内容和负荷量等。①

总之，教育规律具有客观性、必然性，不以人的意志为转移。但是，由于教育是一个动态发展的复杂过程，并受到政治、经济、科技、文化等因素的制约，加上人的认识能力的局限性，教育规律常常会被假象所掩盖，进而造成认识误区，影响甚至误导教育活动，给个体发展和社会进步带来诸多副作用。教育学的研究任务就是要全面准确地揭示和阐述教育规律，以正确地引导教育工作和教育改革。

---

① 顾明远主编：《教育大辞典》第一卷，上海教育出版社1990年版，第17页。

第三节　教育学的性质与魅力

教育学究竟是一门怎样的学科？这门学科具有怎样的学科性质？从这样的问题出发，我们可以更好地理解和认识教育学的本质特征，可以更好地感受教育学的学科魅力。

一、教育学的性质

对于初涉教育学的人而言，首先应该明确教育学的学科性质。教育学究竟是一门什么样的学科？历来纷争不断。比较突出的意见有两派：一派意见认为教育学应是一门自然科学，就像数学、物理学、生理学等那样规范严谨的自然科学。在西方，德国教育学家赫尔巴特（J. F. Herbart，1776—1841）的代表作《普通教育学》（1806 年），就享有"科学教育学"的盛誉。后来，19 世纪末 20 世纪初出现的所谓"实验教育学"派，代表人物有梅伊曼（E. Meumann，1862—1915）、拉伊（W. A. Lay，1862—1926）等，更是将教育学的科学化运动推向了巅峰。

另一派意见则是把教育学视为一门人文科学（精神科学）。这派的代表人物有卢梭（J. J. Rousseau，1712—1778）、康德（I. Kant，1724—1804）、狄尔泰（W. Dilthey，1833—1911）、杜威（J. Dewey，1859—1952）、蒙台梭利（M. Montessori，1870—1952）、雅斯贝尔斯（K. Jaspers，1883—1969）、伊里奇（I. Illich，1926—?）、吉鲁（又译吉罗克斯）（H A. Girous，1943—?）等。他们认为，不能完全按照自然科学的模式来研究和建构教育学，即教育学不可能被彻底科学化。再后来，两派则出现了合流的动向，即出现教育学的科学－人文走向，而且有不少学者和组织在作科学－人文教育学的建构工作。如由联合国教科文组织编写的《学会生存——教育世界的今天和明天》一书，就在这方面作出了可贵的探索，提出了所谓的"科学人道主义的教育学"，在国际上产生了很大的影响。在中国，也有学者提出建构"人文·科学教育学"的主张。这里需要强调是，教育学者不应该将教育学往实用化、技巧化甚至庸俗化方面导引，因为仅仅从现实需要来看，这或许可以理解，但目前却盛行一股庸俗实用之风，一时间，各种换汤不换药似曾相识的所谓实用性、工具性、操作性的教育学应运而生，极大地贬损了教育学作为一门有着深厚人文底蕴的学科的学术声誉。

教育学的学科性质其实是一个学科归属的问题，即教育学的学科走向问题。历史和现实的教育学研究都表明，教育学永远不可能建成像数学、物理学等那样的规范学科，也不可能完全走向如医学、工程学等那样的纯粹实用技术学科，它的基本走向应该是科学－人文的学科，它是科学的，更是人文的，这是由教育学本身的研究对象所决定的。

之所以确立教育学的人文学科归属，一方面是为了拒斥现代自然科学尤其是技术科学对教育学的肆意“入侵”，另一方面更为重要的是为了回到教育学的原点，追踪教育学的起点，抓住教育学的元问题。那么，教育学的元问题究竟是什么呢？教育学问题的关键就是人，即关涉人的幸福、自由、快乐、超越等等。教育学理论只有抓住了人本身，才能得到广泛的信仰和支持。我国教育学家叶澜认为，教育学学科发展的内在核心问题是对“人”的认识。教育学理论的突破，需要从对“人”的认识的反思开始，在一定意义上可以说，有怎样的“人”的观念，就会有怎样的教育学理论。古今中外教育学发展史上的重要流派纷争和时代性的转换，都以对“人”的认识的重大区别和变化为标志，就中国目前教育学理论的现状来看，在有关“人”的认识上，主要缺失的是“具体个人”意识，需要实现的理论转换是从“抽象的人”向“具体个人”的转换。①

目前，需要确立的是一种真正以人为本的沐浴着人性光辉的教育学，这就需要摈弃以物为本的教育学（确切地说应当是“教育术”）。如此，教育学才能切实承担起为了人的幸福生活服务的责任，才能真正成为“一种具有人的面孔的教育学” (a pedagogy with a human face)。

二、教育学的魅力

教育学不仅是可信的（指科学取向的教育学），更是可爱的（指人文取向的教育学）。教育学的学科归属（取向）将直接决定它有着什么样的学科（学术）魅力。教育学究竟有什么魅力？我们认为，

① 叶澜：《教育创新呼唤“具体个人”意识》，《中国社会科学》2003年第1期。

作为一门人文学科的教育学，其学术魅力起码应该包括求真魅力、崇善魅力、审美魅力等三重魅力。

关于教育学的魅力，我国学者金生鈜教授曾经指出，教育学是对研究者挑战极高的一门学术，它的理论品性要求研究者在哲学、历史、文学等人文学科、社会科学上有较深的素养，有敏锐的理性思维能力和现实洞察力；它的实践品性要求研究者要有高尚的精神境界、圆满的人格，有着对人的关切、同情、热爱、宽容、启迪的情怀，有着对教育及教育学的执著与真诚。面对这样的挑战，研究者应当孜孜以求、自强不息，以自己的人文情怀与道德热忱为学为人。①

以此为视角，教育学便是人学，人学将指明教育学前进的方向与追求的旨趣，并将决定着教育学的学术风貌，任何真正的教育学其实就是人学或者说教育人学。但是，教育学中的“人学空场”久矣！诚如王啸博士指出的那样：“从一般意义上讲，教育学是人学。‘教育学是人学’意味着教育是对人的解放。换言之，作为人学的教育学，理应完成两大使命：反奴化与反物化……以往教育学的最大症状，就在于看人的方式不对，对人的理解出了偏差……强调‘教育学是人学’的意义就在于，让人回到教育，让‘人是目的’成为教育的基本原则，并以人的方式来把握人、理解人……只有当我们把教育学作为一种人学形态来考察时，才能真正有望克服教育学的技术倾向，亦即从根本上、全局上解决教育问题。”②

在探讨教育研究的境界时，我国学者孙俊三曾经指出，教育研究具有深厚的学科底蕴、明确的理论导向、自觉的学术追求，它的理想境界主要体现在固本归元、兼容并包、出神入化的学术追求之中。他认为，近三百年来教育学在学术之林的崛起和发展，正是在人类共同追求真理的大背景下，教育研究与相关学科相互对话，相互理解对方的价值追求和学术造诣，相互解释对方的理论内涵和学术架构，在共同解决人类面临的共同问题的过程中，勇敢迎接新的挑战，抓住新的机遇，介入新的场域，既建设学科，又化解学科，不断地创造出新的

① 金生鈜著：《理解与教育》，教育科学出版社1997年版，第177页。

② 王啸著：《教育人学——当代教育学的人学路向》，江苏教育出版社2003年版，第7—8页。

学术生命的。①

可见，作为一门以助人成人为最高旨趣的人文之学，教育学本身蕴藏着极为丰厚的人性魅力，也即教育学学术魅力的基本面貌应是作为一个完整的人所具有的人性的魅力或者说思想的魅力。我们之所以说教育学学术深蕴着人性的魅力实际上是一种思想的魅力，是因为我们作为人的全部尊严就在于思想（帕斯卡尔语）。我们所孜孜以求的教育学学术研究应当坚守的求真魅力、崇善魅力与审美魅力的根本旨趣直指人性的魅力、思想的魅力。教育学必将因为人性的美丽而充满魅力，也必将因为思想的深邃而魅力无穷。我们坚信，未来的教育学，必将诗意地生长在我们的心中！一如我们所坚信：人，诗意地生长在大地上！作为教育学人，我们正静静地期待着一种有血有肉的充盈着生命律动与思想张力的教育学。

第四节　研习教育学的意义与方法

为什么要学习教育学？教育学的价值何在？作为一名师范生，在新课程背景下，应该如何研习教育学？这是本节的主要内容。

一、研习教育学的意义

教育学是各级师范院校以及教师培训的一门必修课程，对从事教育工作具有特别重要的意义。今天的师范生就是明天的人民教师，今天的教育学将服务于师范生未来的教育教学实践，为未来的中小学教师形成教育思想、教育智慧奠定基础，帮助师范生打造未来教师的教育素养。

（一）研习教育学，有助于师范生形成教育思想

柏拉图曾说过，奴隶之所以是奴隶，乃是因为他的行为并不代表自己的思想而是代表别人的思想。教师应该是教育的主人而不是奴隶。教师的教育行为应该代表教师自己的教育思想。教育思想是教师的第一素养。思想成就人的伟大，人如果没有思想，那就成了一块顽

① 孙俊三：《教育研究的境界——论教育学的学术品格与学术精神的追求》，《教育研究》2005年第11期。

石或者一头牲畜了。教育思想成就教师的伟大，没有教育思想，教师就成了一台教育机器。人的全部的尊严就在于思想，没有教育思想，就没有教育尊严可言，教师唯有形成自己的教育思想才能拥有教育乃至人生的尊严。

教育思想的第一个层次是教育认识，认识解决知与不知的问题。

教育思想的第二个层次是教育观念，观念解决行为问题。

教育思想的最高境界是教育理念，理念解决价值取向问题。

教师一定要确立自己的教育理念，教育理念是教师的主心骨。教师心中一定要有一个教育的乌托邦，这样不管遇到什么阻力，碰到什么困难，他都会勇往直前地朝着自己的理想、信仰奋斗不息，这是教师人生价值和人生幸福的源泉！

（二）研习教育学，有助于师范生提升教育智慧

教师的教育教学行为就其表现形式而言，是由思想决定的；就其表现内容而言，是由素质决定的。从这个意义上可以说，教师拥有什么，他才能够给学生什么。教师只拥有知识、技能，他就只能传授学生知识，训练学生技能；教师拥有智力、能力，他才能够发展学生智力，培养学生能力。唯有智慧才能启迪智慧。据此，教师可以分为“教书匠”（知识、技能型的教师）、“能师”（智能型的教师）、“名师”（智慧型的教师）。“教书匠”就知识论知识，就技能论技能：“能师”才会在传授知识和训练技能过程中发展智力、培养能力；而“名师”还会在这个过程中经常迸出智慧的火花启迪学生，开启学生悟性，增长学生智慧。

教师应该拥有教育智慧。尽管我们无法给教育智慧下个确切的定义，但我们可以肯定地说，从认知层面讲，智慧要比智力能力更高、更虚灵、更富有弹力，从这个角度可以说，教育智慧是教育能力和教育艺术的合金，教育能力与教育艺术的和谐统一、相辅相成才构成教育智慧。这正是教育智慧的生命力和活力之所在。

教育智慧赋予教育教学工作永恒的魅力。教育学的学习有助于未来教师领会教育智慧，并提高自身的教育智慧。

当前，新课程改革呼唤新型的教师即专家型、复合型的教师。向科研要质量，做一个研究型、专家型教师的倡导，已成为我国教育教学改革的重要特征。教师的教育研究不仅逐渐成为社会的要求，甚至已经成为不少一线教师的自觉行为。为此，未来的教师必须改变以前那种被动消极的单一教师形象，树立起主动的积极的多维的教师形象，真正实现教师的专业发展。实现教师专业发展包含着丰富的内涵，其中至关重要的一项内容就是确立“教师作为研究者”的教师发展新理念，研究将不再是少数专家学者的“专利”，而将成为广大教师切实提高自身教育教学的学术支撑。未来的教师，应该让“研究”与“教学”共同携手，以专家的视角从事教育教学工作，积极地从日常教育教学工作找寻研究的问题。这便要求今天的师范生认真学习教育的基本理论知识，不断提高自己的教育理论素养。否则，在基础教育不断变革这一背景下，将很难胜任未来的教育教学工作。

二、研习教育学的方法

主动了解并深入体会新课程改革的核心思想，理论联系实际，认真阅读各类教育经典文献，并养成善于思考的习惯，是学好教育学的有效方法。

（一）认真学习新课程改革的基本理念，在研习教育学的过程中深入领会课改的基本精神

国家新一轮课程改革涉及培养目标的变化，课程结构的调整，课程内容的更新，课程标准的制定，课程实施与教学改革，教材改革，课程资源的开发，评价体系的建立和师资培训以及保障支撑系统等，是一场由课程改革所牵动的整个基础教育的全面改革。它绝不是对现行课程的简单调整和修正，而是一场反映时代精神的深刻变革，是对产生于计划经济时代的与当今社会发展严重脱节的“应试教育”课程体系的重建。从这个意义上说，本次课程改革是一场既广泛又深入的教育创新，在本质上，它是一种文化重建，它将培植一种富有时代气息、体现时代精神、与时俱进的民主、科学、开放的新文化。新文化的灵魂是以人为本。一方面，我们要以新课程的精神和理念为导向研习教育学，使教育学的研习与基础教育课程改革相对接；另一方面，我们要通过对教育学的研习，深刻地领会新课程的精神和内容，把新课程的新精神和新理念建立在丰厚和深刻的教育学理论上。由于刚刚接触教育学，师范生可以在教师的引导下，从研读新课程改革的大纲即《国家基础教育课程改革纲要》（试行）开始，领会教育学对于新课程改革的理论规范功能，并进一步认识教育学的生命意义，感受教育学的人性与思想魅力。

（二）养成精读文本、深度阅读的习惯，潜心研读古今中外的各类教育经典文献

在当前人们普遍存在功利短视的情况下，教育学人尤其需要一种淡泊、一种冷静、一种沉潜、一种超然、一种古典的情怀。面对着令人眼花缭乱的各式教育学阅读资源，为了让阅读生活不再有“丰富的痛苦”，为了让阅读生活更舒服一些、更诗意一些、更纯粹一些、更人性一些，对待教育学中那些散发着永恒魅力的经典著作，教育学人应该保持一种虔敬的心情，学会在静静的阅读中与人类的崇高精神对话！

师范生应该树立“与经典为伴侣与名著同行”的阅读理念，学会从大量的中外教育经典著作中汲取思想菁华，从而为全面提升我们的教育思想积淀丰厚的教育文化（学术）底蕴。作为一名当代教师，教育思想是第一重要的素养。没有思想引领的教师，始终是低层次的平庸的教师。教师既然是引领着人的全面生成的人，他就应该具备人的高贵与超拔，人的尊严与品质。“我不能想象一个人没有思想：那他就成了一块顽石或者一头畜生了……我们（作为人）的全部尊严就在于思想。思想性形成人的伟大。人是能思想的苇草……由于思想，我们囊括了宇宙。”① 同样，一个教师如果没有形成（培植出）深邃的教育思想，他（她）的教育活动就等于没有了灵魂。这样，教师本人岂不成了一台毫无灵性的教书机器？诚如马克思所言：“能给人以尊严的只有这样的职业，在从事这种职业时我们不是作为奴隶般的工具，而是在自己的领域内独立地进行创造。”② 教育学的研习将是形成师范院校在校生最初教育思想的起点，学习教育学的目的绝对不是获得一些僵硬的死板的教条，而是培养我们的教育思考能力，形成我们自己的教育思想。而这离不开教育经典。

（三）以教育问题为导向，理论联系实际，密切关注现实教育问题

身处当今中国教育改革尤其是基础教育新课程改革的时代，我们会发现，有许多深层次的教育问题不断暴露出来，诸如如何扎实实施素质教育？如何深化新课程改革？新课程改革对于我们师范院校在校

① ［法］帕斯卡尔著，何兆武译：《思想录》，商务印书馆1985年版，第156—158页。
② 《马克思恩格斯全集》第40卷，人民出版社1982年版，第6页。

生提出了哪些新的挑战？如何推进我国的教育公平？如何切实保卫教育的公共性？如何培养学生创新精神和实践能力？如何培植学生的人格和精神？如何实施启发式教学，实现教师少教而学生因此可以多学？如何实施有效教学，切实减轻学生负担，促进学生全面健康成长？如何看待国学热？等等。通过对如上这些问题的思考，一定会激发我们研习教育学的动力。作为21世纪的师范生，要想为创建具有中国气派的教育学贡献自己的智慧与力量，一方面，需要时时关注着发生在我们身边的教育问题，用所学的教育学知识给出理性的阐释与解答；另一方面，又必须通过对教育问题的阐释与解答，不断提升自己的教育理论水平。

同学们，现在就让我们一道进入教育学那辉煌的学术殿堂，去领略那浸透着无穷人性与思想双重魅力的教育学吧！

分析与思考

1. 你是如何理解教育学的人性与思想魅力的？

2. 请以“我的教育（学）之梦”为题，写一篇教育随笔。

3. 请任选一本古今中外教育学经典著作，深度阅读并写一篇读书札记。

4. 请选定一个感兴趣的教育问题，持续思索并提出自己的见解。

主要参考文献

1. 瞿葆奎主编：《教育学文集·教育与教育学》，人民教育出版社1993年版。

2. 瞿葆奎主编：《元教育学研究》，浙江教育出版社1999年版。

3. 瞿葆奎著：《教育学的探究》，人民教育出版社2004年版。

4. 陈桂生著：《历史的“教育学现象”透视——近代教育学史探索》，人民教育出版社1998年版。

5. 王承绪、赵祥麟编译：《西方古代（近代、现代）教育论著选》，人民教育出版社2001年版。

6. 毛祖桓著：《从方法论看教育学的发展》，重庆出版社 1990 年版。

7. 王啸著：《教育人学》，江苏教育出版社 2003 年版。

8. 李政涛著：《教育学科与相关“学科”的对话——从知识、科学与信仰的角度》，上海教育出版社 2001 年版。

9. ［英］伊里莎白·劳伦斯著，纪晓林译：《现代教育的起源和发展》，北京语言学院出版社 1992 年版。

10. ［日］筑波大学教育学研究会编，钟启泉译：《现代教育学基础》，上海教育出版社 1986 年版。

第1单元

教育观——以人为本的教育观

作为人类社会的一种重要现象，教育以培养和塑造完美的人为鹄的。但是，究竟什么是教育？教育对于个人的发展可以起到什么作用？教育的理想什么？理想的教育又是怎样的？弄清这些问题，无疑对于我们确立以人为本的教育本质观具有重要作用。同时，只有确立了正确的教育本质观，才能找准教育工作的基本方向。

第一章　教育的认识

什么是教育？什么是本真的教育？这是一个在目前的中国教育学界仍纷争不断的话题。我们认为，教育是一个让人成人的过程，一个不断从内在去丰富做人的人性化的过程，一个不断提升做人的层次与境界的过程。精神性、理想性和超越性是教育之为教育的内在品格。任何让教育低级化、世俗化、平庸化的做法，都是对教育的误解误读，其结果只能让教育越来越成为禁锢人的自由成长的障碍。

作为一种特殊的社会活动，教育主要由教育者、学习者和教育影响等三个要素构成。教育活动寄托着人类社会与个人的理想与追求，当代教育进行的一系列变革其实就是为更好地实现教育理想扫清一切制度的、经济的、法律的、思想的等等方面的障碍。

第一节　教育的理解

一般来说，教育是以正在成长中的人为直接培养对象的特殊活动。或者说，教育引导着人的生成和发展，人只有通过接受教育才能够真正成为人。按照广义教育学的观点，教育贯穿于人的一生。对于教育，每个人都有自己特殊的体验和理解。“恰是因为人人都有一定的教育和受教育的经验，在某种程度上，每个人都会形成一定的教育思想，每个人都具有一套自己的‘教育理论’，每个人对教育都有话可说、有话要说。因此，对于教育，人人拥有话语权，人人都可以成为教育的言说者或者表达者。”①

一、教育含义的探寻

教育与人类的生存和发展存在着密切的关系。人们在日常生活中广泛地使用着各自理解的“教育”。如此一来，自然就造成了充满歧

① 张荣伟、朱永新：《试论教育思想表述的话语困境》，《教育研究》2004 年第 4 期。

义甚至于相互对立的各种“教育”含义。作为以教育问题为研究对象的教育学，理当为人们确立一个比较有理论解释力和相对可靠的教育含义。

1. “教育”的词源分析

在中国的甲骨文中，“教育”一词的写法是：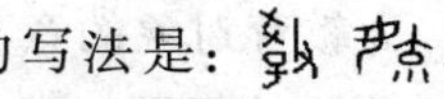，其中，“教”字表示一个成年人手执教鞭，向受教育者（小孩）传授知识的意思。“育”字表示一个成年妇女看管哺育小孩，使他们能够健康成长。由此不难看出，“教”和“育”两个字各有其意思，而且“教”（教人以知识技能）是为“育”（孩子的健康成长）服务的，“教育”的重心不在“教”而在“育”。

那么，“教育”一词在西方文化中的原始含义又是什么呢？综合有关文献，英文表示为 Education，法文表示为 Éducation，德文表示为 Erziehung，意大利文表示为 Educazióne，它们都源于拉丁文 Educare，而拉丁文 Educare 又由动词 Educĕre 演变而成。E（前缀）在拉丁文中的含义为“出”（out），Ducĕre（词根）在拉丁文中的含义为“引”（lead）。因此，“教育”的原始含义为“引出”、“导出”。这里，我们已经鲜明地感觉到由于中西文化上的巨大差异而导致了对于同一个“教育”的不同解释。因此，我们今天对教育的理解就必须站在中西文化融会贯通的“高地”上，作出我们新的诠释。

2. 教育——作为人与人之间以精神交流为特质的相互影响的活动

翻开今天大多数的教育学教科书，对于教育往往是从两个角度（实为一个角度）去理解的：广义的教育泛指一切增进人们知识、技能、身体健康以及形成和改变人们思想意识的过程。狭义的教育是指教育者按照一定的社会要求，向受教育者的身心施加有目的、有计划、有组织的影响，以使受教育者发生预期变化的活动。① 这样看来，我们对“教育”的认识拥有了广狭两种定义，似乎对“教育”已有相当全面的认识了。然而，我们真的认识“教育”了吗？

对于“教育”的认识，我们认为有两点必须予以先在的确定：

（1）人是教育的对象

① 南京师范大学教育系编：《教育学》，人民教育出版社 1984 年版，第 18—19 页。

明确人作为教育活动的对象，这是一个具有教育本体意义上的大事件。倘若人不是教育的对象，那么，什么才是教育的对象呢？如果不能确立人为教育的对象，整个教育活动岂敢称为教育呢？其实，对于人是教育的对象，必须明确人何以有资格成为教育的对象以及人成为教育对象的意义何在。这是一个涉及教育学中有关人的知识（人学）的问题，诚如卢梭所言："我觉得人类的各种知识中最有用而又最不完备的就是关于'人'的知识"。[①] 是啊！教育学太需要由相关学科积淀起来的丰富且正确的人学知识（资源）了。因为"我们的困难在于我们对人性知道得太少。我们知道人制造的是什么，但我们不知道人是什么……我们的全部文明建立在对人的错误解释的基础上，难道不是这样吗？或者说，现代人的悲剧在于人是这样一个存在：他竟忘记了'人是谁'这个问题……对人的无知不是缺乏知识，而是由于错误的知识"。[②] 人之谜成为古往今来一直纠缠无数哲人最大的谜。可以说，现代哲人对人的哲学探讨是以德国哲学家马克斯·舍勒对人在宇宙中的地位的探索为开始的。自此以后，一门崭新的学科——哲学人类学登上了历史的舞台。其中，德国哲学人类学家 M. 兰德曼在其名著《哲学人类学》一书中提出了人（类）的结构具有"非特定化"（unspecialization）的特性，这对于从理论上确立把人作为教育的对象具有非同寻常的意义，因为它将直接导致教育上"可塑性"这一基本概念的出现，甚至赫尔巴特也明确地提出了"教育学以学生（人）的可塑性作为其基本概念"。[③] 人之所以具有可教育性，就在于人的可塑性，而人的可塑性又直接地表现为人的感觉器官和心理机能上的"非特定化"。可见，人的"非特定化"是人的可塑性的前提，而人的可塑性又是人的可教育性的前提。以此为基点，教育人类学家不仅从可塑性出发论证了人的可教育性（人接受教育的可能性），而且更进一步"非特定化"地论证了人接受教育的必要性（主观需要性和客观需要性）。只有在这个层次上，我们才会对康德所言"人只有通过教育才能成为一个人"的著名论断有了学理上的阐释。

---

① ［法］卢梭著，李常山译：《论人类不平等的起源和基础》，商务印书馆 1997 年版，第 62 页。

② ［美］赫舍尔著，隗仁莲译：《人是谁》，贵州人民出版社 1994 年版，第 5 页。

③ ［德］赫尔巴特著，李其龙译：《普通教育学》，人民教育出版社 1989 年版，第 190 页。

经由以上的分析，我们便清楚地认识到人本身不仅具有接受教育的极大可能性（可塑性），而且认识到人必须接受教育才能成为人（否则，人将不人）。著名哲学家柏拉图就直接地把教育与人性改造结合起来："我认为一种适当的教育，只要保持下去，便会使一国中的人性得到改造，而具有健全性格的人受到这种教育又变成更好的人，胜过他们的祖宗，也使他们的后裔更好。"①

（2）精神交流与灵魂转向：教育之为教育的内在品格

仅仅从词源上探讨教育的本义还是远远不够的。教育之为教育就在于它是直面人的精神与灵魂的高贵事业！正如德国著名教育哲学家雅斯贝尔斯所指出的那样："教育是人的灵魂的教育，而非理智知识和认识的堆集……在学习中，只有被灵魂所接受的东西才会成为精神的瑰宝，而其他含混晦涩的东西则根本不能进入灵魂中而被理解。"②不仅如此，他还将人的高贵精神带入对教育本质的深刻分析之中："教育是极其严肃的伟大事业，通过培养不断地将新的一代带入人类优秀文化精神之中，让他们在完整的精神中生活、工作和交往……对终极价值和绝对真理的虔诚是一切教育的本质，缺少对'绝对'的热情，人就不能生存，或者说人就活得不像人，一切就变得没有意义。"③ 其实，教育本身就意味着：一棵树摇动另一棵树，一朵云推动另一多云。如果一种教育未能触及人的灵魂，未能引起人的灵魂深处的变革，它就不成其为教育。④

与强调教育的精神性相呼应的是突出教育作为一种灵魂转向（turning around）的艺术，当今德国著名哲学家加达默尔更是从教化（Bildung）概念里感受到一种极其深刻的精神转变（即灵魂转变）。当代教育却是一种把人矫正得跟时下的意见之流完全一致，直到他们不再有求知欲的技艺，它阻止人们获得能让他们清晰地对生存本身进行提问的知识。总之，人再也看不到世界和自然的奥秘和神秘性，人

---

① ［古希腊］柏拉图著，郑晓沧译：《柏拉图论教育》，人民教育出版社1958年版，第17页。

② ［德］雅斯贝尔斯著，邹进译：《什么是教育》，生活·读书·新知三联书店1991年版，第4—5页。

③ ［德］雅斯贝尔斯著，邹进译：《什么是教育》，生活·读书·新知三联书店1991年版，第44页。

④ 李政涛：《教育的灵魂在哪里》，刘铁芳主编《回到原点——时代冲突中的教育理念》，华东师范大学出版社2006年版，第128页。

和最高的真实（灵魂的真实）失去了联系。今天是人类有史以来头一回除了自己和他自己的产品以外无以所对。现代人甚至和内心的自我都失去了接触，科学和科技不再帮助人更深入一层去寻获世界和自我内心的向度。①

综合上述分析，我们对于教育便有了一个清晰的理解，即教育与人的生成之间具有内在的价值同构性，因为只有生成才会超越生存的现实性，从而使教育去追寻精神的高度和灵魂转向的深度。人的生成表明人具有了超越现实的理想性，表明人在过程中、在旅途中，因而人的生成需要引导，需要精神交流，更需要灵魂的转向。如此，我们对于教育的理解大致应该包括以下三点旨趣：

（1）教育的价值导引性与人的生成性之间具有同构性。教育活动是一种趋向于某一特定目标的具有一定价值蕴涵的活动，而人的生成性则表明人永远处于未确定的可能世界之中，人是超越的意向和动姿，是活生生的X，人就是那个其行为无限“面向世界”的未知者。所以，教育必然与人的生成发生内在的联系，否则，教育将不再为教育，人的生成也将失去强有力的动力支撑。

（2）教育即人的引出，引出一个真正意识到人之为人的有尊严的人，一个自己把握自己命运的人，一个不断超越自己而独立站立起来的人，这本身就是人之生成的根本旨趣所在。教育就是把人唤醒，去看那美丽日出的心灵召唤。

（3）真正的教育就是对“奴性”的打破，就是对“人性”的放飞——它放飞的是能够独立思考的人，独立行走的人，追求和捍卫真理的人。其实人的生成过程就是不断挣脱“奴性”和“物性”的过程，就是不断丰富人性的做人的过程。

二、教育的构成要素

对教育活动构成要素的分析，也是我们认识教育的一条重要途径。教育作为一个复杂而又完整的系统，其基本构成要素包括：教育者、教育对象（现通称学习者）和教育资料②。它们之间的基本关系

① 石敏敏著：《希腊人文主义——论德性、教育与人的福祉》，上海人民出版社2003年版，第308页。

② 陈桂生著：《教育原理》，华东师范大学出版社1993年版，第10页。

如下图所示：

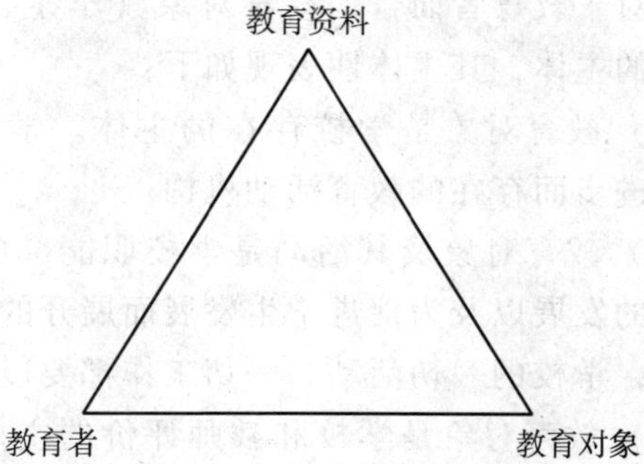

1. 教育者

从最为广泛的意义上，我们可以把教育者理解为凡是对人（他人抑或自己）身心发展施加某种影响的人。教育者包括的范围极其广泛，从各级各类教育管理人员、专兼职教师、校外教育机构中的工作人员、家长乃至于自身（如在自我教育中）等等。现在一般对于教育者的理解主要是指在各级各类学校中具有（取得）一定资格的从事专门教育教学活动的专职教师，诸如幼儿园教师、小学教师、中学教师、大学教师等。

历来，教育家们对于教师的描述主要集中在任职资格、学识能力、师德操守、从教经验等诸多方面，也提出过种种带有类型学特征的教师分类，如我国古代就有“人师”与“经师”之分，第斯多惠有所谓“好教师”与“坏教师”之别，雅斯贝尔斯更是有所谓经院式教师（教育）、师徒式教师（教育）和苏格拉底式教师（教育）的著名分类。不管对于教师如何进行分类或者提出何种条件，倘若教师心中没有装着学生（教育对象），那他就无论如何不能称为教师了！甚至教育活动也将失去存在的根基！因为，“在不存在受教育者的场合，教育者无用‘武’之地”。①

2. 教育对象（受教育者、学习者）

作为教育活动之中与教育者相对立的另一极的教育对象，主要是指在各级各类学校中从事着学习（接受教育）活动的人，也就是正在成长中的青少年学生。当然，随着终身教育时代的到来，学生的范围（外延）也将不断扩大，甚至于每个人自身都有可能随时成为

① 陈桂生著：《教育原理》，华东师范大学出版社 1993 年版，第 13 页。

学生。

相对于教育者而言，教育对象（学生、学习者）是以学习为主要任务的主体，其主体性表现如下：

（1）教育对象是学校存在的主体。学校是为教育对象的学习、发展、进步而存在的教育活动机构。

（2）教育对象及其活动是学校职能部门服务和管理的中心。教育对象的发展以及为促进学生发展而展开的教育活动是学校一切活动的中心，学校的一切活动、一切工作都要以教育对象为中心。

（3）教育对象是学校和教师评价的主体。教育对象是教育服务的对象，教育服务质量的高低、优劣，教育对象有最直接的体验，因而也最有发言权。教育对象的评价是衡量学校和教师教学质量的重要依据。

（4）教育对象是教育任务完成的主体。教育任务完成与否，不是看应讲授的内容讲授完了没有，教师对讲授的内容理解了没有，教师对作业或考试的内容懂了没有，而是看教育对象对教学内容的内化、理解和熟练应用的程度。

（5）教育对象的身心特点制约着教师的教。教育者在面对不同年龄的教育对象时，必须从教育对象的身心发展实际出发确定内容的组织、输出方式、语言特点、教学方法等，才能保证教学的成功，而不能无视教育对象的差异，一个模式教下去。

（6）每一个教育对象都有他们各自的独立性、选择性、需要和创造性，有他们个人的兴趣、爱好和主观能动性。这是因材施教的立论依据。

总之，我们必须把教育对象当作人来看待，即必须明确教育对象是人，彻底告别把教育对象当作“非人”的时代。任何一个人在接受教育的过程中，都是以他作为整个的人（the whole person）投入到教育活动之中去的，“并非仅仅把智力技能投入进去，而是他的所有完整性，包括他的情感、态度、个性、性格、意志等人之为人的一切，每一个人通过教育也不仅仅获得知识的增加和智力的发展，他获得的是整体的人生之经历，是整体的精神”。①

① 金生鋐著：《理解与教育——走向解释学的教育哲学导论》，教育科学出版社1997年版，第113页。

3. 教育资料

国内大多数人对于教育活动（教育者和教育对象相互活动）之中介的认识颇多混乱。

首先是名称（称谓）上就比较混乱，出现过诸如教育影响、教育中介、教育媒介、教育内容、教育资源等等，导致初学教育学者莫衷一是，引起不少模糊的认识，这给人们留下了教育学作为一门学科非常不严谨的印象。

其次，具体到对教育活动之中介作进一步细分的情况就更为复杂了。可以说，各派教育学都有自己不同的细分及其具体构成，这更加引发人们不得不思考究竟应该如何规范这些五花八门的细分及其名称。①

最后，我们可以借用马克思对于劳动（因为教育与劳动同样作为人类活动的方式具有内在的同构性）过程简单要素的分析，把教育者与教育对象之间联系起来的中介称为“教育资料”（相当于“劳动资料”）。② 那么，教育资料具体包括哪些内容呢？为方便起见，我们认为教育资料大致应该包括教育内容与教育物资两个部分。

（1）教育内容是教育活动中的教育者与教育对象（受教育者）共同认识、掌握、运用的对象，是教育活动中的纯客体。③ 离开教育内容，教育活动几乎不能进行。教育内容的组成十分丰富多彩：包括人类社会各个领域的知识、经验、技能技巧等，绝不能把教育内容简单地等同于课程、教材。因此，现在教师课程意识的萌动和对课程资源开发的重视都可以视为大课程观（即教育内容）的初步形成。

（2）教育物资是指进入教育过程之中的各种物质资源，具体可以分为教育活动的场所与设施、教育媒介以及教育辅助手段三大类。④ 作为教育活动得以开展的物质条件，教育物资的供给必须达到一定的“基准线”。

现代教育资料（资源）概念的出现，为教师更加主动地教与学生更加主动地学提供了一个广阔的舞台，为把教师和学生从过于狭隘的教科书世界中解放出来提供了鲜活的理论支持。

---

① 陈桂生著：《教育原理》，华东师范大学出版社 1993 年版，第 4—10 页。

② 陈桂生著：《教育原理》，华东师范大学出版社 1993 年版，第 10 页。

③ 叶澜著：《教育概论》，人民教育出版社 1991 年版，第 15 页。

④ 叶澜著：《教育概论》，人民教育出版社 1991 年版，第 18—19 页。

第二节 教育的发展

为了更好地认识教育，我们还必须简要地描述教育发展的基本情况，以便于从历史的发展之中去更好地认识教育。由于对教育发展阶段的具体划分存在着比较大的分歧，本书以“学校”为视角对古代教育和现代教育作简要探讨。

学校教育的三个基本特点①

一般认为，作为一种特殊的人类活动，学校教育源于生活而又高于生活，是一种由特定的制度框架所规约的生活。或者说，学校教育是制度保障下的一种生活，是有特定组织规则的生活。

自产生以来，学校教育就在整个教育体系中居于核心地位。学校是教育制度化的必然结果。或者说，学校教育是制度保障下的一种教育，是有特定组织规则的教育。总体看来，学校教育有三个基本特点：首先，它具有明确的目的性，无论是教学还是其他教育活动，都有明确的目标和方向；其次，它具有严密的组织性、计划性，具有较为严密的工作计划和较为完善的管理制度，学生相对稳定，教育任务由受过专门训练的教师承担，教育内容经过精心编制和严格审查；再者，学校教育环境优越，它是专门的教育场所，具有比较齐全的教学设备、图书资料和活动场所。

一、古代教育及其基本特征

1. 出现了独立承担教育活动的机构——学校

学校的出现，是教育发展史上的划时代事件，自此以后，人类开始进入系统的学校教育时代，这对于人类文明的进步与发展而言，意义非同寻常，对此，我们必须给予高度的评价。因为学校的出现使教育作为培养人的活动专门化了，也就是说告别了教育的非独立形态。

① 张荣伟著：《“新课程改革”究竟给我们带来了什么?》，福建教育出版社2008年版，第182页。

最早的学校——苏美尔学校①

苏美尔学校（Sumerian School）是楔形文字产生和发展的直接结果，楔形文字是苏美尔人对文明最有意义的贡献。

苏美尔学校的最初目标，是培养“专业人员”——即学校首先是为了培养满足国家经济和管理需要的缮写人员而设立的，主要是培养寺院和宫廷里的缮写员。

苏美尔学校的校长叫“尤米亚”（ummia），是一个“专家”、“教授”。校长也被称为“学校之父”（school father）。学生被叫做“学校之子”（school son）。助教叫做“老大哥”（big brother），他的任务是书写新的泥板，以供学生摹写，并检查学生的抄写作业，以及听学生背诵功课。其余教员，有的教绘画，有的教苏美尔语。此外，导生们负责考勤，有一人负责鞭打，他大概是负责纪律的。

苏美尔学校里的文学和创作方面的课程，主要是学习、抄写和模仿创作于公元前2500—前2000年的大量的各式各样的文学作品，它们共计好几百篇，几乎都是诗歌，短的诗歌不到50行，长的近千行。从迄今发现的文学作品看，主要有下列几种类型：为颂扬苏美尔的伟大以及英雄的事迹和功勋，以叙事诗形式写的神话和传奇；献给伟人和国王的赞美诗；哀悼苏美尔城毁灭的挽歌；以及哲理性的作品，包括格言、寓言、随笔等。从苏美尔的废墟中挖掘出来的几千块有文字的泥板和碎片看，很少不是古代苏美尔学生们未成熟的作品。

一个明显的事实是，苏美尔学校没有任何我们所谓的进步教育的特征。在纪律方面，教师经常鞭打学生。尽管当教师鼓励学生时，可能会采用赞誉和表扬的手段，教导他们好好学习，但教师主要依靠棍棒以纠正学生的过错和不适当的行为。学生没有轻松的时间，每天从早到晚都在学习。他们每学年想必也有一些假期，但我们没有任何原始资料可以证明这一点。

① ［美］克雷默著，崔允漷、沈剑平译：《最早的学校》，见瞿葆奎、沈剑平选编：《教育学文集·教育与教育学》（第1卷），人民教育出版社1993年版，第256—262页。

2. 学校教育与生产劳动相脱离甚至相对立

占统治地位的阶级必然同时也掌握着学校教育的领导权，他们并不希望更不允许在学校教育中向自己的子弟传递那些只有被统治阶级才需要的生产知识和技术。他们要求他们的子弟学习一些统治术、战争术、外交术等，从思想观念上教唆他们鄙视生产劳动和与之有关的知识技能。[①] 孔子曾骂“请学稼”的樊迟为小人。亚里士多德也反对学生学习生产知识。他认为学习不是为了实用，而是为了优美的感情。其实，早在三千多年前，一位古埃及的父亲就给自己的儿子留下了劝导其读书的话：“要用心学习书写，这会使你摆脱一切艰苦劳动，成为一位有名望的官员……我从没有看见过有哪位铁匠受到任命，也没有看到过哪位铸工当了使节。”[②] 与此相对应，作为被统治阶级的劳动人民的子弟，则必须学习与自身生存息息相关的生产知识与技术，而且主要采用“师徒制”在直接的生产劳动过程中进行学习，即由一个师傅手把手地教徒弟一系列生产劳动所必需的知识与技术。

3. 学校教育表现出典型的等级性、专制性和保守性

整个东西方古代社会（奴隶社会与封建社会）均为阶级性鲜明的社会，与此对应，古代的学校教育为了维护统治阶级的既得利益，于是就要不断加强各种等级制度和等级观念，这种要求反映在教育上就是所谓学校教育的等级性、专制性和保守性。其中，我国唐朝学校教育中的“六学二馆”就是一个明证。

二、现代教育及其基本特征

1. 现代教育与社会生产和社会生活日趋结合

如果说古代教育是直接为统治阶级服务的，是政治的附属物，必然导致教育与社会生产相脱离甚至相对立，那么，现代教育的阶级性越来越隐蔽，伴随着现代物质生产的迅猛发展，现代教育的生产性和生活性也越来越突出。现代教育在现代物质生产和社会生活中扮演着非同寻常的作用，正是因为如此，任何一个民族国家在走向现代化的

---

① 全国十二所重点师范大学联合编写：《教育学基础》，教育科学出版社 2002 年版，第 12 页。

② ［英］斯蒂芬·F. 梅森著，上海外国自然科学哲学著作编译组译：《自然科学史》，上海人民出版社 1977 年版，第 13 页。

过程中，都无一例外地将关注的目光投向教育。教育战略思维已经成为现代国家衡量一个政治领导人是否英明的重要思维方式。正如邓小平所指出的那样："一个地区，一个部门，如果只抓经济，不抓教育，那里的工作重点就是没有转移好，或者说转移得不完全。忽视教育的领导者，是缺乏远见的、不成熟的领导者。"①

2. 现代教育的民主化

民主教育是现代教育发展的一个总的趋势。现代教育打破了少数人、少数阶层独享教育的权利，越来越多的人受到了它的恩泽。基础教育逐渐在各国普及，而且教育普及的年限呈现延长的趋势。教育民主化的基本内涵体现在三个方面：一是指教育机会均等，即教育的全民普及，人人都能享有相应的教育。二是指教育者与受教育者的地位是平等的对话关系，民主渗入到教育教学过程的内部，实行民主平等的师生关系。三是指更多的个体和社会组织有机会积极"参与教育"，诸如现代民办教育、私人办学的发展，参与教育决策的建议。②随着我国教育事业的进一步发展，教育的民主性也将得到新的发展，特别是当下对于教育公平与均衡发展的推进，就是在新的条件下推进教育民主化的明证。

3. 现代教育追求鲜明的人性化

现代教育的人性化诉求已经成为我国教育改革的"主旋律"。贯穿于本次新课程变革始终的精髓就是呼唤一种人性化的生命化的温暖的人的教育，而非以前那种物性化的甚至奴性化的冰冷的非人的教育。在人性化的教育中，我们真真看到了原本还有许多比知识更重要更精彩的"风景"：爱、生命、自由、思想、宽容、虔诚……总之，一切有利于完整人（总体人）的生成的追求、旨趣都应该成为本真的教育所向往的，让教育罩上生命之光，充盈着人文情思，彰显着人文关怀，使教育拥有爱、生命、阳光、自由、思想、宽容、自信、希望……人们正热切地期待着一种超越知识超越技能的生命化人性化教育的早日到来，而这也正是本次新课程变革的内在意蕴和精神所在。③

---

① 《邓小平文选》第三卷，人民出版社 1993 年版，第 121 页。

② 靳玉乐、李森主编：《现代教育学》，四川教育出版社 2005 年版，第 40 页。

③ 余小茅：《还有比知识更重要的……》，《全球教育展望》2005 年第 3 期。

4. 现代教育的终身化

联合国教科文组织著名的成人教育专家保罗·朗格朗第一个提出了“终身教育”的概念，即一个人的教育不能只局限于人生的某一特定阶段，而是必须贯穿于人生的整个过程。对于终身教育的基本含义，朗格朗在其《终身教育引论》中明确指出：“终身教育是一系列很具体的思想、实验和成就，换言之，是完全意义上的教育，它包括了教育的所有各个方面、各项内容，从一个人出生的那一刻起一直到生命终结时为止的不间断的发展，包括了教育各发展阶段之间的有机联系。”① 为此，朗格朗认为各国可以结合各自的国情，确立自己的终身教育战略原则，这些原则包括：（1）保证教育的连续性，防止知识过时；（2）使教育计划和方法适应每个社会的具体要求和创新目标；（3）在各个教育阶段都要努力培养新人，使之能适应充满进步、变化和改革的生活；（4）大规模地调动和利用各种训练手段和信息，这种训练和信息超出了对教育的传统定义和组织形式上的限制；（5）在各种形式的行动（技术的、政治的、工业的、商业的行为等）和教育的目标之间建立密切的联系。② 国际教育委员会主席、前法国教育部长富尔（E. Faure）1972 年提交的《学会生存》（Learning to Be）报告，建议将“终身教育”当作国际性的教育原则。自此以后，“终身教育”就逐渐成为发达国家和发展中国家制定教育政策的主导思想，迅速在全世界产生了相当广泛而持久的影响。

5. 现代教育的国际化

“教育的国际化”是近年来教育理论界一个耳熟能详的术语。就其最主要的内容和表现而言，“教育的国际化”至少包括以下方面：（1）教育目标国际化，指培养具有国际意识、关心全人类利益和幸福的人。（2）课程内容国际化。除了在课程体系中加强外国语教学，使学生掌握国际交往的工具外，还要特别突出国际理解教育，使学生理解国际社会、关心和宽容异国文化的品行和风貌。（3）教育渠道国际化。广泛开展教育的国际交流和合作，包括互换学生和访问学者

① ［法］保罗·朗格朗著，周南照、陈树清译：《终身教育引论》，中国对外翻译出版公司 1985 年版，第 15—16 页。

② ［法］保罗·朗格朗著，周南照、陈树清译：《终身教育引论》，中国对外翻译出版公司 1985 年版，第 65 页。

的合作研究等。[①]

一所学校的文化可以是封闭的、民族主义中心的，也可以是开放的、世界性的、国际性的。1992 年美国总统在《全球教育：学校变化的研究》序言中强调，随着世界日趋变化以及日益相互依赖，国际化教育比以往任何时期都更加重要了。美国需要了解世界范围内彼此之间的联系以及各种不同的价值观念，国际化教育应贯穿于从小学、初中到高中的各个年级，渗透到学校课程中的各个部分。

在教育国际化背景下，应培养学生的国际素质。学生的国际素质可包括以下五方面：（1）全球意识，诸如相互依赖意识、世界一体意识、和平发展意识、环境保护意识、国际正义意识等；（2）全球知识，诸如世界地理、世界历史、国际时事、国际语言、国际经贸等；（3）全球技能，诸如国际理解、国际交往、批判创新、信息处理、对话合作、终身学习等；（4）全球价值观，诸如关心地球、维护人权、尊重生命、公正和睦等；（5）全球行为，诸如参与一切有利于全球正义事业的行动等。[②]

第三节　理想的教育

我们所说的“理想的教育”，经常是指“良好的教育”。

只有良好的教育，才能使我们秉有渊深的学识、清明的才智、通达的情性、宽广的胸怀和高贵的教养。

理想总是高于且先于现实而存在的。没有对于什么是良好的教育的理想，没有某种关于受过教育的人的理想，我们就无法从事教育。

什么是良好的教育？也许我们很难给它一个周全的描述，但我们可以非常肯定地说：如果一个人从来没有感受过人性光辉的沐浴，从来没有走进一个丰富而美好的精神世界；如果从来没有读到一本令他激动不已、百读不厌的读物，从来没有苦苦地思索过某一个问题；如果从来没有一个令他乐此不疲、废寝忘食的活动领域，从来没有一次刻骨铭心的经历和体验；如果从来没有对自然界的多样与和谐产生过

① 曾洁珍编著：《国内外教育改革动态》，广东高等教育出版社 2001 年版，第 206 页。
② 邬志辉：《全球化背景下的中国基础教育课程改革》，《教育科学研究》2002 年第 6 期。

深深的敬畏，从来没有对人类创造的灿烂文化发出过由衷的赞叹……那么，他就没有受到过真正的、良好的教育。[①]

理想必须落实在行动之中，理想的教育也必须落实在具体的教育实践中。但是，我们在教育实践中究竟如何落实理想的教育呢？为此，我们首先应该明确理想的教育究竟是一种什么样的教育，它的具体内容如何。在《新教育之梦》一书中，朱永新先生认为，理想的教育可以分解为10个层面[②]：理想的德育，理想的智育，理想的体育，理想的美育，理想的劳动技术教育，理想的学校，理想的教师，理想的校长，理想的学生，理想的父母。

一、理想的德育

首先，理想的德育，应该重视在自然的活动中养成学生的德性，让学生在游戏和丰富多彩的自主活动中体验和感悟道德的境界。其次，理想的德育，应该重视让学生与书本为友，与大师对话，在人类优秀文化遗产中净化自己的灵魂，升华自己的人格。第三，理想的德育，应该重视培养学生健康的生活情趣和才艺，丰富学生的精神世界，在美的氛围中推进善的教育。第四，理想的德育，应该注重为学生寻找生活的榜样，用真实、感人的道德形象激励学生，培养学生的英雄主义精神。第五，理想的德育，应该科学合理地设置循序渐进的德育目标，使其兼具现实性和理想性的双维视角，形成层次递进、不断完善的德育目标体系。第六，理想的德育，应该重视心灵的沟通，建立起温馨的对话场景，使心理健康教育和心理咨询活动能在学校的教育中安营扎寨。第七，理想的德育，应该教给学生自警、自诫、自励等自我教育的方法，使学生在陶冶情操、磨砺意志的过程中形成“不教之教”的自律习惯。第八，理想的德育，应该在全社会形成“做人为本”的共识，建立起家庭、学校和社会三位一体的德育合力网络，使各种力量形成时空交叉影响的德育优势力量。

二、理想的智育

首先，理想的智育，应该超越知识，走向智慧，激发创造，健全

---

① 张文质：《教育的理想与信念——肖川先生访谈录》，《明日教育论坛》2001年第3期。

② 朱永新著：《新教育之梦》，人民教育出版社2002年版。

人格，为学生将来拥有终生幸福的精神生活打下坚实的知识能力基础。其次，理想的智育，应该充满民主精神，真正“以人为本”，把“以学生为主体”的理念体现于教学的全过程。第三，理想的智育，应该面对个性，真正做到“因材施教”，让学生快乐地学习，让每个学生体验学习的成功，享受学习的快乐。第四，理想的智育，应该注重协调和谐，融德、智、体、美、劳诸方面于一体，着眼于学生的全面发展，着力于“合格 + 特长”的个性养成。第五，理想的智育，应该使教学活动走出分数的误区，培养学生的科学精神和人文情怀，使学生成为人类文明之火的传薪者。第六，理想的智育，应该具有开放性，注重实践性，与生活相联系，与社会相沟通，使学生关注窗外的世界、校外的天空。第七，理想的智育，应该让课堂充满活力、情趣与智慧，让课程具有丰富性、回归性、关联性和严密性，使学生真正成为教学活动的主人。第八，理想的智育，应该充分利用现代教育技术，更新学习工具，拓宽智育途径，让学生在网络世界的时空中纵横驰骋。

三、理想的体育

首先，理想的体育，应该能体现奥林匹克精神，培养学生在人生道路上追求“更快、更高、更强”，并能完善自我，体现人性之崇高。其次，理想的体育，应该注重磨炼学生的意志，使学生永不言败，永不停歇，养成坚忍不拔的品质。第三，理想的体育，应该注重培养学生的合作精神、集体情怀和爱国情操，使体育活动成为学生德性养成的重要途径。第四，理想的体育，应该注重培养学生遵守规则，掌握公正、公平的观念，远离弄虚作假，形成诚实的品格。第五，理想的体育，应该培养学生坦然面对竞争和胜不骄、败不馁的心态，学会自我心理调节和科学训练，培养良好的心理素质。第六，理想的体育，应该在注重体能训练的同时，为学生打开世界体育之窗，使其感受力与美的和谐。第七，理想的体育，应该尊重学生的个性和特长，不把体育作为惩罚学生的手段，而使学生在体育活动中发现自我，享受自我。第八，理想的体育，应该使学校体育与社区体育有机联系起来，充分利用社区或民间的体育资源，同时向社会开放学校的体育设施，体现体育发展的社会化、生活化、终身化的趋势。

四、理想的美育

首先，理想的美育，应该是一种“自然美育”，应该注重培养学生热爱自然的情怀，让学生亲和自然，与自然和谐相处。其次，理想的美育，应该是“生命美育”，应该引导和教育学生热爱生命，珍惜生命，享受生命，优化生命，激扬生命。第三，理想的美育，应该是“生活美育”，应该引导和教育学生热爱生活，创造生活，做生活的强者与生活的主人。第四，理想的美育，应该是“艺术美育”，应该引导和教育我们的学生热爱艺术，欣赏艺术，并具有一定的才艺。第五，理想的美育，应该是“立体美育”，应该树立大美育观，形成立体化、网络化的美育模式，构建浓郁的美育氛围。第六，理想的美育，应该是“示范美育”，它必须紧紧依靠具有审美素养的教师，使学生在教师的引导下，走向美丽的人生。第七，理想的美育，应该是“精神美育”，应该注重通过美育让学生形成完美的人格，拥有美的心灵。第八，理想的美育，应该是一种“创造美育”，应该注重在美育的过程中培养学生的想象力和创造力，激发学生创造的冲动与欲望，享受创造的快乐。

五、理想的劳动技术教育

首先，理想的劳动技术教育，应该注重在劳动中培养学生尊重劳动、热爱劳动和以劳动为荣的观念和态度，让学生经常体验到劳动的艰辛与喜悦。其次，理想的劳动技术教育，应该鼓励和教育学生从学会自我服务入手，积极参加各种有益的社会劳动实践活动，养成良好的劳动习惯。第三，理想的劳动技术教育，应该注重劳动实践活动的多样性，增强劳动的智力含量，引导学生手脑结合，培养学生的创造性，使学生多方面的能力得到充分的施展。第四，理想的劳动技术教育，应该因地制宜、因校制宜，在立足学校课堂教育的基础上，让学生尽可能多地走出校门，接触社会，并通过富有特色的劳动技术教育基地，培养学生的劳动技术特长。第五，理想的劳动技术教育，应该注重与德育、智育、体育、美育的内在联系，在劳动技术教育中“树德”、“增智”、“强体”、“审美”，形成学生的良好品德和个性心理素质，为学生的全面发展奠定基础。第六，理想的劳动技术教育，应该注重学生的个性和年龄差异，树立以学生为中心的理念，在教学过程中采用“项目课程和行为引导教学法”，培养学生的计划、工作、社交等“关键能力”。第七，理想的劳动技术教育，应该注重学校、家庭和社会齐抓共管的合力作用，构建“大劳动技术教育”的教育体系。第八，理想的劳动技术教育，应该有一支优秀的劳动技术教育的师资队伍和一套具有实用性、特色性的课程教材，为实施劳动技术教育提供基本的保证。

六、理想的学校

首先，理想的学校，应该是一所有特色的学校。其次，理想的学校，应该是一所有品位的学校。第三，理想的学校，应该有一个富有人格魅力、有远大理想的校长。第四，理想的学校，应该有一支创新型的、有活力的教师队伍。第五，理想的学校，应该拥有一批善于探索、具有良好习惯的学生。第六，理想的学校，应该有一个面向所有学生的校本课程体系。第七，理想的学校，应该有一个永远对学生开放的图书馆和计算机房。

七、理想的教师

首先，理想的教师，应该是一个胸怀理想、充满激情和诗意的教师。其次，理想的教师，应该是一个自信、自强、不断挑战自我的教师。第三，理想的教师，应该是一个善于合作、具有人格魅力的教师。第四，理想的教师，应该是一个充满爱心、受学生尊敬的教师。第五，理想的教师，应该是一个追求卓越、富有创新精神的教师。第六，理想的教师，应该是一个勤于学习、不断充实自我的教师。第七，理想的教师，应该是一个关注人类命运、具有社会责任感的教师。第八，理想的教师，应该是一个坚忍、刚强、不向挫折低头的教师。

八、理想的校长

首先，理想的校长，应该是一个能够清晰认识到自己的价值与使命、具有奉献精神和人文关怀的校长。其次，理想的校长，应该是一个珍惜学校的名誉胜过爱护自己的眼睛和自己的生命的校长。第三，理想的校长，应该是一个不断追求自己人生理想和办学理念、具有独特办学风格的校长。第四，理想的校长，应该是一个具有海纳百川的宽广胸怀、具有极强的感召力和凝聚力的校长。第五，理想的校长，应该是一个善于协调上下左右关系、能调动一切可以调动的力量以促进学校发展的校长。第六，理想的校长，应该是一个十分重视教育科学研究，并能成为学校教育科研工作出色的组织者和身体力行者的校长。第七，理想的校长，应该是一个能够给教师创造一个辉煌的舞台、善于让每一位教师走向成功的校长。第八，理想的校长，应该是一个能够使学校具有优美的自然环境和浓厚的文化氛围的校长。

九、理想的学生

首先，理想的学生，应该是品行端正、善解人意、热爱生活、富有理想、朝气蓬勃的学生。其次，理想的学生，应该是积极进取、敢于创新、敢于标新立异、富有个性、富有自己独特见解和思想的学生。第三，理想的学生，应该是自信自强、永不放弃、在困难和挫折面前永不低头、充满旺盛斗志和乐观精神的学生。第四，理想的学生，应该是有丰富的精神生活、广泛的兴趣爱好和一定特长的学生。第五，理想的学生，应该是一个善于和人合作、善于和人相处、有着和谐的人际关系、受人欢迎的“人缘儿”。第六，理想的学生，应该是有着扎实的基础知识、善于学习、勤于思考、具有丰富想象力、掌握科学学习方法、用最少的时间赢得最高学习效率的学生。

十、理想的父母

首先，理想的父母，应该是把孩子的人格健全、道德完善放在首位，努力培养孩子追求卓越、独立自主、持之以恒、勤俭节约等个性品质和良好习惯的父母。其次，理想的父母，应该是永远保持年轻心境，懂得把童年和童心还给孩子，让孩子轻松、自由、愉快成长的父母。第三，理想的父母，应该是善于发现孩子天赋、善于挖掘孩子潜能、善于培养孩子特长的父母。第四，理想的父母，应该是以大朋友的平等身份来对待孩子，而不是以长辈的身份来压制孩子和以棍棒的方式教训孩子的父母。第五，理想的父母，应该是有着和谐家庭关系、以身作则、一诺千金的父母。第六，理想的父母是永不对孩子失望、决不吝惜自己的表扬和鼓励、决不使用侮辱性批评的父母。第七，理想的父母，应该是善于学习、具有教育理性和自觉性、能够善于利用各种教育情景、富有教育机智的父母。第八，理想的父母，应该是努力配合学校、社区对孩子进行全方位、多层次的教育，从而促使孩子健康、快乐成长的父母。

教育的理想与理想的教育

朱永新

教育是神圣而崇高的，教育是育人的事业，
教育的使命让人从无知走向睿智，从幼稚走向成熟，
教育的最高境界是逐步形成自我教育的人格。
教育需要激情，需要全身心投入与无私奉献；
教育需要诗意，需要洋溢着浪漫主义的情怀；
教育需要机智，需要把握每一个转瞬即逝的机遇；
教育需要活力，需要以年轻的心跳昂奋地工作；
教育需要恒心，需要毫不懈怠地追求与持久探索；
激情、诗意、机智、活力、恒心的源头活水是崇高理想。
理想也是神圣而崇高的，理想是行为的动力，
理想是人与动物的界限，理想使人成为世间万物之灵，
理想是伟大与平庸的分野，理想使人与众不同。
理想产生激情，激情使理想的主旋律铿锵有力；
理想产生诗意，诗意使理想的调色板光彩照人；
理想产生机智，机智使理想的追求充满智慧的美感；
理想产生活力，活力使理想的实现拥有了源泉；
理想产生恒心，恒心使理想的探索成为快乐的进程；
激情、诗意、机智、活力、恒心使理想变为美好的现实。
教育因为有了理想而更有目标，更有理性。
教育的理想是为了一切的人，
无论是城市的还是乡村的，
富贵的还是贫贱的，聪慧的还是笨拙的；
教育的理想是为了人的一切，
无论是品德的还是人格的，
生理的还是心理的，智力的还是情感的。
理想因为有了教育而薪火相传，色彩斑斓。
理想的教育是个人潜能的发挥，
让每一个学生扬起希望的风帆，

让每一个教师领略教育的趣味，
让每一个父母享受成功的喜悦。
理想的教育是民族利益的福祉，
让每个人接受从生到老的全程教育，
让每个人体验到地球村的绝景佳色，
让每个人生活在宁静与和平的永恒时空。
教育的理想要坚持面向现代化，
引入现代观念和技术，领略网络教育的无限风光；
教育的理想要坚持面向世界，
融入世界教育的大潮，与世界教育的脉搏一起跳动；
教育的理想要坚持面向未来，
捕捉地球上每个角落的信息，迎接新世纪的晨曦。
理想的教育要有舆论支持，
营造一个全社会尊师重教、理解和支持教育的氛围；
理想的教育要有经费投入，
确保超前增长与合理使用，为可持续增长保驾护航；
理想的教育要有立法保障，
建立完整的教育法体系，创造良好的教育法制环境；
理想的教育要有科研指导，
发挥决策、解释、批判和辐射功能，步入科学轨道。
在新世纪第一缕阳光投来的时候，
我们需要教育的危机感和忧患意识，
只有对未来有忧患意识的民族，
才会奋力拼搏，战胜危机，摆脱和超越困境；
我们需要教育的自信心和崇高理想，
只有对未来有崇高理想的民族，
才会消除恐惧，抛却悲观，乐观地拥抱未来。
教育的理想与理想的教育都需要创新，
创新是一个民族进步的灵魂，
是国家强盛的动力，是人才成长的基因。
我相信教育的理想一定会奏响中华民族新的乐章，
我相信理想的教育一定会结出华夏文明新的硕果。

第二章　教育的意义

作为一项特殊的社会实践活动，教育不仅对个体的生存与发展产生影响，而且直接影响到人类社会的生产、生活。这是一个关涉教育价值的问题，即教育对于社会和个体所具有的意义。教育实践证明，要探讨教育的价值意义，不可脱离“教育—社会—人（个体）”这一认识框架。

第一节　教育的社会意义

教育的社会价值主要探讨教育的社会意义、功能，具体表现为教育对于社会各领域（政治、经济、文化等）的积极意义。

一、教育的政治意义

随着我国改革开放事业的推进，尤其是政治生活的民主化意识的增强，使我们能够更加理性地认识教育的政治意义（价值）。具体而言，教育的政治意义包含如下内容：

1. 通过学校教育制造政治舆论，宣传一定的政治观点、政治理论或政治路线与方针，为某种政治活动的需要作思想准备

学校政治局势安定与否必然对社会产生作用，因此它常常是社会政治安定与否的“晴雨表”。同时，学校还可以组织学生直接参加社会政治活动，把学生作为一支现实的政治力量来使用。

2. 通过国家制定的学校教育制度，实现对受教育者的选择与分配，使原有的社会政治关系得以延续和发展，是实现学校教育政治价值的一种重要方式

法国著名社会学家布厄迪尔曾经指出，教育是实现阶级再生产的重要机制。纵观世界各国社会流动发展的趋势，现代教育在社会成员的流动中起着非常重要的作用。在同一阶级（等级）之中，教育具有“提升机”的作用，它使处于同一阶级（等级）之中不同社会成员的地位发生一系列变化；在不同阶级（等级）之中，教育具有"筛子"的作用，通过教育筛选出较低阶层的社会成员进入上层社会，这对于稳定社会政治秩序将起到积极的作用。①

3. 通过教育培养合格的公民以及各种政治人才

正像列宁所指出的那样，文盲是站在政治之外的。当人民处于普遍缺乏文化和政治素养的情况下，必然缺乏参与政治的意识和能力，民主政治最多也不过是一个良好的愿望。而且，历史已经表明，文化、教育的落后，往往是产生和盛行政治上的偏激、盲从、专制主义的原因之一，而教育的兴旺发达，又是政治上实行民主、进步的基础性保证。② 在古代社会中，学校教育在这方面的任务局限于培养统治阶级的接班人，对于广大被统治者的"臣民"教育，是通过愚民政策和在生活中发挥作用的传统文化来实现的。近代社会中，西方资本主义社会的学校教育主要是为培养"英才"服务的，对广大劳动者的公民教育还处在较初步和粗糙的状态。在现代学校教育中，西方随着义务教育的人数之猛增，公民教育的问题被提到重要的地位并加以精心设计了。直言之，为社会提供"政治人才"和"合格公民"，成为现代学校教育政治价值的重要表现。

二、教育的经济意义

其实，在上述对教育政治价值的分析中，我们已经可以感受到教育对经济发展的推进作用。随着社会主义市场经济的深入发展，我们越来越深刻感受到了教育的经济价值。具体而言，教育的经济价值（意义）包括如下内容：

1. 教育担负着培养劳动力的任务，实现劳动力的再生产是经济发展的条件③

人类社会要存在下去，首先必须满足社会成员的基本生活需要，诸如吃饱、穿暖，有地方可以栖息。因此，我们必须进行生产劳动。要进行生产劳动，劳动力、生产工具和劳动对象是必须具备的基本条件，其中劳动力是最基本的要素。生产工具是由人来制作和使用的。

---

① 靳玉乐、李森主编：《现代教育学》，四川教育出版社 2005 年版，第 98 页。
② 叶澜著：《教育概论》，人民教育出版社 1991 年版，第 158 页。
③ 金一鸣著：《教育原理》，安徽教育出版社 1995 年版，第 40—41 页。

只有当人使用生产工具，作用于劳动对象，才能构成生产力，创造出使用价值来。要维持和发展生产，就必须不断地再生产劳动力。物质生产和劳动力的再生产结合在一起，推动着社会经济的持续发展。

劳动力究竟是什么呢？“我们把劳动力或劳动能力，理解为人的身体即活的人体中存在的、每当人生产某种使用价值时就运用的体力和智力的总和。”① 那么，人的劳动力又是从何而来的？正如马克思所言：“要改变一般的人的本性，使他获得一定的劳动部门的技能和技巧，成为发达的和专门的劳动力，就要有一定的教育或训练。”②不具备一定的科学知识和生产技能的人，只能是一种“可能”的劳动力。科学知识属于知识形态的生产力，这种生产力在应用于生产过程之前，既不是特定的劳动资料，也不是劳动者的生产经验和技能，而只是“潜在”的生产力。一个人只有掌握了科学知识和生产技能才能成为生产力的首要要素——劳动力。使人与科学知识、生产技能相结合的便是教育。教育和训练通过实现这一结合，提高劳动者的素质，实现劳动力的再生产。教育作为实现劳动力再生产的重要手段在现代社会表现得尤其突出。

2. 教育是加速现代物质生产技术更新的有力因素③

古代社会生产中的技术更新，主要依靠劳动者生产经验的积累。在近代社会中，科研成果对生产技术更新的作用越来越明显，但当时的科研先是作为科学家个体的，然后逐渐成为各种科学家团体的研究活动，与学校教育的关系并不十分密切。自近代社会后期起，特别是自20世纪50年代后期到现在，学校教学、科研与生产的关系越来越密切，这不仅表现为科研成果的直接转换，而且表现为三方面在成员、目标、管理方面的联系与整合。

作为著名的美国半导体工业的主要基地——“硅谷”的发展就是一个典型的例子。人们认为，它取得成功的重要原因就是凭借其附近的斯坦福大学及研究院的高级科技力量的强大支持系统。现在的“硅谷”已拥有8所大学、9所社区大学、32所技工学校和4 300多家企业公司。它塑造了知识经济时代的英雄楷模——比尔·盖茨。知

① 马克思著：《资本论》第1卷，人民出版社1975年版，第190页。
② 马克思著：《资本论》第1卷，人民出版社1975年版，第195页。
③ 叶澜著：《教育概论》，人民教育出版社1991年版，第136—137页。

识经济时代的到来，已经无可争辩地表明：一个国家的教育越普及、教育水平越高、教育与生产越有机结合、科学技术的普及程度越高，新技术的推广速度必然也越快，成效也更加显著。

舒尔茨论“人力资本”①

所谓人力资本，其经济属性是什么？它为何对解释经济增长关系至关重要？我对这些问题曾做如下的回答：人们需要有益的知识和技能，这是显而易见的，但是人们却不完全知道技能和知识是一种资本，这种资本实质说来是一种计划投资的产物；这种投资在西方社会按着一种比传统的（非人力）投资大得多的速度增长，而且这种增长恰好是该经济体系中最为突出的特点。……如果根据一种把人力资本、物力资本都包括进去的全面的资本概念去考虑问题，并认为所有资本都是由投资的方式产生的，那么这种想法既颇有裨益又妥帖正当。长期以来，人们就抱有一种顽固的偏见，认为资本只包括物资设备、建筑物和物资库存等等。这种偏见在很大程度上成为政府贬低人力资本投资，提高物力资本投资的固执态度的原因。

三、教育的文化意义

与前面分析的教育与政治、经济的关系所不同的是，教育与文化之间有着更为密切的血肉关系，教育的文化价值（功能）更为鲜明！文化直接地就是教育的内容，教育是传承文化的有力武器，正是借助于教育，文化才得以传承、延续、深化和创新。具体而言，教育的文化价值包括如下基本内容：②

1. 传递和保存文化

教育是文化传递和保存最为基本和最为有效的手段。

随着社会的不断发展，文化的传递、保存方式不断发生变化。人类保存和传递文化的方式大体上经历了三个历史阶段：文字出现之

① ［美］舒尔茨著，曹延亭译：《教育的经济价值》，吉林人民出版社 1982 年版，第 129—130 页。

② 张荣伟等编著：《教育基本原理》，福建教育出版社 2007 年版，第 69—71 页。

前，文化主要依靠上下代人之间和同代人之间的口耳相授而获得传递和保存；文字出现以后，文化的传递和保存主要依靠文字的记载和授受；最后，人类通过教育与多种高科技手段传递和保存文化。不论人类文化的传递和保存方式发生何种变化，都离不开教育这一最基本的方式。

2. 选择和整理文化

教育是文化传递的手段，但教育又不等同于文化传递。并非所有的文化都能成为教育内容，教育必须对文化进行选择和整理。教育对文化的选择标准有两个：其一是社会价值标准，即只有符合社会政治、经济和文化传统的文化才能成为教育内容。其二是个体发展需要的价值标准，即教育选择文化还要考虑到教育对象（学习者）的身心发展规律、特点以及学科内在的逻辑顺序和需要。人类文化是一个不断积累的过程，新文化不断地产生就要求教育内容不断充实和变革，所以，教育总是在选择、整理着文化。

3. 交流和融合文化

作为一个特定时期特定地域人们的思想、行为的共同方式，文化具有地域性。然而，现代社会生产力的发展和市场经济的形成，使政治、经济和文化各方面已经打破了封闭的地域性而走向开放，文化的交流与融合成为必然。文化的融合是文化交流的产物，它表现为不同文化的相互吸收、结合而趋于一体的过程。教育从两个方面促进着文化的交流和融合：一方面是通过教育的交流活动，如互派留学生、教师出国进行访问、学术交流等，促进不同文化间的相互吸收、相互影响；另一方面，在教育过程中，通过对不同文化的学习，对文化进行选择、创造，对旧的文化进行变革、整合，形成新的文化，促进文化的不断丰富和发展。①

4. 更新和创造文化

没有文化的更新和创造，就没有文化的真正发展。随着社会的发展，文化的更新和创新的步伐在加快。教育对于文化的更新和创造的价值（功能）主要表现在两个方面：一是通过培养具有创新精神和创造能力的人来发挥其文化更新与创造的意义。人既是文化的产物又是文化的创造者。但是只有那些掌握大量文化知识又具有创新精神、

① 全国十二所重点师范大学联合编写：《教育学基础》，教育科学出版社 2002 年版，第 42 页。

创造能力的人才有可能对文化的发展有所贡献。二是教育直接地参与文化创新。新的文化包括新的作品、新的思想和新的科学技术等等。当代学校往往成为新思想、新文化的策源地，在文化的更新和创造中发挥着越来越重要的作用。同时，广大教师也不能囿于传授知识，而应成为知识的创造者，成为创生新文化的主力军。

第二节　教育的个人意义

为了全面认识教育的价值，我们还必须分析教育对于塑造完美个人（个体）的价值，因为教育的根本价值在于实现人的价值。教育是人自己形成自己的活动，是人的价值的自我形成。教育的价值就在于发现、挖掘、发挥、形成、引导、限定人的价值。① 对于教育的个人价值，我们可以从以下两个方面去理解。

一、教育是实现个体社会化的得力武器

个体的社会化是个体获得所在社会的生活方式，将社会所期望的价值观、行为规范等加以内化，从而获得社会生活所必需的知识、技能、品质等，以适应社会生活的过程。单独的个人（个体）是很难生存于现代社会的，社会化是其生存和参与社会生活的必要途径。社会化的具体内容大致包括四个方面：一是接受一定社会的文化价值与社会规范，二是使个人追求的目标与社会要求相一致，三是掌握个人获得社会成员资格和追求目标所必须的技能，四是学会认同身份和在每一场合下自己所处的角色。② 教育作为实现个体社会化的有力武器，我们可以从如下两点进行分析：

1. 促进个体思想意识与行为方式的社会化，培养具有高度社会责任感与道德良知的合格公民

公民必须通过公民教育进行培养。对于公民教育，我们认为：首先，公民教育的主体是人，是一个自由的人，是一个具有独立人格的人，但这种“人”，同时不是孤立的，不是游离于社会之外的人，而

① 郝文武著：《教育哲学》，人民教育出版社 2006 年版，第 127 页。

② 全国十二所重点师范大学联合编写：《教育学基础》，教育科学出版社 2002 年版，第 34 页。

是处于各种社会关系和国家中的人，他要积极参与国家和社会的管理，积极地参加社会公共生活。其次，公民教育作为一种全新的教育理念，是承认并尊重人的主体性的教育，其主要的方法是养成、培育，而不仅仅靠灌输。最后，这种教育不是“应试教育”，也就是说，对学生进行公民教育，不能用常用的考试或考核来检查教学效果，其主要目的应是个体思想和行为的变化，而不是个体记住了多少公民知识。[1] 那么，公民教育的目标又是什么呢？

一般而言，公民教育的总目标是培养并造就健全自律的合格公民。具体包括：培养学生的国家意识或民族认同感，培养学生的政治素养和政治参与能力，培养学生的权利和义务意识，形成学生的正确价值观和批判地接受社会价值观的能力。[2] 诚如当代美国著名教育家吉罗克斯所指出的那样：“实际上，我提出一种主张，即文化研究为教育工作者和其他文化工作者提供了机会，去重新思考和转变学校、教师和学生是如何把他们自己确定为政治主体的认识，这种主体能够显示他们的批判意识、公民勇气、根植于对自由和民主强烈义务的忠诚。”[3]

我和我的祖国

张　藜

我和我的祖国，一刻也不能分割，
无论我走到哪里，都流出一首赞歌，
我歌唱每一座高山，我歌唱每一条河。
袅袅炊烟，小小村落，路上一道辙。
你用你那母亲般的温情和我诉说。
我的祖国和我，像海和浪花一朵，
浪是海的赤子，海是浪的依托，
每当大海在微笑，我就是笑的漩涡。
我分担着海的忧愁，分享着海的欢乐。
永远给我，碧浪清波，心中的歌。

① 张荣伟等编著：《教育基本原理》，福建教育出版社 2007 年版，第 269 页。

② 张荣伟等编著：《教育基本原理》，福建教育出版社 2007 年版，第 276—279 页。

③ ［美］吉罗克斯著，刘惠珍等译：《跨越边界——文化工作者与教育政治学》，华东师范大学出版社 2002 年版，第 200 页。

2. 培养与个体发展需求相适应的职业意识与职业角色

职业是特定社会的社会分工与社会化的集中体现。人生活在特定社会之中，要以一定的职业为主，这就决定了为就业和生活做准备的教育，必须能够促进个体的职业化。对于职业技术教育、高等教育和成人教育而言，培养人的职业角色意识、技能是其核心要求。对于作为实施一种全面素质教育的基础教育而言，则负有职业指导和职业定向的重要职责，因此，要指导学生根据自己的兴趣、爱好和能力等，结合国家的需要，确定自己的未来理想，帮助他们实现自己的职业理想。①

二、教育是形成个体个性化的主导力量

人是人的最高价值，人是人的存在的一切理由、一切目的。教育的根本价值就在于提升、形成、挖掘和引导人的价值。所以，教育作为形成人的个性化的重要力量应是教育价值的内在诉求和题中应有之义。具体而言，教育对于个体个性化的影响主要体现在如下五个方面：

1. 真正的教育将个体“沉睡”的潜能激活，并进行潜能的充分开发

个体都蕴藏着极大的发展潜力，如果我们的教育方式方法得当，则会把个体“沉睡”着的发展潜力激活，把一个渺小的个体放大，不仅为实现个体价值提供基础，更为社会发展创造良好的条件。从这个意义上讲，真正好的教育是一种把人从渺小引向伟大、从潜力引向实力、从黑暗引向光明的过程，是一种把人的灵魂唤醒的教育。

诚如雅斯贝尔斯所言：“所谓教育，不过是人对人的主体间灵肉交流的活动，包括知识内容的传授、生命内涵的领悟、意志行为的规范，并通过文化传递的功能，将文化遗产教给年轻一代，使他们自由地生成，并启迪其自由天性……教育是人的灵魂的教育，而非理智知识的简单堆集。通过教育使具有天资的人，自己选择决定成为什么样的人以及自己把握安身立命之根。”②

① 全国十二所重点师范大学联合编写：《教育学基础》，教育科学出版社2002年版，第35页。

② ［德］雅斯贝尔斯著，邹进译：《什么是教育》，生活·读书·新知三联书店1991年版，第3—4页。

2. 真正的教育是追求人的完整（满）性的过程

真正好的教育，无不追求着人的完整性。真正好的教育鄙视把人肢解的畸形教育、“半人”教育。作为构成完整之人不可或缺的“两翼”——科学教育与人文教育，两者本应该“比翼双飞”。可现状又如何呢？在当今的教育界，科学教育日盛，人文教育遭遇冷落，确是不争的事实。究其根源，乃是当今功利主义、物质主义泛滥使然。

由于单纯强调科学教育（实为技术训练教育），许多时候就造就了缺失人文内涵的“空心人”。当然，我们也不愿只重视人文教育而造就了远离科学精神的“边缘人”。让科学教育与人文教育共同携手，我们的教育便可以走出“半个人教育”（或曰“半人教育”）的时代。果真如此，实乃中国教育尤为中国儿童教育之幸！我们认为，中国教育中亟待解决的至关重要的问题就是树立真正与素质教育相适宜的教育新理念：把儿童培养成为人格健全个性丰满的完整的人！所有教育问题的解决都应该以此为基准为前提。也正是在这个意义上，我们以为爱因斯坦的见识尤为深刻：“用专业知识教育人是不够的。通过专业教育，他可以成为一种有用的机器，但是不能成为一个和谐发展的人……他必须获得对美和道德上的善有鲜明的辨别力。否则，他——连同他的专业知识——就更像一只受过很好训练的狗，而不像和谐发展的人。”①

3. 真正的教育顺应人的自然发展的道路，尊重个体的自然天性

异化了的教育总是在一种短视和急功近利心态的支配下，人为地干预人的自然发展的道路，把人的发展强行纳入事先设计好的“康庄大道”；不仅如此，眼下的教育还有盛气凌人的“高姿态”，面对受教育者，教育者总有那么一种先天的优越感，总习惯于向学生发号施令，教师如斯，家长也如斯。在这种情况下，教育一定程度地异化为限制学生精神发展的力量，个体的知识学习与精神建构产生了质的断裂，学生被动地过着成人为自己预设的生活。就像卢梭深刻地指出的那样：“大自然希望儿童在成人以前就要像儿童的样子。如果打乱了这个秩序，我们就会造成一些早熟的果实，它们长得既不丰满也不甜美，而且很快就会腐烂：我们将造成一些年纪轻轻的博士和老态龙

---

① ［德］爱因斯坦著，许良英等译：《爱因斯坦文集》（第三卷），商务印书馆 1979 年版，第 310 页。

钟的儿童。儿童是有他特有的看法、想法和感情的；如果想用我们的看法、想法和感情去代替他们的看法、想法和感情，那简直是最愚蠢的事情；我宁愿让一个孩子到10岁的时候长得身高五尺而不愿他有什么判断的能力。事实上，在这种年龄，理性对他有什么用呢？它阻碍着体力的发展，儿童是不需要这种阻碍的。”①

所以，现在已到了将儿童的生活还给儿童（个人）的时候了。在他们的世界里，除了读书学习以外，还有很多丰富和精彩的生活。他们不仅在书本中学习，更在生活中学习。世界很大，不限于书本世界，还有那更辽阔的生活世界；知识并非是最重要的，还有比知识更为重要的爱、生命、自由、思想、宽容、虔诚……教育应该把学生从单调乏味的书本生活中解放出来，引领他们去看看蓝天、白云，去看那美丽的“心灵日出”。

4. 真正的教育就是帮助人形成虔敬之人，拥有虔敬之心

现代人的理性狂欢与欲望泛滥，造成了现代人的“自大狂”。教育，不能没有虔敬之心，不能没有对绝对的敬畏；否则，最多也只是一种非常狭隘的劝学态度。对终极价值和绝对真理的虔敬是一切教育的本质。缺少对“绝对”的热情，人就不能生存，或者说人就活得不像一个人，一切皆变得没有意义。可见，追求价值之源是建构教育理想价值的内在动力。人的价值之源乃是教育价值之源。诚如雅斯贝尔斯所言：“教育是极其严肃的伟大事业，通过培养不断地将新一代带入人类优秀文化精神之中，让他们在完整的精神中生活、工作和交往……当代教育已出现下列危机征兆：非常努力于教育工作，却缺少统一的观念；每年出版不计其数的文章书籍，教学方法和技巧亦不断花样翻新。每一个教师为教育花出的心血是前所未有的多，但因缺乏一个整体，却给人一种无力之感。”② 所以，教育必须拥有一种“乌托邦”精神与情怀，将分崩离析的“文化片段”整合起来，为重新确立人在宇宙中的地位找寻一个牢固的“阿基米得点”。

5. 真正的教育极力促进人的个体特征的发展，充分尊重个体差异与个性倾向性

---

① ［法］卢梭著，李平沤译：《爱弥儿》（上卷），人民教育出版社2001年版，第88—89页。

② ［德］雅斯贝尔斯著，邹进译：《什么是教育》，生活·读书·新知三联书店1991年版，第44页。

人们之所以看重人尊重人，在相当程度上就在于看到了人与人之间的个体差异以及个性倾向性。教育就是要帮助个体充分地开发个体的内在潜力并发展自己的特长。人在受教育的过程中会产生兴趣、爱好的分野，由此又造成个体的人在专业领域中产生技能、倾向的分野，人的个体特征也因此表现为专业或职业的特征。不仅如此，教育还应该从多方面去发展挖掘学生的个性、特长，让每一个接受教育的人都可以从教育中感受到“阳光雨露”。

个人之所以成为（健全）个人者，端赖于鲜明生动与众不同的个性，伟人如是，平凡人亦当如是。教育既作为一项最具生命色彩的事业，理应给每个生命以精彩以辉煌。这又从何而来呢？盖源于每个人丰富的个性，没有个性的生命是平庸的生命。当法国人布封说“风格即人”的时候，我们已经似乎看到了一幅只属于每一个具体个人的独特的“风景画”：或淡淡的数笔、或浓浓的铺陈、或细腻的工笔、或放肆的写意……世间的路千万条，但属于你的路只有自己去找寻，有时候，你甚至要为此付出生命的代价。在整个生命的历程中，你必须走一条适合你自己的路，你必须形成一道你自己的“风景线”。你不必模仿别人，也不必重复自己，每一天的你都是崭新的。我们之所以追求教育的人性化，其实也就是在教育中追寻自己。

6. 真正的教育是助人成人、让人成人的过程，是一个让人们放飞梦想并实现梦想的过程

究竟是让人成人还是成为其他什么东西（非人）？这是真正人性化教育与非人性化教育的根本区别所在。我们说教育中“人”的缺失，不仅是指教育理论研究中人学的空场，更是指教育实践中人性的荒芜，本应该充满了人性、人情、人味的教育过程遂逐渐演变成知识灌输与技能训练的机械乏味的过程。

对教育世界的实证分析必定会抹杀人的完整性，以“物性”替代“人性”，把教育过程变成一个死气沉沉、毫无人性、毫无生机的机械过程。所以，在实践中，有的教师竟然对学生拧耳朵、扇耳光、扯头发、撕嘴巴、打屁股、逼令下跪；教学上，则命学生机械抄写、死记硬背、“听而弗问”，用题海占据一切时间与空间；家长强命子女达标、追逐分数、硬争名次，甚至毒打致死；社会用人则只问学历文凭，不看实际才能，倡导顺从，拒绝问难。如此教育必将导致个性的泯灭，而个性的泯灭必然造成一个千篇一律的“物”的社会、“单面人"的社会、没有色彩和缺乏活力的社会。

从教育价值的基本取向来看，教育所具有的两大价值均有其合理成分，任何过于强调单一方面的价值取向都有失偏颇。找寻两大价值的切合，不仅具有重大的理论价值，更有重大的实践价值。一方面，它可以让教育事业担当起伟大的社会使命，积极为社会的全面协调可持续发展培养合格人才；另一方面，也让教育更加关注个体的生存发展与全面进步，为每一个个人（个体）的个性张扬和潜能开发提供广阔的空间。总之，统整教育的两大价值，就是将教育的现实性与理想性、功利性与超越性、共性与个性真正有机地结合起来，从而不仅让教育造福于社会，更造福于人自身。

第三章　教育的目的

探讨了教育的价值和意义之后，我们有必要进一步追问的是：学校究竟应该把受教育者培养成什么样的人？这是教育学的根本问题。教育活动的出发点、依据和归宿都内含在这一问题的答案之中。

第一节　教育目的的认识

有一首名为《长大后我就成了你》的歌曲，曾经深深地感动过无数人民教师。

通过教育培养什么样的人，一直是古今中外一切教育活动得以展开的基本前提。可以说，每个教师的内心深处都萦绕着这样的问题：我该把我的教育对象（学生）引向何方？我该把他们培养成为什么样的人？

教育是一种培养人的活动，但是，教育究竟要培养什么样的人？这是教育的理想，也是教育的目的。

一、教育目的的定义与作用

要理解教育目的，首先必须认识什么是教育目的。然后，再认识与教育目的有关的一些基础性问题。

1. 教育目的的内涵

所谓教育目的，往往指人们在观念上、思想上对教育活动的结果的设计，即人们对教育活动所要培养的人的理想和预期，它需要借助于一定的教育手段并通过一定的教育途径才能实现。一般而言，教育目的在教育活动开始之初就已经观念地存在了。

自觉性、目的性是人类实践活动的本质规定，也是人不同于动物的重要区别。人的活动都是有目的的，它根本不同于动物的生命活动。人在创造和实际建造某物之前，就在头脑中已经先“造出”了它。正如马克思所言：“蜘蛛的活动与织工的活动相似，蜜蜂建筑蜂房的本领使人间许多建筑师感到惭愧。但是，最蹩脚的建筑师从一开始就比最灵巧的蜜蜂高明的地方，是他在用蜂蜡建筑蜂房以前，已经在自己的头脑中把它建成了。劳动过程结束时得到的结果，在这个过程开始时就已经在劳动者的表象中存在着，即已经观念地存在着。”①

教育是一项面向未来的事业，更是一项需要深思熟虑的事业，人们必须做到“未雨绸缪”。尽管教育目的在教育活动开始之初只是以观念的方式存在着，只是对所要培养的人的质量规格的一种观念、一种主观愿望，但是，人们的教育活动，正是在这些观念和愿望的推动下进行着，并进而为受教育者创造着向理想方向和水平发展的条件，使受教育者的身心发展沿着教育目的所规定的方向发展。所以说，教育的具体过程就是将教育目的所规定的理想内涵逐步加以实现的过程（客观化的过程），是一个将教育理想变成现实的过程。当然，具体的教育目的总是存在于千千万万教育者的实际教育行为之中。②

在教育学的理论中，跟教育目的有关的概念有：教育目标、培养目标、课程目标、教学目标等，它们的关系是：教育目标是种概念，教育目的、培养目标、课程目标、教学目标是属概念，都是教育目标的一种，是不同层次上不同类别的教育目标。

教育目的是培养人的总目标，是含有方向性的总体目标和最高目标，它反映的是一个国家总体的终极的教育意图，它所要说明的是教育应满足什么样的社会需求和应培养人的哪些身心素质。它一般在教育法或教育方针中规定，是一个国家教育工作的总目标和长期目标。教育目的可以理解为是一级教育目标，具有最高的概括性，表现的是普遍的、总体的、终极的价值，是整个国家各级各类学校必须遵循的统一的质量要求。

培养目标是各级各类学校或各个学段的教育目标，是教育目的的具体化。新课程的培养目标即新课程总目标，就是基础教育学段（含幼儿教育、义务教育和普通高中教育）的培养目标。

课程目标广义为课程总目标（课程的培养目标），狭义为分科课程目标，即各领域、各学科的教育目标，是指从某一领域或某一学科的角度所规定的人才培养的具体规格和质量要求（分科目标）。

在新一轮课程改革中，课程（分科）目标，通过各学科的课程标准或各领域的指导纲要体现出来，纵向分解为学段目标，横向分解

① 《马克思恩格斯全集》第23卷，人民出版社1975年版，第202页。

② 陈桂生著：《教育原理》，华东师范大学出版社1993年版，第219页。

为知识、技能，过程、方法，情感、态度、价值观。它的制定应以教育目的和培养目标为依据，并体现教育目的与培养目标的意图。

教学目标是具体教学过程的结果和学生的行为准则，它是学科课程目标与具体教学内容的结合和具体化。

课程目标的制定主要由教育行政部门完成，具有较强的规定性；教学目标主要由教师来制定，具有较强的灵活性。

我们可用下图表示教育目标的内在结构：

教育目标
- 教育目的（一级教育目标）——国家培养人的总目标或称终极教育目标
- 培养目标（二级教育目标）——各级各类学校或各个学校的教育目标
- 课程目标（三级教育目标）——各个学科、各门课程、各个领域的教育目标
- 教学目标（四级教育目标）——教学活动要达成的教育目标

我国关于教育目的的界定

● 毛泽东（1957 年）：“我们的教育方针，应该使受教育者在德育、智育、体育几方面都得到发展，成为有社会主义觉悟的有文化的劳动者。”

●《中共中央关于教育体制改革的决定》（1985 年）：“为九十年代以至下世纪初我国经济和社会发展，大规模地准备新的能够坚持社会主义方向的各级各类合格人才。”并规定：“所有这些人才，都应该有理想、有道德、有文化、有纪律，热爱社会主义祖国和社会主义事业，具有为国家富强和人民富裕而艰苦奋斗的献身精神，都应该追求新知，具有实事求是、独立思考、勇于创造的科学精神。”

●《中华人民共和国教育法》（1995 年）：“教育必须为社会主义现代化建设服务，必须与生产劳动相结合，培养德、智、体等方面全面发展的社会主义事业的建设者和接班人。”

● 党的十六大文件：“全面贯彻党的教育方针，坚持教育为社会主义现代化建设服务，为人民服务，与生产劳动相结合，培养德智体美全面发展的社会主义建设者和接班人。”

● 党的十七大文件：“要全面贯彻党的教育方针，坚持育人为本、德育为先，实施素质教育，提高教育现代化水平，培养德智体美全面发展的社会主义建设者和接班人，办好人民满意的教育。”

2. 教育目的的作用

教育目的对教育实践的作用是多方面的，现择其要者列举如下：

（1）导向作用——目的是行动的指南，有明确的教育目的，才能使教育活动变得自觉而不盲目。国家所制定的教育目的，统帅着全国教育系统的努力方向，决定着教育的性质，即教育究竟要为谁而培养人，规定了全国教育工作质量的总体要求。

（2）协调作用——教育目的作为一条贯穿于教育系统内部各项活动的“红线”，对各种教育因素起着协调、沟通的作用，使它们保持一致，避免内耗与冲突。教育活动是依据教育目的来制订工作计划和工作程序的。教师、学生乃至学校的全体成员，都要在教育目的所制约的教育目标之下明确自己的角色与地位。

（3）激励作用——教育目的是对教育活动结果的期望，无论是国家的教育目的（宗旨），还是学校的教育目标（办学目标）等，其内涵与教育活动主体的根本利益和理想相关，是教育的根本激励因素。缩小与目标的差距，是教育过程中激发主体奋进的根本动力。因此，教育目的往往成为教育行动的重要诱因。

（4）评价作用——教育目的，既是教育活动的出发点，也是教育活动的归宿。它是衡量与评价教育活动质量的重要依据。以教育目的（目标）作为教育评价（评估）的依据，才能规范教育并保证基本的教育质量。

二、教育目的的价值取向

教育的根本目的就是要促进教育的对象（人）发生一定的变化，使其更好地适应眼前和未来的生活。但是，人不仅是独立存在的个体，同时又必然结合成相互联系的社会。这就决定了教育的目的具有内在目的（如以个体发展为主旨的“生命教育”）和外在目的（如以社会发展为主旨的“公民教育”）的双重属性。历史上，不同的主体总是从各自不同的利益出发选择或提出不同的教育目的，进而在观念上或实践中去构建符合各自理想的教育形态。所以，教育目的本身体现着不同主体的不同价值取向。从古至今，在教育目的的价值取向上，争论最多影响最大也最带有根本性的问题，是关于教育活动究竟是注重于人的个性发展还是注重于社会的需要的论争，即教育史上的“个人本位论”和“社会本位论”之争。

个人本位论者主张，教育目的的提出应当根据受教育者的本性，而不是从社会需要出发。他们认为，教育的目的在于把受教育者培养成人，充分发展受教育者的个性，增进受教育者的个人价值，评价教育的价值应当以教育对个人的发展所起的作用为标准量。这一派的代表人物主要有孟子、卢梭、裴斯泰洛齐等。

社会本位论者主张，教育目的要根据社会需要来确定，个人只是教育加工的原料，个人的发展必须服从社会需要；教育的目的就在于把受教育者培养成符合社会准则的公民，使受教育者社会化，保证社会生活的稳定和延续。在他们看来，社会价值高于个人价值，个人的存在与发展依赖并从属于社会，评价教育的价值只能以教育对社会的效益为标准。这一派的代表人物有荀子、柏拉图、康德以及近现代的很多教育社会学家。

马克思吸收了以往关于人性、人的本质的理论观点，从哲学、经济学和社会学的角度历史地考察了个人发展与社会发展之间的关系，提出了个人发展与社会发展是对立统一的历史过程的观点，从而为我们确立教育目的提供了理论依据。马克思主义的人的本质观——人的本质在其现实性上是一切社会关系的总和，是马克思主义人的全面发展学说的根本前提，它科学地解决了教育史上一个长期悬而未决的矛盾和难题，那就是"人·社会·教育"之间的三角关系。马克思主义的全面发展学说认为，人和社会是相互作用、相互决定、相互促进的，因而任何一方的发展都离不开对方的发展，都必须把对方的发展作为目的，把自己的发展作为手段，这样才能促进双方的同步发展。一方面，没有整个社会的发展，个人的发展也就失去了基础和条件。另一方面，整个社会的发展恰恰是社会上无数个人自我发展与自我完善的结果。人的发展不能单纯从人自身的角度来理解，也不能简单地从其外部社会来获得规定。必须把人的发展问题，放在人与社会的关系及其历史发展中来考察。社会的发展与人的发展具有内在的一致性。这里必须强调的是：人具有主观能动性，人永远是社会历史的创造者，人永远都是社会发展的主体；教育具有相对独立性，教育具有拓展人的眼界、培养具有反思能力的人、批判地发展知识并引导人自身和社会进步的巨大功能。社会的发展就是人的发展和为人的发展，因为社会的发展进步实质上是人们追求幸福和发展的结果。马克思曾明确指出："社会——不管其形式如何——究竟是什么呢？是人们交互作用的产物……人们的社会历史始终只是他们的个体发展的历史，而不管他们是否意识到这一点。”① 人是社会赖以发展的诸因素中第一重要的决定性的因素。教育促进人的发展，进而推动社会的进步。正如鲁洁教授在《论教育之适应与超越》中所言：“实践就其本质而言是超越的，它是人自身对他所处环境的超越，”而“教育作为培养人的实践活动，它必然具有超越的特征”。② 正是因为教育具有这一特征，它才能够反作用于社会，才能促进社会的进步发展。

教育目的价值取向概览③

分类标准	教育目的价值取向	代表人物
按人的发展层次分类	造就“自然人”的教育目的	卢梭
	造就社会人（“社会我”）的教育目的	涂尔干
按个人成长过程分类	造就精神人格的教育目的	康德
	顺序发展人的自然本性、社会性、精神人格的教育目的	
	发展人的固有潜能的教育目的	福禄培尔
	使个人在现实社会中完满地生活的教育目的	斯宾塞
	造就理想人格的教育目的	布德、林德
按社会发展状态分类	再现过去社会状态的教育目的	赫钦斯、利文斯通
	着眼于现实社会生活需求的教育目的	杜威
	预示未来社会状态的教育目的	富尔
按教育目的层次的划分	把教育目的分为可能的目的与必要的目的	赫尔巴特
	把教育目的分为一般的目的与适应不同人的需要的目的	涂尔干
	培养独特个性的教育目的	卢梭
	共同的教育目的	

① 《马克思恩格斯全集》第3卷，人民出版社1960年版，第320页。
② 鲁洁：《论教育之适应与超越》，载《教育研究》1996年第2期。
③ 陈桂生著：《教育原理》，华东师范大学出版社1993年版，第228页。

第二节　新课程的培养目标

我们到底要培养什么样的人？我们所培养的人究竟应该具备什么样的质量规格？这不仅是教育观的问题，也是人才观、质量观和评价观的问题。

21 世纪对人的素质和公民素养提出了新的要求，这是新课程改革的基本依据。对于学校和教师来说，如何理解新课程的培养目标？如何在教育教学中落实新课程的目标？这是深化课程改革的首要问题。

一、新课程培养目标的要点

课程改革的根本任务在于促进每一个学生的发展，造就一代又一代的新型公民。新课程的培养目标实际上就是对新型公民形象和素质的刻画和描述：具有爱国主义、集体主义精神，热爱社会主义，继承和发扬中华民族的优良传统和革命传统；具有社会主义民主法制意识，遵守国家法律和社会公德；逐步形成正确的世界观、人生观、价值观；具有社会责任感，努力为人民服务；具有初步的创新精神、实践能力、科学和人文素养以及环境意识；具有适应终身学习的基础知识、基本技能和方法；具有强健的体魄和良好的心理素质，养成健康的审美情趣和生活方式，获得全面而有个性的发展，成为有理想、有道德、有文化、有纪律的一代新人。

为了理解的方便，我们把上述七条内容分为以下八个要点：(1) 公民意识；(2) 价值观念；(3) 社会责任感；(4) 创新精神和实践能力；(5) 科学人文素养和环境意识；(6) 终身学习的基础知识、基本技能和方法；(7) 强健的体魄和良好的心理素质；(8) 健康的审美情趣和生活方式。

二、新课程培养目标的特点

第一，着眼学生个性的整体性发展。培养目标的七条内容是一个有机的整体，它旨在促进学生个性的全面和谐发展。21 世纪是发展个性的世纪，那么个性是什么？新课程认为，每一个学生的个性既是具有独特性、自主性的存在，又是关系中的存在。新课程正是从以下三大关系来理解学生个性发展、规划课程目标的，即学生与社会的关系（前面四条内容基本上属于这一关系）、学生与自然的关系（五、六两条内容基本上属于这一关系）、学生与自我的关系（第七条属于这一关系）。这三大关系相辅相成构成了学生个性相对完整的画面。用一种整体的观点来全面把握学生的个性发展并将其视为课程的根本目标，这使我国基础教育课程体系具有了新的起点。

第二，强调终身教育的基础性。基础性是基础教育及其培养目标的根本特性。但是，基础教育的“基础”究竟应当是什么？是为学科发展、专业建设打基础，还是为人的发展、终身学习打基础？不同的“基础”观反映了不同的教育价值观。终身教育是21世纪全世界共同的教育价值取向，它大大深化了我们对基础教育的认识，使我们获得了审视基础教育的新的更加广阔的视野。新课程正是站在终身教育的高度上，强调基础教育的“基础”，即要求学生“具有适应终身学习的基础知识、基本技能和方法”，从而为学生的可持续发展打下坚实的基础。新课程不仅强调学习基础——学会学习，更强调做人基础——学会做人，尤其要求学生“逐步形成正确的世界观、人生观、价值观”。这与传统从学科角度强调“双基”——限于强调基础知识和基本技能形成了鲜明的对比。

第三，突出素质教育的重点。《中共中央国务院关于深化教育改革全面推进素质教育的决定》明确指出，实施素质教育要以培养学生的创新精神和实践能力为重点。江泽民也多次强调：“创新是一个民族进步的灵魂，是国家兴旺发达的不竭动力。”当前，科学技术迅猛发展，知识经济加速到来，国际竞争日趋激烈，创新精神和实践能力的培养被提到更加突出的位置上来。创新精神和实践能力的培养必须从小抓起，据此，新课程把“具有初步的创新精神和实践能力”作为重要的培养目标，注重培养学生独立思考、敢于怀疑、敢于批判、敢于超越的精神；积极进取、求实、求是、顽强的品质；理论联系实际的意识；乐于动手、勤于实践的习惯。

第四，体现对学生的人文关怀。在世间一切事物中，人是第一可宝贵的。教育的发展趋势正如有的学者所说，是“‘人’字在教育中越来越大了”。正是在这样的背景下，关注每一个学生，为了每一个学生的发展，成为本次课程改革的核心理念和神圣使命。新课程明确指出，要使“学生具有强健的体魄和良好的心理素质，养成健康的审美情趣和生活方式”。实际上，这也是“健康第一”思想的体现。关注学生的健康，让学生富有情趣地生活，生动活泼地成长，这是新课程的追求。它不仅代表着国家对下一代的关心，也代表着我国社会的全面进步和整个教育界的觉醒。

以上特征赋予了新课程培养目标鲜明的时代特色。实际上，新课程培养目标的每一条都具有时代新内涵，我们也只有站在时代的高度，才能真正领悟新课程培养目标的精神实质。

普通高中教育是在九年义务教育基础上进一步提高国民素质、面向大众的基础教育。普通高中教育为学生的终身发展奠定基础。

普通高中教育应全面落实《国务院关于基础教育改革与发展的决定》所确定的基础教育培养目标，并特别强调使学生：

初步形成正确的世界观、人生观、价值观；

热爱社会主义祖国，热爱中国共产党，自觉维护国家尊严和利益，继承中华民族的优秀传统，弘扬民族精神，有为民族振兴和社会进步作贡献的志向与愿望；

具有民主与法制意识，遵守国家法律和社会公德，维护社会正义，自觉行使公民的权利，履行公民的义务，对自己的行为负责，具有社会责任感；

具有终身学习的愿望和能力，掌握适应时代发展需要的基础知识和基本技能，学会收集、判断和处理信息，具有初步的科学与人文素养、环境意识、创新精神与实践能力；

具有强健的体魄、顽强的意志，形成积极健康的生活方式和审美情趣，初步具有独立生活的能力、职业意识、创业精神和人生规划能力；

正确认识自己，尊重他人，学会交流与合作，具有团队精神，理解文化的多样性，初步具有面向世界的开放意识。

台湾地区新课程的培养目标

台湾地区于1998年颁布的"'国民'教育阶段九年一贯课程总纲纲要"，从"人与自己、人与社会环境、人与自然环境"三个方面出发，提出"国民"教育阶段的10项教育目标：①增进自我了解，发展个人潜能；②培养欣赏、表现、审美及创作能力；③提升生涯规划与终身学习能力；④培养表达、沟通和分享的知能；⑤发展尊重他人、关怀社会、增进团队合作意识；⑥促进文化学习与国际了解；⑦增进规划、组织与实践的知能；⑧运用科技与资讯的能力；⑨激发主动探索与研究的精神；⑩培养独立思考与解决问题的能力。

2001年颁布的"高级中学课程总纲草案"规定，高中教育除坚持"国民"教育阶段的教育目的以外，还以提高普通教育素质、增进身心健康、养成术德兼修的现代公民为目的。为实现此目的，高中必须从生活素养、人生发展和生命价值三个层面使学生达到下列目标：①提高人文、社会、科技素养；②提高逻辑思维能力、判断能力和创造能力；③增进团队合作能力，培养责任心；④培养认真学习的态度，养成终身学习的态度；⑤培养了解自我和规划终生发展的能力；⑥深植尊重生命的态度和永远发展的观念。

分析与思考

1. 古代教育和现代教育有哪些不同?

2. 请以"我心中理想的教育"为题写一篇教育随笔。

3. 请检索、阅读周国平的《教育的七条箴言》一文，并谈谈你的教育观。

4. 你认为现时代的教育要注重培养学生的哪些核心素养?

主要参考文献

1. 瞿葆奎主编，陈桂生等选编：《教育学文集·教育与社会发展》，人民教育出版社 1989 年版。

2. 瞿葆奎主编，雷尧珠等选编：《教育学文集·教育与人的发展》，人民教育出版社 1989 年版。

3. 瞿葆奎主编，丁证霖选编：《教育学文集·教育目的》，人民教育出版社 1989 年版。

4. 瞿葆奎主编：《教育基本理论之研究（1978—1995)》，福建教育出版社 1998 年版。

5. 叶澜著：《教育概论》，人民教育出版社 1991 年版。

6. 陈桂生著：《教育原理》，华东师范大学出版社 1993 年版。

7. 朱永新著：《新教育之梦》，人民教育出版社 2002 年版。

8. 郝文武著：《教育哲学》，人民教育出版社 2006 年版。

9. 张荣伟著：《当代基础教育改革》，福建教育出版社 2007 年版。

10. 郝德永著：《课程与文化——一个后现代的检视》，教育科学出版社 2002 年版。

第2单元

学生观——主体性的学生观

学生观是指教育者对学生所持有的总的看法和态度，它是教育理论研究的重要领域。对于教师来说，学生观是一个在其职业活动中具有根本意义的问题。尤其在今天，树立科学的学生观，对于我们转变教育观念、深化教育改革有着深刻的现实意义和深远的历史意义。

第一章　人性观

人是什么？对这一问题的不同回答就形成了形形色色的人性观。教育的本质是培养人的活动。而培养什么样的人？就必然涉及对人性的认识和理解。由此可见，人性和教育存在着内在的必然联系；人性是教育的立身之本，是教育的起点，也是教育的终点，且贯穿于教育活动的全过程。人性观决定教育观，有什么样的人性观，就有什么样的教育观。人性观是教育思想的源头活水，要想真正把握教育思想的本质内涵，就必须从其所立基的人性观中寻找答案。

第一节　人性假设与教育主张

在人类思想上，人性问题不仅极其复杂而且常话常新。关于人性的话题，具有一个极其悠久的历史可以考察。但对于每一个时代的人来说，它又是如此新鲜、充满激情且富有挑战性。实际上，正是人性话题的历史悠久性决定了古今中外形形色色人性观的存在。今天看来，关于人性的思考至少会牵涉到下面这样一些问题：

*什么是人性？

*人性的本原是什么？

*人性是否具有差异性？

*如何看待人性的变化与发展？

*是否存在特殊的、具体的人性？

*人的“类本性”是什么？是否存在普遍的、抽象的人性？

*人性究竟是先天（验）的、与生俱来的，还是后天的、现实形成的？

*如何认识人的先天自然属性与现实的社会属性之间的关系？能否根据人的“后天表现”来评价人的“先天属性”？

*如何看待人的自然属性、社会属性与精神属性之间的区别与联系？

＊如果人性是先天的、自然的属性，能否用善、恶这一对后天的、社会的概念对其进行评价和判断？①

＊如果人性是后天的、社会形成的，应该如何看待人性的形成、变化与发展？

＊作为“人的形象”的“生物人”、“宗教（神性）人”、“工具（劳动）人”、“经济人”、“理性人”、“政治人”、“文化人”、“道德人”之间的根本区别是什么？

＊“人性”与“人的本质”的根本差异是什么？关于“人性”与“人的本质”的探讨，如何才能避免“盲人摸象”式的错误？

显然，由以上问题所引发的思考，已经纷繁复杂、浩如烟海。目前，关于人性这一主题，哲学、社会学、政治学、心理学、生理（物）学以及宗教学等不同学科都积累了非常丰富的思想资源。本节的任务是对教育思想史中的人性假设进行梳理，并在此基础上对教育与人的基本属性（包括自然属性、社会属性和精神属性）之间的关系进行探讨。

一、“性善论”及其教育主张

孟子是“性善论”的代表人物。他的著名论断是：“恻隐之心，仁之端也；羞恶之心，义之端也；辞让之心，礼之端也；是非之心，智之端也。”在他看来，人皆有恻隐之心、羞恶之心、辞让之心、是非之心，这“四心”正是仁、义、礼、智等美德的开端，是先天的、不学而成的“良知”“良能”，而教育的目的与任务就是“求其放心”，恢复人的先天本性，以达到“尽心、知性、知天”的境界。以“性善论”为立论依据的一种典型的教育观是“内展说”。这种教育观主张：在人的心灵中根本就没有什么生来就有的邪恶，“人皆可以为尧舜”，教育就是修养、启发、唤醒、引导人的善性，诸如良心、同情、仁爱、正义、助人、感恩、忠贞等。在西方教育史上，卢梭是知名的“性善论”者，他在《爱弥儿》的开篇写道：“出自造物主之

① 现实的人有善有恶，善恶交杂。但人们无法对先验的人性（即特定意义上的“人的本性”）进行善、恶判断，而只能进行猜测和假设。也就是说，先验的人性无法论善恶，而只有人的现实存在可以论善恶。所谓的“性善论”、“性恶论”、“性亦善亦恶论”、“性无善无恶论”，不过是对于人性的猜测和假设而已，并没有科学的依据，尽管这种猜测和假设有其理论和实践意义。

手的东西，都是好的，而一到了人的手里，就全变坏了。”因此，他坚持自然主义教育思想，认为教育必须从儿童的天性出发，必须保护儿童善良的天性，使儿童身心得到自由的发展。

二、“性恶论”及其教育主张

荀子是“性恶论”的代表人物。他的著名论断是：“目好色，耳好声，口好味，心好利，骨体肤理好愉佚。”在他看来，人们为了追求这些生理需求和欲望，必然发生冲突和斗争。同时，他还认为，“人之性恶，其善者伪（人为）也。”“人积耨（nòu）耕而为农夫，积斫（zhuó）削而为工匠，积反货而为商贾，积礼义而为君子。”因此，教育的意义就在于“注错习俗，所以化性”，即按照圣人所制定的礼义法度，社会规范和习俗来教化和改变人的先天恶性。以“性恶论”为立论依据的一种典型的教育观是“外铄说”。这种教育观主张：既然人性本恶，如果不加控制地按照人的欲望和感情行事，人便倾向于胡作非为、捣乱、不守纪律。因此，教育就是一种控（抑）制和改造，就是采取某些强制的手段，通过强化社会礼仪，以传统、习俗、制度、典章等来惩罚、规训、塑造儿童，从而改变人的恶性（诸如贪婪、无耻、残暴、虐待、昧心、欺诈、极端自私、忘恩负义等），使之服从于社会特定的价值、规范。在西方教育史上，除了赫尔巴特认为“人性恶”而主张用教育来引导个体向善外，影响比较深远的则是基督教的“原罪”说和教会的禁欲主义。

三、“性有善有恶论”及其教育主张

王充在《论衡·本性》中写道：“周人世硕，以为人性有善有恶。举人之善性，养而致之则善长；性恶，养而致之则恶长。”东汉扬雄道：“人之性也善恶混，修其善则为善人，修其恶则为恶人。”因此，人是复杂的，人性为善为恶的关键就在于教育与学习，人的健康成长离不开良好的教育。“学者所以修性也”，这是“性有善有恶论”对于教育者的最根本的启示。法国17世纪最具天才的数学家、物理学家、哲学家帕斯卡尔说得好：“使人过多看到他和禽兽是怎样等同而不向他指出他的伟大，那是危险的。使他过多地看到他的伟大而看不到他的卑鄙，那也是危险的。让他对这两者都加以忽视，则更为危险。然而把这两者都指明给他，那就非常有益了。”①

四、“性无善无恶论”及其教育主张

告子曰：“食色，性也。”“性犹湍水也。决诸东方则东流，决诸西方则西流。人性之无分于善不善也，犹水之无分于东西也”。与告子的“性无善无恶论”接近，在西方教育史上则有“蜡块说”和“白板说”。亚里士多德认为，人的灵魂如同蜡块一样，从外物接受印纹。洛克认为，人出生时心灵像白纸或白板一样，人的一切观念和知识都源于经验，都是外界事物在白纸或白板上留下的痕迹。建立在“性无善无恶论”的观点之上，教育者所关注的自然是环境对于人的发展的重要作用。《劝学》道：“篷生麻中，不扶自直；白沙在涅，与之俱黑。”也正因为如此，历史上才留下了“近朱者赤，近墨者黑”、“久居兰室不闻其香，久居鲍市不闻其臭”之类的经典名句，才留下了“孟母三迁”之类的美谈。

五、“性三品说”及其教育主张

董仲舒认为，人分为圣人、中人和斗筲三个品级，即人性有不教而能善的“圣人之性”，只能为恶的“斗筲（shāo）之性”，以及既可为善也可为恶的“中民之性”。教育的任务就是教化“中民之性”为善而不为恶。韩愈继承了董仲舒的思想，也将人性分为上、中、下三品。其中，上品是上智，多善性，是不需要改变的，下品是下愚，是恶性，是无法改变的，只有中品的人性，才可上可下。在他看来，对于上品的人，教育能使其先天的善性达到发扬光大，对于中品的人，教育可引导他们向上品靠拢，而下品的人是低贱的，教育对他们是不起作用的。在西方，柏拉图最早把人性分成不同的等级。他在《理想国》中的人性论观点是：国家由三个等级的人组成，第一等级是统治者，这种人的材料质地为金；第二等级是武士，这种人的材料质地为银；第三等级是农民和手工业者，这种人的材料质地是最次的，为铜和铁。至于奴隶，在柏拉图看来，只不过是“会说话的工具”，是不能同其他的人相提并论的。总体看来，人性既是柏拉图教育理想的起点，又是终点。归结为一点，就是利用教育促使人的灵魂

---

① ［法］帕斯卡尔：《思想录》，商务印书馆 1985 年版，第 181 页。

向“善”以达到理想国的实现。

以上考察再次表明，人性论乃教育思想的源头活水，历史上的各种教育思想都可以从特定的人性论中找到根据。尽管关于人性的不少解说给人一种机械、教条甚至反科学的印象，但事实上，正是这些解说为相应的教育主张与实践提供了思想基础。同时还会发现，许多教育思想的根源就在于对人性问题的不同理解与设定。总体看来，无论坚持何种人性推测（假设）与解说，其教育目标却是共同的，即都认定教育的根本价值在于促进人性向善。

第二节 人的基本属性与教育

人性就其内容和层次而言，可分为自然性、社会性和精神性，本节从这三个维度进一步探讨人性与教育的关系。

一、人的自然属性与教育

有生命的自然人的存在乃是人类历史的第一个前提。作为一种生命体的存在，人常常被看作是一种未特定化的高级动物。解剖学表明，与动物相比，人脑是极其独特的，人脑的复杂性、神奇性和敏感性是任何其他动物所无法比拟的。动物的各种器官在功能上业已特定化，而人则是未特定化的动物，不仅对于环境变化具有高度的适应性，自身的实践活动能力更是具有无限的开放性和创新性。

人来源于动物界这一事实，决定了人永远不能完全摆脱其自身的动物性，只不过摆脱得多些或少些而已。对此，马克思有过非常精辟的论述：人直接的是自然存在物。人作为自然存在物，而且作为有生命的自然存在物，一方面具有自然力、生命力，是能动的自然存在物；这些力量作为天赋和才能、作为欲望存在于人身上。另一方面，人作为自然的、肉体的、感性的、对象性的存在物，和动植物一样，是受动的、受制约的和受限制的存在物，也就是说，他的欲望的对象是作为不依赖于他的对象而存在于他之外的；但这些对象是他的需要的对象，是表现和确证他的本质力量所不可缺少的、重要的对象。说人是肉体的、有自然力的、有生命的、现实的、感性的、对象性的存在物，这就等于说，人有现实的、感性的对象作为自己的本质，即自己的生命表现的对象；或者说，人只有凭借现实的、感性的对象才能表现自己的生命。首先，人来自自然，是自然进化的结果，人也就离不开自然的、本能的各种需要，甚至从最根本的意义上说，“人的需要即人的本性”。但是，人的需要又是多种多样和发展变化的。人本主义心理学家马斯洛曾把人的需要按由低到高的顺序分成“生理需要”、“安全需要”、“归属需要”、“自尊需要”和“自我实现需要”等五个层次。这些“需要”是人类行为的内在动力，是个体接受教育和获得发展的“内因”所在。因此，无论是冠以“愉快教育”还是“成功教育”，合乎人性的教育必然是尊重儿童的最基本需要的教育，必然是遵循个体身心发展规律的教育。事实证明，任何形式与层次的教育都必须以人的最基本的需要为基础，否则，必然是违背人性的教育，必然事倍功半或竹篮打水一场空。这应该是自然主义教育、人本主义教育乃至进步主义教育的理论内核所在。《中庸》开篇道：“天命之谓性，率性之谓道，修道之谓教。道也者，不可须臾离也；可离，非道也。”这里所认定的人性乃“生之为性”、“天赋人性”、“人的先天性”。或者说，在儒家教育思想中，“人性”更多的是指人的先天属性、自然属性，即人的先天的、与生俱来的属性，也即特定意义上的“类本性”。但是，这种以人的自然属性为内核的人的“类本性”，就其发展的可能性（发展潜力）而言，是无限的、开放的，也是难以预知的。

二、人的社会属性与教育

我们知道，在人类思想史上，马克思关于“人的本质”的界说为我们探讨人性问题奠定了科学的理论基础。马克思关于人的本质的一个经典命题是：人的本质不是单个人所固有的抽象物，在其现实性上，它是一切社会关系的总和。与以往人性理论根本不同的是，马克思一开始就立足于“感性的实践活动”来探讨人与动物的本质区别以及人的社会存在方式。他指出：“个人怎样表现自己的生活，他们自己也就怎样。因此，他们是什么样的，这同他们的生产是一致的——既和他们生产什么一致，又和他们怎样生产一致。”① 具体而

① 《马克思恩格斯选集》第 1 卷，人民出版社 1995 年版，第 80 页。

言，除了需要“吃喝住穿以及其他一些东西”之外，人更主要地是以“感性的实践活动”作为生活的基本内容而历史地存在着，而正是这种“感性的实践活动”直接决定了个体的社会交往关系——个体的存在方式。

一般而言，个体、群体、类是人存在的三种基本方式，人是个体性、群体性、类性三重属性的统一体。其中，作为“类”而存在的人的本质特征是实践活动，实践活动将人与动物区别开来，所展现的是人的本质的普适性；作为“群体”而存在的社会人的本质特征是人的各种交往关系，它将不同的群体区别开来，所展现的是人的本质的一般性；作为“个体”而存在的人的本质特征是人的个性，它将个人与他人区别开来，所展现的是人的本质的特殊性。相应地来看，在个体社会化的过程中，为了与人的类特性保持一致，教育就应该与生产劳动相结合，关注自身的实践性和活动性；为了与人的群体性保持一致，教育就应该为不同的阶级和阶层服务，关注不同社会的政治、经济和文化差异性；为了与人的个性保持一致，教育就应该注重特色、因材施教，而不是千篇一律、千人一面。但总体看来，任何个人都必然地归属于特定的社会群体而成为一种社会存在物。正如个体心理学家阿德勒所指出的那样：“没有任何个人不是以群体成员的身份出现的。”① 不仅如此，以社会存在为基本形式的人的本质特性往往可以分解为人的地域性、文化性、交往性、从众性等多种样态。就个体的社会化过程而言，人本主义心理学家罗杰斯曾经指出：“我们无须问谁将使他（指人）社会化，因为他自己最深切的需要之一就是与人亲近和交往。当他变得更完全成为他自己时，他将变得更现实地社会化。”② 这无疑是合作学习、公民教育的重要思想资源，更应该成为课程编制以及教学方式变革的重要理论依据。

---

① ［美］马斯洛等著，《人的潜能和价值：人本主义心理学译文集》，华夏出版社 1987 年版，第 45 页。

② ［美］马斯洛等著，《人的潜能和价值：人本主义心理学译文集》，华夏出版社 1987 年版，第 327 页。

儿童在生活中所学到的[①]

如果儿童生活在批评的环境中，他就学会指责。

如果儿童生活在敌意的环境中，他就学会打架。

如果儿童生活在嘲笑的环境中，他就学会难为情。

如果儿童生活在羞辱的环境中，他就学会内疚。

如果儿童生活在宽容的环境中，他就学会大度。

如果儿童生活在鼓励的环境中，他就学会自信。

如果儿童生活在赞扬的环境中，他就学会抬高自己的身价。

如果儿童生活在公平的环境中，他就学会正义。

如果儿童生活在安全的环境中，他就学会信任他人。

如果儿童生活在赞许的环境中，他就学会自爱。

如果儿童生活在互相承认和友好的环境中，他就学会在这个世界上去寻找爱。

三、人的精神属性与教育

人具有精神属性。精神既来源于物质，又超越于物质，超越性是精神的本质特征。人是一种自然的存在、社会的存在，但更是一种自主的、能动的、具有创造性的存在。人之所以能成为“万物之灵长”而主宰世界，就是因为人具有动物所不具备的精神属性。精神属性乃是人的各种属性中最核心最有统摄力的一种属性。按照弗洛伊德的人格结构理论，自然属性是一种“本我”的存在，社会属性是一种“自我”的存在，而精神属性则是一种“超我”的存在。

按照马克思主义观点，人的本质（本性）包括人的精神属性既不是上帝赋予的，也不是先天具备的，而是在后天的生活、实践过程中不断生成和变化着的。人的生活实践和交往内容的复杂多样性决定了人的社会关系以及精神世界的复杂多样性。马克思在《1844 年经济学哲学手稿》中指出：“一个种的全部特性、种的类特性就在于生

① ［美］黛安·E. 帕普利、萨利·W. 奥尔兹著，曹秋萍等译：《儿童世界》，人民教育出版社 1985 年版。

本我、自我与超我

“精神分析之父”弗洛伊德将人的心理结构一分为三并作出了如下概括：本我是欲望我，遵循享乐原则，属于生理或生物性的低层次的我；自我是主宰我，遵循社会（现实）原则，在个体的需要和外在环境的限制之间取得平衡，并以有效的方式应付现实问题；超我是道德我，遵循道德原则，按照良心及规范的标准行事，属于精神层面的高层次的我。

命活动的性质，而人的类特性恰恰就是自由的自觉的活动。”① 可以说，一部人类发展史其实就是一部人的自由的、自觉的活动的历史，就是人的主体性（自主性、能动性、创造性）不断增强的历史。进一步来说，精神属性乃是人的主体性的直接体现。或者说，主体性就是指人在同客体的相互作用中所表现出来的自主性、能动性和创造性。人具有以超越为主旨的精神属性，意味着人在现实生活中并不是一种屈从于本能、外物或他人作用的被动性存在，相反，是一种具有目的性、计划性和选择性的主体性存在。就人的发展而言，不断地摆脱自然属性，不断地改造社会属性，不断地丰富人的精神内涵而增强个体的主体性，乃是教育的核心价值和本真意义。因为，只有具备丰富的精神世界而具有主体性的人才能更好地发展自身、改造社会和创造幸福生活。这正是主体教育思想的理论根基所在。我们知道，关于人的发展，传统教育往往陷入“遗传决定论”和“环境决定论”的误区，往往强调外因（人的受动性）而忽略内因（人的能动性），往往强调遗传与环境的作用而忽略个体的自主意识、自主发展与自我建构。“新课程改革”之所以倡导自主学习、探究学习，思想根基正在于此。

由此看来，一个完整的人应该是自然属性、社会属性与精神属性的有机统一体。从自然属性来看，人的发育成长遵循生物进化的一般规律；从社会属性来看，人则是社会关系的承担者和体现者，既是社会存在的前提，又是社会发展的产物。一方面，人总是一种历史的现实的存在，必然生活在特定的社会群体之中，并按约定俗成的伦理和

① 《马克思恩格斯全集》第42卷，人民出版社1979年版，第96页。

道德生活。另一方面，人又总是追求超越世俗的永恒之善和终极之美，因此必然是一种否定性的、指向未来的理想性存在。“对于人类来说，只有追求生命的价值与生活的意义才能表征人的存在。因此，人无法忍受‘存在的空虚’。人要‘超越’现实的存在而创造理想性的存在。”① 这便是人类所特有的精神属性。可见，没有精神属性的这一部分，人的存在就是欠缺和不完善的。精神属性乃人性的最核心部分，是人的生命的最高层次。

第三节　新课程与“人性化教育”

教育走向人性化或曰人性化的教育，虽然在本次新课程的相关文献文本中并没有明确的表述，但它仿佛一根“红线”贯穿于本次新课程的始终。如果我们站在人性的高度来思考与审视新课程，这场新课程变革将彻底根除我国教育传统中根深蒂固的教育的奴性化或曰奴性化教育，同时也将消解由于现代技术理性的滥觞而导致教育（人）的物性化，真正迎来一种关注人的生命存在且张扬人的个性的教育。具体地说，人性化的教育具有如下基本特征：

首先，“人性化教育”是与“非人性教育”、“野蛮性教育”、“工具性教育”相对立的概念。对于教育的非人性化，卢梭曾有过非常深入的剖析：“当我们看到野蛮的教育为了不可靠的将来而牺牲现在，使孩子受各种各样的束缚，它为了替他在遥远的地方准备我认为他永远也享受不到的所谓的幸福，就先把他弄得那么可怜时，我们心里是怎样想的呢？即使说这种教育在它的目的方面是合理的，然而当我们看见那些不幸的孩子被置于不可容忍的束缚之中，硬要他们像服苦役的囚徒似的继续不断地工作，我怎么不感到愤慨，怎能不断定这种做法对他们没有一点好处？欢乐的年岁是在哭泣、惩罚、恐吓和奴役中度过的。你们之所以折磨那可怜的孩子，是为了使他好；可是不知道你们却招来了死亡，在阴沉的环境中把他夺走了。谁知道有多少孩子由于父亲或教师过分地小心照料终于成为牺牲品？能够逃脱这种残酷的行为，可以说是很幸运的，孩子们在遭受了种种灾难以后，所

① 孙正韦著：《超越意识（序言）》，吉林人民出版社 2001 年版，第 4 页。

得到的唯一好处是，在死亡的时候不至于对这个受尽苦楚的生命抱有惋惜的心情，因为他们在这一生中遇到的尽是苦难。”① 因此，人性化教育是对教育本质和教育精神的一种揭示，所强调的是教育的内涵和品质，所彰显的是人们对于教育的本体性认识。

其次，人性化教育意味着对于生命的尊重，它包括教育理念的人性化和教育环境的人性化。其中，教育理念的人性化要求教育者能够尊重学生的主体地位和主体意识，尊重学生的主体人格、自我尊严和独特生命，而不是把学生当作“工具”和“机器”，更不能像对待“动物”那样进行改造、加工和训练。教育环境的人性化则要求在教育内容、教育方法、教育环境、师生关系等方面自觉渗透一种生命意识，多一分人文关怀。可以说，人性化教育是一种顺乎人性特点及其发展规律的教育，它所关注的是教育本身的生命性、人文性和自由精神。人性化的教育所强调的是个体的存在性、生成性，它的着力点在于创建和谐校园，构建和谐的师生关系和愉悦的学习生活，它总是将“以人为本”的理念和对生命的敬畏之心作为判断教育质量的伦理标准。从这样的视角来看，人性化教育其实就是一种个体的自我教育，就是一种个体在成长过程中的自我选择与淘汰。这种教育要求师生间建立起亲密的人性关系，教学中突出知识的人性内容或人性意义，以生命化的课程与教学来促进学生的自我发展和自我完善。

其三，从教育的目的与功能来看，人性化教育是为了“育人”而不是“造物”。教育者的责任是帮助个体发展能力、完善人格，而不是把学生塑造成一个知识的容器。我国基础学校中存在着两种类型的教育：一种教育看重的是那些处于人的生命意识之外的僵化的知识，一种教育看重的是那些属于人性和生命本身的东西。前者以灌输和累积为主要方法，后者则强调启发、熏陶和唤醒。前者培养出来的人机械、呆板，后者培养出来的学生则灵活而富有创新精神。卢梭曾经表达过人性化教育的学生观：“不管我的学生将来想要在军队、或教堂、或法庭里供职，这对我无多大关系。当他离开我时，我可向你保证，他不只将是一个官吏、一个军人，或者一个牧师；他将是一个人。凡一切适宜于人的，他会敏捷地学了起来而且不比别人差。”②

① ［法］卢梭著，李平沤译：《爱弥儿》，商务印书馆 1978 年版，第 72 页。
② 《西方资产阶级教育论著选》，人民教育出版社 1993 年版，第 98 页。

其四，人性化教育是认同个性差异、注重个性发展、强调特色培养的教育。人人生而不同，每个人都有其独特的个性，都作为无可替代的独立个体而存在。人之为人的本质规定就在于个体的丰富性、微妙性和多样性。现实生活中所有的人不可能也不应该都保持一模一样。社会学家米德指出："每一个别的自我都有自己的独特个性，有自己唯一的模式；因为那种过程之内的每一个别的自我，虽然在它有组织的结构中反映了作为整体的那种过程的行为方式，但也是从那种过程之内自我的独特与唯一角度来反映的。"① 其实，一个人只有拥有了自己的个性，而不是把自己雕塑为一种抽象的、普遍的社会符号，才能够正视人类的共同经验和真正拥有属于自己的生活。进一步来说，个体的差异性和独特性乃人类文化多姿多彩的重要源泉，乃人类社会文明不断进步的推动力。实践证明，越是高度个性化的社会，它的整体力量就越强；相反，越是缺乏个性的社会，其整体力量就越弱。蔡元培曾经强调，"知教者，与其守成法，毋宁尚自然；与其求划一，毋宁展个性。"② 因此，教育教学活动不但要适应儿童身心发展的年龄特征，更要适应儿童的个别差异性。或者说，注重自我教育、自我决定、主动参与以及教育内容的个性化，培养人的丰富多彩的个性，应该成为当代教育的重要价值取向。"真正理想的教育应当是在充分认识和肯定个体生命独特性的基础上，给他创造一个良好的发展空间和舒适的人文氛围，引导他去充分地认识自我，张扬个性，完善人格，追求意义，提升精神，形成自己独特的生命风格，实现自己特有的生命价值，展现自己与众不同的人性光辉，书写自己独一无二的生命华章。"③ 培养人的个性并为其进入现实世界开辟道路，应该成为学校教育的重要特色和基本职责。

其五，人性化教育是促进个体全面、自由、和谐发展，为其一生发展奠基的教育。人的全面发展包括身心、智力、敏感性、审美意识、个人责任感、精神价值等多个方面。在最高层次上，人性化教育就是要教人超越自我，超越功利和世俗，达到与自身、与他人、与社

---

① 转自［英］史蒂文·卢克斯著，阎克文译：《个人主义》，江苏人民出版社2001年版，第138页。

② 蔡元培：《蔡元培教育文选》，人民教育出版社1980年版，第49页。

③ 刘济良：《生命教育论》，中国社会科学出版社2004年版，第164页。

会、与自然的和谐境界。卢梭笔下的爱弥儿就属于这样的一个人："他现在已经年过20，长得体态匀称，身心两健，肌肉结实，手脚灵巧；他富于感情、富于理智，心地是十分的仁慈和善良；他有很好的品德，有很好的审美能力，既爱美又乐于善；他摆脱了种种酷烈的欲念的支配和偏见的束缚，他一切都服从于理智的法则，他一切都倾听友谊的声音；他具有许多有用的本领，而且还通晓几种艺术；他把金钱不看在眼里，他谋生的手段就是他的一双胳膊，不管到什么地方去，都不愁没有面包。"① 卢梭所描述的这种理想的教育何以实现？首先，教育者应该遵循个体身心发展的顺序性和阶段性。其次，教育者必须充分尊重个体的主观能动性，倡导个体的自主发展。再者，教育应该帮助受教育者形成独立意识、自主意识和批判精神，提高其在人生各种不同情况下的判断能力。为此，教育者必须充分认识到知识之于智慧的启迪作用。知识之于教育的价值在于启迪个体生命的智慧，提升个体生命的意义。"知识若没有智慧烛照其中，即使再多，也只是外在的牵累；智慧若没有生命隐率其间，那或可动人的智慧却也不过是飘忽不定的鬼火萤照。"② 总之，真正和谐的教育不是为了所谓的成绩和分数，也不是为了一般的升学，而是要教给学生一生有用的东西，为其终身发展奠基。

其六，人性化教育是注重培养学生创新精神和实践能力的教育。人是一种创造性的存在，探究与创新是人的精神属性的核心内容。美国思想家弗洛姆（E. Fromm）说过："一个具有创造性的人可以赋予他所接触到的一切以生命。他赋予自己的能力以生命，也赋予别的人和物以生命。"③ 人与其他生命的不同之处在于，人不只是自然、自在的存在，更是自为、自由的存在。这种自为、自由的存在恰恰体现了人的创新精神。"人的生活不是现成的，而是人参与创造和不断超越的。对于人来说，生活就意味着创造，创造才是真正人特有的生活。"④ 其实，创造性的生活是人的生命的基本特征，人的创造性从其本质上来讲是源于生命本身的，创造性是每个人与生俱来的权利和

① ［法］卢梭著，李平沤译：《爱弥儿》，商务印书馆1978年版，第634页。

② 黄克剑：《回归生命化的教育》，《明日教育论坛》2001年第2期。

③ 弗洛姆著，关山译.《占有还是生存》，生活·读书·新知三联书店1989年版，第97—98页。

④ 刘传广著：《实在与选择》，河南人民出版社2002年版，第128页。

冲动。“生命就是运动，不间断的运动。一切静止就是死亡。但生命比单纯的持续运动更为丰富。生命乃是在此基础上不断产生新内容的创造性运动。生命的基本特点就是创造性……因为生命富有创造性的特点，它是不断喷涌的源泉，是始终产生新形态的力量所在。”① 所谓创新精神，一般包括好奇心，探究兴趣，求知欲，对新异事物的敏感，对真知的执著追求以及对发现、发明、革新的强烈愿望等。所谓实践能力，则包括实验、动手、交往和社会适应能力等多个方面。创新精神是以实践为依托的，它是实践过程中勇于开拓不断进取的内在力量。而教育的任务就在于不断开发蕴藏于个体生命之中的创新潜能，培养个体的创新精神，增强个体的实践能力。这是素质教育的必然要求，也是“综合实践课程”的意义与价值所在。

其七，人性化教育是一种关涉人生价值和人生信仰的教育。池田大作说过，“信仰就是对宇宙和生命怀抱坚定的信念，它是智慧的源泉，是人类精神的骨架，具有崇高的信仰，才能立足于根本的人性，才能使生命生机勃勃地运动，劲头十足地度过有意义的一生。信仰是关于整个生命的问题。”② 维特根斯坦强调，“信仰是我的心灵、我的灵魂所需要的，而不是我的远见卓识所需要的。并不是我的抽象的头脑必须得到拯救，而是我的具有情感的、似乎有血有肉的灵魂必须得到拯救。”③ 一个受过真正教育的人不能没有理想，不能没有激情，更不能没有信仰。真正的教育不仅要关注知识与技能、过程与方法，更要关注情感、态度与价值观，此乃新课程“三维目标”的思想基础。

---

① ［德］博尔诺夫著，李其龙：《教育人类学》，华东师范大学出版社 1999 年版，第 3 页。

② ［日］池田大作著，程郁译：《人生寄语——池田大作箴言集》，上海社会科学院出版社 1992 年版，第 55 页。

③ ［奥］维特根斯坦著，黄正东等译.《文化和价值》，清华大学出版社 1987 年版，第 47 页。

第二章 学生观

教育的对象是人，教育的目的是培养“新人”，教育的价值也是从人身上来体现的。而这里的人主要指的是学生。所以研究“学生是怎样的人”的问题是教育的出发点和归宿点。人类的教育史证明：不了解学生的教育是盲目的教育，不尊重学生的教育是专制的教育，此二者都是“目中无人”的教育。

第一节 儿童发展观和权利观

儿童是怎样发展的？儿童拥有哪些权利？认识这些问题是我们确立正确学生观的理论前提。

一、儿童发展观①

儿童正处于生理、心理发育的重要时期，他们是变化着的个体。教师如何看待儿童的发展变化，反映出不同的儿童发展取向。其中，有两种观点最为极端、最具有代表性。

一种极端的观点被称为“遗传决定论”，认为儿童的心理发展是由先天遗传的因素决定的，儿童表现好或表现差、成绩优异或成绩落后都是先天决定的，学校教育在改变这种现象上是无能为力的。英国的高尔顿（1869）坚决主张这一观点，认为“一个人的能力是由遗传得到的，它受遗传决定的程度，正如一切有机体的形态及躯体组织受遗传决定一样”。美国心理学家霍尔则在此基础上进一步发挥，他提出：“一两的遗传胜过一吨的教育。”类似的思想在我国的一些俗语中也有体现，例如众所周知的“龙生龙，凤生凤，老鼠生儿会打洞”，又如“树大自然直”等。持有“遗传决定论”观点的教育者，

---

① 申继亮主编：《新世纪教师角色重塑——教师发展之本》，北京师范大学出版社 2006 年版，第 58—60 页。

其表现是往往会采取放任式的教育方法，对学生尤其是成绩落后学生和品行有问题的学生的行为听之任之，不闻不问，从内心里不接纳他们，觉得他们是“破罐破摔，无可救药”。

另一种极端的观点就是“环境决定论”，认为儿童的心理和行为的发展完全是由环境因素决定的，只要创设合适的环境和教育条件，就可以像捏泥人一样对儿童进行任何形式的塑造。针对这一观点，行为主义的创始人华生有一句著名的断言：“给我一打健全的婴儿和我可用以培育他们的特殊世界，我就可以保证随机选出任何一个，不问他的才能、倾向、本领和他的父母的职业及种族如何，而把他训练成为我所选定的任何类型的特殊人物，如医生、律师、艺术家、商人或乞丐、小偷。”持有“环境决定论”观点的教育者，往往过分重视家庭、学校和社会环境对儿童心理发展的作用，强调教育万能，却忽视先天遗传、学生的主体性、年龄特征和个体差异等因素的影响。在教育方法上，他们倾向于使用专制式和权威式的方法，对学生“拔苗助长”，增加他们的学习负担，让他们参加各种各样的辅导班等。

很难说现实生活中有哪位老师具有如上所述的取向过分鲜明的学生发展观，但不可否认的是，这种极端倾向的观点在一些教育者身上还是时常有所体现的，这势必会危及我们的教育活动和教育对象。正因为如此，有必要倡导一种适宜的学生发展观。也就是说，既承认个体先天遗传因素的作用，又承认后天环境教育的作用。应该看到，心理和行为是遗传与环境的共同产物，就如同矩形面积是长与宽的共同产物，没有了长与宽，面积就不存在。同时也应该看到，先天遗传因素的作用为个体心理发展提供了可能性，而适宜的环境教育因素则把这种可能性转化为现实性。在这种意义上，环境、教育在个体心理发展上起着主导作用，坚持这种发展观，就会重视学生发展的潜力，认识到他们存在多种发展的潜在可能性，从而去努力创造条件，使学生发展的可能性变为现实。

二、儿童认知发展阶段观[①]

所谓认知（思维）发展是指个体自出生后在适应环境的活动中，对事物的认识以及面对问题情境时的思维方式与能力表现，随年龄增

① 参见吴庆麟主编：《教育心理学——献给教师的书》，华东师范大学出版社 2003 版，第 33—39 页。

长而逐渐改变的历程。研究认知发展的心理学家们已经发现，儿童们吸取知识时的思维方式，与成年人大不相同。这一发现，在教育上有重大意义。现代心理学家也认为，要教儿童知识，必先了解儿童如何学习知识；要教儿童思维，必先了解儿童如何思维。否则，不是事倍功半就是徒劳无功。

儿童认知能力随年龄增长而改变，这只是认知发展的基本原则。在认知发展历程中，儿童们在认知思维上究竟如何改变，心理学家们却有不尽相同的观点。其中，瑞士儿童心理学家皮亚杰的认知发展论，被公认为20世纪发展心理学上最权威的理论。①

皮亚杰提出，人的认知（思维）发展依次经过四个主要阶段，每个阶段都大致地对应一定的年龄范围，而且每个阶段都以行为的质变为特征。皮亚杰认为，儿童思维发展既是连续的，又是分阶段的，每个阶段是前一阶段的自然延伸，也是后一阶段的必然前提，发展阶段不能逾越，也不能逆转。

1. 感知运动阶段

这一阶段（0—2岁）的儿童只有动作层面上的智慧，语言和表象尚未产生。本阶段的主要特征是：儿童仅靠感知动作的手段来适应外部环境，并构筑感知动作图式。也就是说，婴儿这时只能通过看、听、触、摸、尝、嗅等方式来探索周围世界。感知和动作是他们获取信息的直接而有限的手段。在该阶段中，感觉和运动经验使儿童获得技能并发展图式。到本阶段结束，儿童开始使用符号和语言。

2. 前运算阶段

与感知运动阶段相比，处于前运算阶段（2—7岁）儿童的思维有一个质的飞跃。处于前一阶段的儿童只能对当前知觉到的事物施以实际的动作而进行思维，而处于本阶段的儿童，由于语言的出现和发展，能逐渐用表象符号来代替外界事物，开始出现表象或形象图式。在这一阶段，儿童能够从事许多象征性游戏，如唐诗有云："郎骑竹马来，绕床弄青梅。"在两小无猜的幼年时代，一根竹竿就是一匹骏马。

3. 具体运算阶段

处于具体运算阶段（7—11、12岁）的儿童正在小学阶段读书，此时儿童的认知结构中已经具有了抽象概念，因而能够进行逻辑推

---

① 张春兴著：《教育心理学——三化取向的理论与实践》，浙江教育出版社1998版，第84—85页。

理。但是，他们的逻辑思维是具体的，不是形式的。他们只能对具体事物、具体情境进行思考，如果在纯粹语言叙述的情况下进行推理，儿童就会感到困难。比如，当成人说，要对某些想法“泼泼凉水”时，他们可能会立即问，“为什么要弄湿它?”与处于前运算阶段的儿童相比，处于具体运算阶段的儿童在分类、排序、推理、守恒等任务上都有所不同。

4. 形式运算阶段

处于形式运算（11、12 岁以上）阶段的儿童，就代表个体的思维能力已发展到了成熟阶段，以后再增加者只是增多的生活经验和知识，而不会再提升他的思维方式。形式运算不同于具体运算的特点是：这一阶段的儿童或青少年，获得了在心理上控制若干变量、同时考虑其他几个变量的能力。具体来说，他们能够进行假设演绎推理、命题推理、组合推理。

我们认为，依据儿童的认知（思维）发展的不同阶段及其特点进行教育教学，是促进儿童发展的基本前提和重要保证。

三、儿童权利观

1989 年 11 月 20 日，在第 44 届联合国大会上，起草工作历时 10 年的《儿童权利公约》获得一致通过。这个公约是国际社会把保障人权的范围扩展到世界上最脆弱人群——儿童（指 18 周岁以下的未成年人）的结果。1991 年 12 月 29 日，第七届全国人大常委会第二十三次会议决定批准加入该公约，公约于 1992 年 4 月 2 日起正式对中国生效。这就意味着中国政府承担并履行公约规定的保障未成年人基本权利的各项义务。

《儿童权利公约》规定的儿童的基本权利为：

(1) 生存权。这是最基本的人权。它的首要含义是生命安全，包括生命健康和其他人身权利。另一含义是指人的生活条件得到保障和生活质量的提高，它包括足够的食物、营养、清洁的饮用水、衣服、住所、医疗保健及其他生活保障。

(2) 受保护权。它包括社会对儿童的保护和儿童自我保护两方面。社会和成人对儿童的保护是主要的，内容包括生活上得到照顾，受教育权得到保障，身体不受伤害，不受歧视，不承担过重的社会责任与家庭责任，不受剥削等。

(3) 参与权。儿童有权参与家庭、学校和社会的活动，发表自己的意见。在参与的过程中，使自己的身心得到发展，自我保护能力得到提高。

(4) 发展权。它包括身体、心理和智力的发展权利。

这一公约还规定了保护儿童的四大基本原则，这就是：

(1) 无歧视原则。也就是保护儿童得到保护，不受基于儿童父母、法定监护人或家庭成员的身份、活动及所表达的观点或信仰等方面的歧视或惩罚。

(2) 儿童最大权益原则。也就是儿童第一、儿童优先原则。

(3) 尊重儿童尊严，保护儿童权利原则。

(4) 尊重儿童观点原则。

确定了国家在保障儿童合法权益过程中所要承担的义务，这就是《儿童权利公约》最伟大的贡献。

根据《儿童权利公约》的基本思想和内容，当前我们要特别注重保障儿童以下权利：学习机会权，学习条件权，学习成功权。在学校教育中要十分关注儿童免于恐惧的权利，免受歧视的权利，免于控制的权利。进一步落实到课堂上，教师要特别尊重学生以下学习权利：(1) 作为平等的一员参与课堂教学并受到平等对待的自由和权利；(2) 独立思考、个性化理解、自由表达的自由和权利；(3) 质问、怀疑、批判教师观点或教材观点及其他权威的自由和权利；(4) 因为自己见解的独特性或不完善性乃至片面性和幼稚性，免于精神或肉体处罚以及不公正评价或对待的自由和权利等。

值得强调的是，学生的权利与义务是同时并存的。享受了一定的权利，就应履行一定的义务，履行了学生义务就能更好地享受权利。这与公民权利义务的实质是一致的。

我国现行教育基本法，对各级各类学校学生的基本义务作了明确规定，可以概括为以下四个方面：(1) 学生有遵守法律、法规的义务；(2) 学生有遵守学生行为规范，尊敬师长，养成良好的思想品德和行为习惯的义务；(3) 学生有努力学习、完成规定的学习任务的义务；(4) 学生有遵守其所在学校或其他教育机构管理制度的义务。①

① 袁振国主编：《教育原理》，华东师范大学出版社 2001 年版，第 147 页。

第二节 多元智力视野中的学生

传统的智力理论认为智力是以语言能力和数理逻辑能力为核心、以整合方式存在的一种能力。而加德纳的多元智力理论则认为，智力是多元的——不是一种能力而是一组能力，而且，这组能力中的各种能力不是以整合的形式存在而是以相对独立的形式存在的。加德纳的多元智力理论为我们认识和研究学生提供了新的视野。

一、多元智力

1. 言语－语言智力（Verbal-linguistic intelligence），指个体听、说、读、写的能力，表现为个人能够顺利而高效地利用语言描述事件、表达思想并与人交流的能力，在记者、编辑、作家、演讲家等人身上有比较突出的表现。

2. 音乐－节奏智力（Musical-rhythmic intelligence），指个体感受、辨别、记忆、改变和表达音乐的能力，表现为个人对节奏、音调、音色和旋律的敏感以及通过作曲、演奏和歌唱等表达自己思想和情感的能力，在作曲家、指挥家、歌唱家、演奏家、乐器制造者和乐器调音师等人身上有比较突出的表现。

3. 逻辑－数理智力（Logical-mathematical intelligence），指个体运算和推理的能力，表现为个人对事物间各种关系如类比、对比、因果和逻辑等关系的敏感以及通过数理运算和逻辑推理等进行思维的能力，在侦探、律师、工程师、科学家和数学家等人身上有比较突出的表现。

4. 视觉－空间智力（Visual-spatial intelligence），指个体感受、辨别、记忆、改变物体的空间关系并借此表达自己思想和情感的能力，表现为个人对线条、形状、结构、色彩和空间关系的敏感以及通过平面图形和立体造型将它们表现出来的能力，在画家、雕塑家、建筑师、航海家、博物学家等人身上有比较突出的表现。

5. 身体－动觉智力（Bodily-kinesthetic intelligence），指个体运用四肢和躯干的能力，表现为个人能够较好地控制自己的身体，对事件能够做出恰当的身体反应以及善于利用身体语言来表达自己思想和情感，在运动员、舞蹈家、外科医生、赛车手和发明家等人身上有比较突出的表现。

6. 自知－自省智力（Intrapersonal intelligence），指个体认识、洞察和反省自身的能力，表现为个人能够正确地意识和评价自身的情绪、动机、欲望、个性、意志，并在正确的自我意识和自我评价的基础上形成自尊、自律和自制的能力，在哲学家、小说家、律师等人身上有比较突出的表现。

7. 交往－交流智力（Interpersonal intelligence），指个体与人相处和交往的能力，表现为个人觉察、体验他人情绪、情感和意图并据此做出适宜反应的能力，在教师、律师、推销员、公关人员、谈话节目主持人、管理者和政治家等人身上有比较突出的表现。

根据加德纳的多元智力理论，作为个体，每个人都同时拥有相对独立的七种智力，而这七种智力在每个人身上的不同方式、不同程度的组合使得每个人的智力各具特点：同样具有较高智力的人，可能是一名作家，可能是一名歌唱家，可能是一名数学家，可能是一名画家，可能是一名运动员，可能是一名思想家，也可能是一名社会活动家。同时，即便是同一种智力，也有着不一样的表现形式：同样具有较高逻辑－数理智力的两个人，其中一个可能是数学家，而另一个可能是文盲，但他有很好的心算能力；同理，两个同样具有较高身体－动觉智力的人，其中一个可能在运动场上有出色的表现，而另一个则可能因为动作不协调根本上不了运动场，但他在棋艺室里却有上乘的表现。根据加德纳的多元智力理论，由于每个人的智力各具特点，每一种智力又都有多种表现方式，所以我们很难找到一个类似于以往使用的智力量表那样的东西——适用于任何人的统一的评价标准来评价一个人聪明与否。

著名人物如丘吉尔（Winston Churchill）、莫扎特（Mozart）、爱因斯坦（Albert Einstein）、毕加索（Pablo Picasso）、迈克尔·乔丹（Michael Jordan）、柏拉图（Plato）和马丁·路德·金（Martin Luther King），谁更聪明呢？加德纳的多元智力理论为我们提供了看待“聪明”问题的全新视角：我们不能说多元智力结构中的七种智力哪一种重要、哪一种不重要，我们只能说七种智力在个体的智力结构中都占有重要的位置、处于同等重要的地位，它们在每一个个体身上都各具特点并有着自己独特的表现形式，因此，我们不能说上述七位世界级人物谁更聪明，我们只能说他们都是具有高度发达智力的人，都是最聪明的人，他们各自在不同的智力方面、以不同的智力表现方式将自己的聪明才智发挥到了无与伦比的地步。从这个意义上，加德纳的多元智力理论告诉我们，对于世界上的每一个人来说，不存在谁更聪明的问题，只存在不同的个体各自在哪个方面聪明以及怎样聪明的问题。每个人都是独特的，同时，每个人又都是出色的。我们的教育应多方面、多角度，以多种方式去发现人、培养人。

二、多元智力视野中的学生观

根据加德纳的多元智力理论，每一个学生的智力都各具特点并有自己独特的表现形式和发展方向。由此，加德纳的多元智力理论为我们树立积极乐观的学生观提供了一个理论上的新视角——我们的学校里再也不应该有所谓“差生”的存在，只应该是各具智力特点、智力表现形式和发展方向的可造就人才的聚集。这种积极乐观的学生观要求我们教育工作者：

第一，对所有学生都抱有热切的成才期望，充分尊重每一个学生的智力特点，使我们的教育真正成为“愉快教育”和“成功教育”。

第二，针对不同学生和不同智力特点进行“对症下药”的教育教学，即教师的教育教学方法应该根据不同的教育教学对象而有所不同。

第三，对学生的评价应该从智力的各个方面、通过多种渠道、采取多种形式、在多种不同的实际生活和学习情景下进行，并以此为依据选择和设计适宜的教学内容和教学方法，以使对学生的评价确实成为促进每一个学生充分发展的有效手段。

第四，在设计和组织教学活动中，充分考虑每一个学生的优势智力领域，并使其在教师有目的、有计划的教育教学活动中，在对相关教学材料的接触和运用中得到最大化的发展。

第五，注意培养和提高那些优势智力领域不属于传统学校教育重点如语文、数学的学生的自信心和自尊心。我们的教师应该欣赏、重视传统教育下所谓“差生”的某一优势智力领域，使每个学生都生活在老师的欣赏与尊重之中，并由此培养起所有学生的自信心和自尊心。

第六，帮助学生发现自己的优势智力领域和弱势智力领域之间的某些联系，并以此为切入点使学生对需要克服种种困难完成的任务（弱势智力领域）与他最感兴趣的活动（优势智力领域）建立起关联。

第七，引导学生将自己从事优势智力领域活动时所表现出来的智力特点和意志品质迁移到弱势智力领域。教师可以通过肯定学生在优势智力领域中取得的成绩帮助学生树立起自信心和自尊心，并在此基础上帮助学生清醒地认识到他在从事优势智力领域活动时所表现出来的智力特点和意志品质如持久的注意力、积极主动的思维和克服困难的勇气等，然后有意识地引导学生将自己从事优势智力领域活动时所表现出来的智力特点和意志品质迁移到弱势智力领域中。①

第三节 新课程的学生观

怎么看待学生，把学生看成什么样的人，对学生采取什么态度（即学生观），一直是教育理论和实践的重要问题。“一切为了每一位学生的发展”是新课程的最高宗旨和核心理念。那么，新课程倡导哪些具体的学生观呢？

一、学生是发展的人

把学生看成是发展的人，包含以下几个基本含义。

第一，学生的身心发展是有规律的。认识规律，遵循规律是做好工作的前提。它要求教师应努力学习，掌握学生身心发展的理论，熟悉不同年龄阶段学生身心发展的特点，并依据学生身心发展的规律和特点开展教育教学活动，从而有效促进学生身心健康发展。

第二，学生具有巨大的发展潜能。应该相信学生的确是潜藏着巨大发展能量的，坚信每个学生都是可以积极成长的，是有培养前途的，是追求进步和完善的，是可以获得成功的，因而对教育好每一位学生应充满信心。

第三，学生是处于发展过程中的人。作为发展中的人，也就意味着学生还是一个不成熟的人，是一个正在成长的人。从教育角度讲，它意味着学生是在教育过程中发展起来的，是在教师指导下成长起来的。在一定的意义上，可以说，学生的生活和命运掌握在学校和教师的手里。学生是不是能生活得很有趣味，是不是能学得很好，是不是能健康成长，是不是幸福欢乐，都和他们所在的学校和所遇到的教师有极大的关系。

二、学生是独特的人

把学生看成是独特的人，包含以下几个基本含义。

① 霍力岩：《多元智力理论及其对我们的启示》，《教育研究》2000 年第 9 期。

第一，学生是完整的人。学生并不是单纯的抽象的学习者，而是有着丰富个性的完整的人。在教育活动中，作为完整的人而存在的学生，不仅具备全部的智慧力量和人格力量，而且体验着全部的教育生活。要把学生作为完整的人来对待，就必须反对那种割裂人的完整性的做法，还学生完整的生活世界，丰富学生的精神生活，给予学生全面展现个性力量的时间和空间。

第二，每个学生都有自身的独特性。每个人由于遗传素质、社会环境、家庭条件和生活经历的不同，而形成了个人独特的“心理世界”，他们在兴趣、爱好、动机、需要、气质、性格、智能和特长等方面是各不相同、各有侧重的，“人心不同，各如其面”，独特性是个性的本质特征。珍视学生的独特性和培养具有独特个性的人，应成为我们对待学生的基本态度。独特性也意味着差异性，不仅要认识到学生的差异，而且要尊重学生的差异。差异不仅是教育的基础，也是学生发展的前提，应将其视为一种财富来珍惜和开发，使每个学生在原有基础上都得到完全、自由的发展。

第三，学生与成人之间存在着巨大的差异。学生和成人之间是存在很大差别的，学生的观察、思考、选择和体验，都和成人有明显不同。所以，“应当把成人看做成人，把孩子看做孩子”。

三、学生是具有独立意义的人

把学生看成是具有独立意义的人，包含以下几个基本含义。

第一，每个学生都是独立于教师的头脑之外，不依教师的意志为转移的客观存在。因此，决不是教师想让学生怎么样，学生就会怎么样。学生既不是教师的四肢，可以由教师随意支配；也不是泥土或石膏，可以由教师任意捏塑。教师要想使学生接受自己的教导，首先就要把学生当做不依自己的意志为转移的客观存在，当做具有独立性的人来看待，使自己的教育和教学适应他们的情况、条件、要求和思想认识的发展规律。教师不但不能把自己的意志强加给学生，而且，连自己的知识也是不能强加给学生的。强加，不但加不进去，而且会挫伤学生的主动性、积极性，扼杀他们的学习兴趣，窒息他们的思想，引起他们自觉或不自觉的抵制或抗拒。

第二，学生是学习的主体。每个学生都有自己的躯体、自己的感官、自己的头脑、自己的性格、自己的意愿、自己的知识和思想基础、自己的思想和行动规律。正如每个人都只能用自己的器官吸收物质营养一样，每个学生也只能用自己的器官吸收精神营养。这是别人不能代替，也不能改变的。教师不可能代替学生读书，代替学生感知，代替学生观察、分析、思考，代替学生明白任何一个道理和掌握任何一条规律。教师只能让学生自己读书，自己感受事物，自己观察、分析、思考，从而使他们自己明白事理，自己掌握事物发展变化的规律。

第三，学生是责权主体。从法律、伦理角度看，在现代社会，学生在教育系统中既享有一定的法律权利并承担着一定的法律责任，是一个法律上的责权主体，同时，也承担一定的伦理责任和享受特定的伦理权利，也是伦理上的责权主体。学生是权利主体，学校和教师要保护学生的合法权利；学生是责任主体，学校和教师要引导学生学会对学习、对生活、对自己、对他人负责，学会承担责任。视学生为责权主体的观念，是建立民主、道德、合法的教育关系的基本前提。强化这一观念，是时代的要求。

新课程背景下的学生观

一、学生是生活世界中的人

学生是“生活世界中的人”，这一命题具有两个不可分割的方面：其一，学生是生活中的人；其二，学生是处在由各种复杂关系构成的“生活世界”中的人。

二、学生是文化中的人

学生是“文化中的人”这一命题具有两个方面的质的规定，其一，学生既是种族或人类文化遗产中的接受者、继承者，又是个体文化和种族文化发扬者、创造者；其二，学生在文化中生存和发展，学生就是一种文化主体。

三、学生是时代中的人

学生是“时代中的人”这一命题的根本意义在于时刻从现时代发展的角度出发来看待学生，发展学生，置学生于鲜活的时代生活之中，关注学生现时代的根本的发展需要。因而，真正把学生当人看，必须研究学生所处的这个时代的根本特征，以及在这一背景下学生的时代特征。

节选自：郭元祥《新课程背景下的学生观的重建》，载《天津师范大学学报》2003 年第 6 期。

第三章 学习观

学生与非学生的主要区别在于学生的生活主要是学习生活。一方面，学生生活的主要任务是通过学习来实现自身的成长与发展；另一方面，学习生活在学生生活中所占的时间量是最多的。正确理解学生学习的特点，帮助学生掌握正确的学习方式，对促进学生发展意义重大。

第一节 学习的理解

学习是一个永恒的话题，对个体、对教育机构（学校）、对组织（企业）、对社会来说，对学习的关注有很大的差异性。对人类而言，学习是每个人之所以具有其独特特征的重要原因之一，它与生命过程本身是并存的。① 也可以说，人类认识的一切方面都来源于学习，来源于个体经验的获得。

一、学习的定义

在我国，“学习”一词，是由“学”和“习”组成的复合词。最先把这两个字联在一起讲的是孔子。孔子说：“学而时习之，不亦说乎？”意思是，学了之后及时、经常地进行温习，不是一件很愉快的事情吗？很明显，学习这一复合名词，就是出自孔子的这一名言。按照孔子和其他中国古代教育家的看法，“学”就是闻、见，是获得知识、技能，主要是指接受感性知识与书本知识，有时还包括思的含义在内。“习”是巩固知识、技能，一般有三种含义：温习、实习、练习，有时还包括“行”的含义在内。所以学习就是获得知识，形成技能，培养聪明才智的过程。实质上就是学、思、习、行的总称。

现在，心理学家们一般认为，学习的概念有广义和狭义之分。

从广义上说，学习是人和动物在生活过程中获得个体经验的过程。凡是以个体经验的方式所发生的个体的适应变化都是学习。它是

① J. M. 索里，C. W. 特尔福德：《教育心理学》，人民教育出版社 1983 年版。

动物和人类生活中的普遍现象。从低等动物（如变形虫）到高等动物（如灵长类的猿猴），从婴儿到成人，都经常以个体经验的改变去适应其不断变化的生活环境。学习的这种广义概念，既包括动物的习得行为，也包括人的行走、言语、知识、技能、习惯和道德品质等学习。

从狭义上说，学习是专指学生在学校里的学习。这是学习的一种特殊形式，即学生在教师指导下，有目的、有计划、有组织、有步骤地获得知识、形成技能、培养才智的过程。学生的学习在学习内容上以掌握前人经验和行为规范为主；在学习情景上以师生交往为主；在学习形式上是通过课堂教学，以语言为载体，通过他人传递，间接获取知识经验；在发展目标上，要德智体美劳全面和谐地发展；学习过程一般要经历感知、理解、记忆、应用等阶段。所以，学生的学习是一个十分特殊的过程，是个体掌握人类社会历史经验的过程。

因此，我们可以把“学习”定义为：个体在生活过程中，由经验而获取知识、改变行为以完满人格的历程。

钟启泉的学习观

学习作为一种活动，其特质可以这样来描述：学习即行为的变化，即意义的生成，即生存的感悟，即智慧的对话，即文化的实践。

日本教育家佐藤学的学习观

佐藤学着眼于学习的对话结构，把学习的性质视为牵涉三个维度的对话性实践。他认为，所谓“学习”，就是跟客观世界的交往与对话，跟他人的交往与对话，跟自身的交往与对话。就是说，“学习”是建构客观世界意义的认知性、文化性实践，建构人际关系的社会性、政治性实践，实现自我修养的伦理性、存在性实践。可以说是“构筑世界”、“构筑伙伴”、“构筑自身”的实践。“学习”就是这样一种三维度的实践，三位一体地实现的。他把这种性质称为“学习的三位一体论”。

“三位一体”就像长方体的长、宽、高的关系一样，三者内在统一于长方体，构筑世界、构筑伙伴、构筑自身三者也是内在统一于学习活动，学习活动是建构客观世界意义的活动，是探索与塑造自我的活动，是编织自己同他人关系的活动，这三种活动是学习活动的三个维度，而不是三种类型。

二、学习的意义

人类的学习是接受经验、知识和文化的手段，知识的继承和文化的传承要依赖于学习；而学习的主要内容乃是人类文化创造的成果。学习活动，正是用人类所建树的一切经验、知识和文化成果，来武装新一代的头脑，以改变每一个个体的行为，为文明服务，为社会发展服务。

学习是人生存发展的需要。人自出生以后，随着生命的开始，便开始了他的学习活动。婴儿接收并弄懂父母传递的各种信号（包括语言），适应环境；幼儿掌握餐具和其他器物的用法，练习穿衣洗脸，做游戏；学生上学读书等，都是在进行学习。就是离开学校后，作为一名社会成员，人仍然要不断适应新的情况，接受新的信息，掌握新知识，还是在进行学习。在人的一生经历中，可以说，学习是一项重要的、必不可少的、伴随其始终的活动。学习对于人的发展来说，犹如吃饭、喝水对于人的生存一样，也是十分重要的。学习是人类生活的一项重要内容，一个人对学习的态度和他所能具有的学习条件，甚至可以决定他的前途和命运。

随着社会的发展，学习将无处不在，无时不有，成为一种生存方式和生活方式。终身学习的价值就在于培养一种学习习惯、不断提升学习者自身能力，这对于个体在社会中找到生存的位置并不断发展有着重要的意义，因此必须考虑什么知识最有价值，如何便捷地学习，如何在工作中有效运用所学知识。因此，我们必须意识到，学习是个体适应环境的手段，是积极地作用和改造环境的手段，是促进人的心理的成熟与发展的手段，学习就是人的一种生活。

三、学生的学习特点

学生在学校里的学习，是人类的一种集中的学习形式，有它自己的特点。它是由学校这一专门机构负责组织的，在教师指导下进行的，有目的、有计划地去掌握前人所积累的知识经验的学习活动。它不同于一般的学习，具有以下特点：

1. 学生学习的组织性

学生的学习不是随意的、盲目的，而是在学校这一专门组织安排下，根据学生的年龄、知识和能力情况，分阶段、分年级、编班进行教学，并且严格按照预期目标制定教学计划，安排教学内容，采取保障措施。学生不仅以班级形式集体进行学习，而且在实践上也高度集中，学习是学生生活的基本内容和主要任务。这与个体的分散的随意的学习大不相同，它有利于学生集中精力有效地完成学习任务。

2. 学生学习的依赖性

学生在校期间所面临的学习任务是十分繁重的，所要学习的知识是多视角和系统的。这对于刚入校门的儿童来说，是很难应付的，因此，教师的启蒙作用就显得十分重要。就是对于有了一定知识基础的高年级学生和中学生来说，要高效率地进行学习，教师的启发引导乃至讲解也是必不可少的。教师的指导可以帮助学生扫除障碍、避免歧义、加深理解、突破难点、把握重点，取得好的效果。所以韩愈在《师说》中强调“古之学者必有师”，人们把教师称为“知识和真理的传播者”。

3. 学生学习的间接性

人类的学习主要有两条途径，一条是经过亲身经历而掌握的直接经验，一条是不经过亲身经历而掌握他人已取得的经验，也就是间接经验。学生在学校里的学习，主要是系统地接受前人积累下来的知识经验，这些知识经验虽然是间接的，但都是经前人验证过的，学生已没有必要也不可能都重新去体会和验证。当然，在教学过程中也不排斥进行一些实践活动，以帮助学生取得一些直接经验，但这只是为了帮助学生对认识事物的过程有所体验，为掌握更多的间接经验服务，为发展学生的智力和开发学生的创造力服务。

4. 学生学习的基础性

学生所要学习的系统知识和所要培养的基本技能，主要是为进一步学习打基础，创造条件，就是实用性知识的学习也是为将来的实践作准备，因此学生的学习往往缺少紧迫感，缺少驱动力。这就需要在学习中不断明确学习的目的和意义，加强学习动机教育，注意培养学习兴趣，调动学习的积极性，以便更好地完成学习任务。①

① 佟士凡著：《语文学习论》，广西教育出版社 1999 年版，第 7—8 页。

另外，还有学者对中小学学生的学习特征作如下概括：

（一）自控性与他控性的辩证统一

（二）间接性与直接性的辩证统一

（三）个体性与集体性的辩证统一

（四）发现性与接受性的辩证统一

（五）有意性与无意性的辩证统一

（六）认知性与情意性的辩证统一

参见：陈厚德主编：《基础教育新概念有效学校》，教育科学出版社 2000 年版。

第二节　学习的分类

学习是人类的一种重要的基本的活动，是一种极其复杂的过程。为了提高学习的效率，许多学者都主张对学习进行分类，然而，由于学习本身比较复杂，对它进行科学分类有一定的困难，加上研究者分类的依据不同，故至今也未形成统一的分类标准。

心理学在传统上把学习划分为技能学习、记忆学习、思维学习和态度学习等四类。我国学者把学生的学习分为：知识的学习、动作技能的学习、心智技能的学习和社会生活规范的学习等四类。也有人把它划分为三类：知识的学习、技能的学习和行为规范的学习。苏联的学习分类又有其特点，如把学习分为两大类：反射的学习和认知的学习。前者又可区分为感觉的学习、运动的学习和感觉运动的学习。后者又区分为实际的学习（包括实际知识和实际操作的学习）和理智的学习（包括概念学习、思维学习和理智技能学习）。在西方心理学中，学习的分类更不一致，影响较大的是加涅、布卢姆（B. S. Bloom）、奥苏伯尔等的分类。加涅把学习分为八类：（1）信号学习；（2）刺激反应学习；（3）连锁学习；（4）语言联合；（5）辨别（或多样辨别）学习；（6）概念学习；（7）原理（或规则）学习；（8）解决问题。布卢姆把学习分为三大类，每类中又分为若干层次：（1）认知类。下分知识、领会、运用、分析、综合、评价等层次。（2）情感类，下分接受、反应、评价、组织、性格化等层次。

(3) 动作技能类，下分整体运动、协调细致动作、非言语沟通、言语行为等层次。奥苏伯尔则把学习分为意义学习和机械学习、接受学习和发现学习等种类。以上列举的各种分类，都有一定的根据，因此，都可作为学习分类研究的参考。

我们认为，学生的课堂学习具有间接性、接受性和发展性的特点，接受学习和发现学习是学生学习的最基本的类型，也是最主要的学习方式，因为学校教育中任何学科的学习，最终必将落实到知识的同化和顺应上。在此基础上，我们可以根据多种维度来对学习进行分类，进而了解学生学习的基本方式，从而改进我们的教育教学。

一、接受学习与发现学习

从知识获得的途径来看，学习分为接受学习与发现学习。

接受学习，即学习内容以现成的定论的形式直接呈现，与学习者已形成的认识结构联系起来，以实现对这种学习材料的掌握。在形式上，它包括听讲法、读书指导法、自学法等。接受学习是学生学习的主要形式。

发现学习，是在教师不加讲述的情况下，学生依靠自己的力量去获得新知识，寻求解决问题方法的一种学习方式。发现学习依靠学习者的独立发现。在形式上，它包括发现性学习、探究性学习和研究性学习等。

发现学习的本质特征主要表现在三个方面：

第一，问题性。发现性学习是以问题为中心的学习，问题是这种学习方式的核心，能否提出对学生具有挑战性和吸引力的问题并使学生产生问题意识，是进行发现性学习的关键。

第二，过程性。发现性学习强调过程，强调学生探索新知的经历和获得新知的体验，意味着学生要面临问题和困惑、挫折和失败，也意味着学生可能花了很多时间和精力结果却一无所获。但是，这却是一个人必须经历的过程，有着一种不可量化的“长效”。

第三，开放性。发现性学习的目标具有开放性，过程具有开放性，评价具有开放性。其中，最重要的是问题的开放性，即允许并鼓励学生从不同角度提出不同的问题。

二、自主学习与他主学习

从学习的人性基础以及教与学的关系来划分，学习可以划分为自主学习与他主学习。

自主学习的主要特点在于学习的主体性、能动性和独立性。他主学习的主要特点在于学习的客体性、受动性、依赖性。

自主学习包括三方面含义：

第一，自主学习是一种主动学习。主动性是自主学习的基本品质，表现为我要学。我要学是基于学生对学习的一种内在需要，其一方面表现为学习兴趣，学生有了学习兴趣，学习活动对他来说就不是一种负担，而是一种享受、一种愉快的体验。另一方面表现为学习责任。不能把学习跟自己的生活、生命、成长、发展有机联系起来，这种学习就不是自主学习。

第二，自主学习是一种独立学习。独立性是自主学习的核心品质，表现为我能学。每个学生都有相当强的潜在的和显在的独立学习能力，都有一种表现自己独立学习能力的欲望，这是独立学习立论的基本依据。教师要充分尊重学生的独立性，积极鼓励学生独立学习并创造各种机会让学生独立学习，培养其独立学习的能力。

第三，自主学习是一种元认知监控的学习。它突出表现在学生对学习的自我计划、自我调整、自我指导、自我强化上。培养学生对学习的自我意识和自我监控，并养成习惯，是促进学生自主学习的重要因素。

他主学习不能成为学生学习的主导方式，只能是一种辅助方式，这是对他主学习的定位；他主学习要不断转向自主学习，它只是一种过渡方式，这是对他主学习的定向。对他主学习的这样定位和定向是正确发挥他主学习价值和作用的前提，也是促进学生人性健康发展的保证。

三、有意义学习和机械学习

从新旧知识的联系来划分，学习分为两类：一类是有意义的学习，一类是机械的学习。

意义，是有意义符号学习的结果，它是一种经过精确分析而清楚表达出来的意识内容，是一个或一组符号与认知结构建立非人为的和实质性的联系的结果。意义是通过学习而得到的。什么是意义学习？通过符号、文字使学习者在头脑中获得相应的认知内容的学习，就是意义学习。儿童学习“球”一字，开始是符号的意义化，而后是符号表征的抽象化，前者学到赋予“球”一字的特定意义，指他所见到特定的球，后者超越最初学到的特定意义，抽象并扩大为不再是它所见到的特定的“球”了。这样，他学到了“球”字的概念，新知识获得了心理意义，这就是意义学习。

与意义学习相反，机械学习是符号所代表的新知识与学习者认知结构中已有的知识建立非实质性和人为性的联系。学生并未理解由符号所代表的知识，仅仅记住某些符号的词句或组合，就是一种机械学习。例如儿童能熟练地背出乘法口诀表，但背出“六八四十八”，未必能回答“八六是多少”的问题。由于儿童没有清晰的数概念和没理解乘法法则，即不理解这些符号所代表的知识，只好依靠字面上的联系，进行机械的联想来学习。这就是机械学习的实质。

四、竞争性学习与合作性学习

从学习者之间的关系来看，学习可以分为竞争性学习与合作性学习。

从学习社会学角度讲，学生的学习存在竞争与合作两种形式。竞争与合作是涉及人与人关系的一对基本范畴，学生之间在学习上也存在着竞争与合作两种关系。在竞争型学习方式中，学生会意识到个人的目标与同伴的目标之间是互相排斥的，同学的成功即意味着自己的失败，反之亦然，这种学习方式容易形成利己损人的人际关系；在合作性学习方式中，学生会意识到个人目标与集体目标之间是相互依赖的关系，只有在集体其他成员都成功的前提下，自己才能获得成功，集体成员之间是沉浮与共的关系，这种学习方式容易形成利己利人的人际关系。

当然，这两种学习方式中间，还存在着一种个体性学习方式。在这种学习方式中，每个学生都各自朝着既定的目标努力学习，而不必管他人学得如何。这种方式容易形成利己不利人也不损人的人际关系。

可以设想，如果孩子们在学校中的成功，多半是建立在其他同学的失败基础上，而不是相互合作基础上的共同进步，那么，我们怎么能够培养起学生的健全人格？排除竞争是不现实的，重要的是要抑制、排除恶性竞争，把恶性竞争转化为良性竞争，使竞争成为学生学习的动力和促进学生各型积极向上的手段。

合作型学校①

一所以团队为基础的高绩效学校就是合作型学校。当个体为了达成共同目标而协调各自的努力时，就有合作结构存在。在合作型学校，团队支配着学生的课堂生活和教职工的学校生活。团队成员有责任持续提高他们自己及其同事的成效，合作型学校始于课堂中综合运用学习团队的五种类型：

1. 正式合作学习小组，要完成一项具体的任务或指定任务，例如：解一道数学题，完成一个教学单元，写一份报告或作文，做一个实验，读一个故事或一本书。

2. 非正式合作学习小组，这是一个临时性的、一次性的小组，习惯于作为讲课和教学的组成部分，以使学生把精力集中在所要学习的材料上，创造一个引导学习的期望背景或气氛，以确保学生对所教的材料作认知加工，并为一次教学活动提供结局。

3. 合作基层小组，这是一种拥有稳定的成员关系的长期小组（至少持续一个学期或一年）。他们的基本责任是支持、鼓励和帮助每个成员，使他或她在教育上取得进步。

4. 合作脚本，这是一种标准化的合作程序，主要用于：(1) 进行各种普通的重复性的课；(2) 管理班级日常行为。

5. 学术争论，存在于当一个学生的思想、信息、结论、理论和意见同其他学生不一致，而二者有寻求达成一致的愿望的时候。

五、继承性学习与创新性学习

从学习者与文化的关系来看，学习可以分为继承性学习和创新性学习。

继承性学习主要是以书本（教师）为中心，强调理解的外在性。

---

① ［美］戴维·W. 约翰逊、罗杰·T. 约翰逊著，唐宗清等译：《领导合作学校》，上海教育出版社 2003 年版，第 54 页。

创新性学习主要是以学生（学习者）为中心，强调理解的内在性，其基本要素在于质问、怀疑、批评、求异、超越。

继承性学习是以积累知识为主要特征，而创新性学习则是把学习知识与创造知识结合起来，不只是学到知识，还能推动创造。创新性学习能力，在任何时代都不会过时。继承性学习，就是简单地继承过去已有的知识。学习的广度在时间方面表现为历史上的远，在空间方面表现在现实上的远。而创新性学习最大的特点是面向未来，一方面能够根据学习者的创造需要主动地进行学习；一方面又能够同时进行知识的重组与创新。适应未来社会的人才，必须学会创新性地学习。

六、符号性学习与操作性学习

从学习内容和手段的角度来看，学习可以分为符号性学习与操作性学习，或称为书本学习与实践学习。

知识从内容上包括客观事物，即直接经验；从形式上包括文字符号，即间接经验。符号性学习重视理论轻视实践，重知轻行；重视文字符号，轻视实际内容。操作性学习主要是在观察、试验、操作、实践中学习。其特征在于：强调身体性参与，强调直接经验（体验）的作用。

儿童智能囿于有限的活动领域，加上书本文字隔开了他们与周围世界的活的联系，使他们的自然天性一部分被漫无限制地滥用，另外的部分则被长期压抑，在狭义学习的强化中变得日益狭仄。久而久之，学生的身体与心理、右半脑与左半脑、感知与思维、情感与认知都彼此隔离；除符号认知以外的各种身心技能都出现病态萎缩，感觉迟钝、想象力不足、情感冷淡、了无爱心；抽象思维由于得不到丰富的感性意向的支持，也经常陷于“短路”，缺乏创造性。

第三节　新课程与学习方式转变

学习方式也是学校教育领域的一个重要概念，是教育研究的重要对象。它与课程、教学有着密切的关系，对学习结果也会产生重大影响。因此新一轮基础教育课程改革把学习方式的转变提到一个相当高的高度来强调，从学习方式的转变上我们也可以窥见新课程的诸多期待与理想。

学习方式的转变是本次课程改革的显著特征。改变原有单一、被动的学习方式，建立和形成旨在充分调动、发挥学生主体性的多样化的学习方式，促进学生在教师指导下主动地、富有个性地学习，自然成为这场教学改革的核心任务。

学习方式较之于学习方法是更为上位的东西，二者类似战略与战术的关系：学习方式相对稳定，学习方法相对灵活，学习方式不仅包括相对的学习方法及其关系，而且涉及学习习惯、学习意识、学习态度、学习品质等心理因素和心灵力量。可以说，学习方法、手段、途径是学习方式的外在表现，学习态度、品质、精神是学习方式的内在表现。

转变学生的学习方式在当前推进素质教育的形势下具有特别重要的现实意义。单一、被动和陈旧的学习方式，已经成为影响素质教育在课堂教学中推进的一大障碍。试想，如果一个在学校中度过 9 年或 12 年学习生活的孩子，整天处于被动应付、机械训练、死记硬背、简单重复之中，对于所学的内容总是生吞活剥、一知半解、似懂非懂，那么，我们怎么能够想象和指望他会成为一个高素质的人？在他的一生中，如何能够具有创新的精神和创新的能力，能够成为幸福生活的创造者和美好生活的建设者？

那么，转变学习方式究竟意味着什么？

其一是由单一性转向多样性。每一种学习方式都有其适用范围，有其发挥作用的条件。正如苏联教学论专家巴班斯基所说："每一种教学法按其本质来说都是相对辩证的，它们都既有优点又有缺点，每种方法都可能有效地解决某一些问题，而解决另一些则无效，每种方法都可能有助于达到某种目的，却妨碍达到另一种目的。"没有哪一种方法是包治百病的灵丹妙药。

学习方式转变绝不是用一种方式（方法）代替另一种方式（方法）：用自主学习代替指导学习，用合作学习代替个体学习，用探究学习代替接受学习，而是强调由单一性转向多样性，由片面学习转向全面学习，由狭义学习转向广义学习，让学生在读中学、玩中学、做中学、游中学、听中学、思中学、合中学……让学生了解和掌握更多的学习方式，让身体更多的器官参与学习，从而获得学习中的乐趣与全面和谐的发展。

其二是提升学习品质和精神。不同学习方式不可比，但同一种学习方式有优劣。学习方式转变意味着完善每一种学习方式，提升每一种学习方式的内在品质。比如，听的时候，边听边思考边质疑，很专注地听，而不是机械地听，不假思索被动地接受，老师讲什么就记什么。探究也不是随意的，走马观花的，而是一种仔细的观察，从不同角度旁敲侧击，深入思考。也就是说，探究的时候就像真正在探究，不在多而在于精，合作的时候是真正在交锋，在生成，在互动，自主的时候就是自己在独立地思考，像数学家一样在阅读数学，思考数学。总之，要着眼于提升每一种学习的品质。

那么在多样化的学习方式中，新课程为什么凸显自主、合作、探究？

原因之一（针对性）：在教与学的关系上，传统教学过分强调教，以教为中心，以教为基础，冷落、淡化、忽视学，学的自主性丧失了，萎缩了，学生越学越不爱学，越学越不会学。基于此，新课程提倡和强调自主学习。在学与学的关系上，传统教学过分强调和利用竞争机制，从而造成了同学之间的隔阂、排斥，形成了利己损人的不和谐的人际关系，不但影响了学习本身，而且妨碍了学生人格的健全发展。基于此，新课程提倡和强调合作学习。在接受与探究的关系上，传统教学过分突出和强调接受和掌握，冷落和贬低发现和探究，使学生学习书本知识变成了仅仅是直接接受书本知识（死记硬背即为典型），学生学习纯粹成了被动接受、记忆的过程。这种学习窒息人的思维和智力，摧残人的学习兴趣和热情。它不仅不能促进学生的发展，反而成为学生发展的阻力。基于此，新课程倡导和凸显探究学习。

原因之二（时代性）：通过自主学习，凸显学习的主动性、独立性、自控性（规划性），弘扬人的主体性和自主精神；通过合作学习，突显学习的交往性、互动性、分享性，培养学生合作的精神、团队的意识和集体的观念；通过探究学习，强调学习的问题性、过程性、开放性，形成学生内在的学习动机、批判的思维品质和思考问题的习惯。自主、合作、探究学习体现了时代精神，有助于培养时代所需要的人的品质和素质。正因为如此，新课程倡导和凸显自主、合作、探究。

分析与思考

1. 如何看待不同的人性假设及其教育主张？

2. 教育应该如何关注人的自然属性、社会属性和精神属性？

3. 结合不同的儿童发展观，谈谈学校教育与学生发展之间的关系。

4. 有人说“只有不会教的教师，没有教不好的学生”。对此，你有何看法？

5. 如何理解学生的权利和义务？你认为学校和教师要特别尊重和保护学生的哪些权利？

6. 结合学习的基本内涵与特点，探讨新课程为什么要强调学习方式的转变。

7. 洛克在《教育漫话》一书中说：“我们日常所见的人中，他们之所以或好或坏，或有用或无用，十分之九都是他们的教育所决定的。人之所以千差万别，便是由于教育之故。我们幼小时所得的印象，哪怕极微极小，小到几乎觉察不出，都有极重大极长久的影响。”你对此有何感想？

8. 阅读下面的案例，思考我们学生的学习究竟出现了什么问题，原因何在。

几年前，世界范围内曾流传这样一则笑话：在一所国际学校，一天，老师说：“同学们，今天咱们讨论这样一个问题，请大家就其他国家的粮食短缺问题谈谈自己的想法”。结果，同学们无言以对。当老师进一步追问的时候，美国学生说：“什么叫‘其他国家’？”欧洲国家学生说：“什么叫‘短缺’？”非洲学生说：“什么叫做‘粮食’？”而中国学生则怯生生地望着老师说：“什么叫做‘自己的想法’？”

主要参考文献

1. 洪波著：《管理心理学》，湖北人民出版社1999年版。

2. 郑金洲著：《教育通论》，华东师范大学出版社2000年版。

3. 袁振国主编:《教育原理》，华东师范大学出版社 2001 年版。

4. 黄济等主编:《小学教育学》，人民教育出版社 2007 年版。

5. 褚宏启编著:《学校法律问题分析》，法律出版社 1998 年版。

6. 郑金洲主编:《基于新课程的课堂教学改革》，福建教育出版社 2003 年版。

7. 余文森编:《基础教育课程改革的四大支柱》，福建教育出版社 2002 年版。

8. 张荣伟著:《“新课程改革”究竟给我们带来了什么?》，福建教育出版社 2008 年版。

9. 马克斯·韦伯著，彭强、黄晓京译:《新教伦理与资本主义精神》，陕西师范大学出版社 2002 年版。

10. [美] 戴维·W. 约翰逊、罗杰·T. 约翰逊著，唐宗清等译:《领导合作学校》，上海教育出版社 2003 年版。

第3单元

教师观——专业化的教师观

教师专业化包含着职业群体和个体两个层次的意义。从职业群体的角度看，教师专业化是指教师在整个职业层面上逐渐达到专业标准的过程；从教师个体的角度看，教师专业化是指教师的内在专业精神、专业知识、专业能力不断更新、演进和丰富的过程。教师专业化不论从职业群体层面还是从个体发展层面，都不是一个一蹴而就的过程，而是一个长期的、充满着困难和艰辛的过程，是一个持续不断的过程。

第一章　教师职业概述

教师是一个使他人和自己变得更美好的职业。教师作为专门职业已经越来越得到人们的认同。作为专业人员，教师必须履行专业角色，行使专业权利与义务，建构和谐的师生关系，促进学生的全面发展。

第一节　教师职业的认识

当下，教师专业化已成为世界教师教育改革和发展的共同趋势，人们越来越清醒地认识到教师职业的重要性。那么，教师职业究竟是什么样的职业？教师职业有哪些特点？教师究竟扮演什么样的角色？

一、教师职业的性质

教师是随着社会发展的需要而产生的。人类为了生存和发展，需要把在社会实践中积累的丰富经验传递给下一代，由此产生了学校，同时也就产生了教师。“教师”有广义和狭义之分。从广义上说，凡是增进他人的知识技能、影响他人思想品德形成的人，都可以称作“教师”。狭义的教师是指受过专门教育和训练，并在学校教育机构中担任教育、教学工作的人。

1966 年，国际劳工组织、联合国教科文组织发表的联合建议《关于教员地位的建议》中明确提到:① “教育工作应被视为专门职业。这种职业是一种要求教员具备经过严格而持续不断的训练才能获得并维持专业知识及专门技能的公共业务；它要求对所辖学生的教育和福利具有个人的及共同的责任感。”我国 1993 年 10 月颁布的《中华人民共和国教师法》，把教师界定为“履行教育教学职责的专业人

---

① ［日］筑波大学教育学研究会，钟启泉译：《现代教育学基础》，上海教育出版社 1980 年版，第 443 页。

员”。

教师是专业人员，教师职业具有专业性。教师专业化是指教师职业具有自己独特的职业要求和职业条件，有专门的培养制度和管理制度。教师专业化的基本含义是：第一，教师专业既包括学科专业，也包括教育专业，国家对教师任职既有规定的学历标准，也有必要的教育知识、教育能力和职业道德的要求；第二，国家有教师教育的专门机构、专门教育内容和措施；第三，国家有对教师资格和教师教育机构的认定制度和管理制度；第四，教师专业发展是一个持续不断的过程，教师专业化也是一个发展的概念，既是一种状态，又是一个不断深化的过程。①

二、教师职业的特点

教师职业内容丰富而又复杂。与其他社会职业不同，教师职业手段是通过教师自身的知识、智慧、人格魅力在和学生共同活动中去影响学生。教师职业工作是复杂的脑力劳动，具有极大的创造性和灵活性、有鲜明的示范性、具有长期性和长效性。

1. 教师职业的复杂性

教师职业的劳动具有复杂性与艰巨性，这是由教师的基本职能、教师的劳动对象和教师的劳动手段的特殊性决定的。从教师的劳动对象来说，学生是有道德、有感情、有主观能动性的人，他们的兴趣、爱好、性格和能力都存在着个体差异。教师既要面对全体学生施教，又必须注意因材施教。从教育的任务来说，教师承担着课堂教学、班级管理、教学研究以及学生指导等多重任务，肩负着教书育人的使命。从教育的影响说，不仅有来自学校各方面的因素，也有来自家庭和社会等方面的因素。我们说教师的劳动是复杂的，是因为要做一个好的教师，其工作是艰巨的和繁重的。

2. 教师职业的示范性

最优秀的教师的成功之处就是能让学生乐于模仿他们的行为方式。教师对学生的引导大多是通过示范进行的。当教师与学生分享自己的个人兴趣、谈论所读的书籍或曾经打动自己的思想时，他们就在向学生展示什么是终身学习；当教师向学生阐述如何对待愤怒和敌视

① 袁贵仁：《加强和改革教师教育 大力提高我国教师专业化水平》，《人民教育》2001年第9期。

时，他们就在向学生展示善良和耐心；当教师大声说出自己的思维过程，并解释所采取的策略时，他们就在告诉学生如何阅读和写作；当教师对学生、同事和家长彬彬有礼时，他们就在向学生展示社交技能；有时，无声胜有声，教师一言不发就能实现最有力的领导。高效能教师通过示范来领导学生，成为他们所需要的行为榜样。① 教师的一切——有形的、无形的——都会成为学生的榜样，给学生带来影响。

3. 教师职业的创造性

教师劳动的创造性，首先表现在对不同学生的区别对待上。教育对象是千差万别的，每一个儿童就是一个特殊的世界。教师既要按统一的目标来培养学生，又要注意个别差异，长善救失，根据学生身心发展的实际情况，有的放矢地进行差异教学，发展学生的个性。通俗地说，就是要一把钥匙开一把锁，使学生获得最佳的发展。教师劳动的创造性，还表现在教育教学内容、形式、方法的不断创新上。教育教学有许多方法，但没有一种万能的方法，即“教有法而无定法”。“谁看不到教师劳动的创造性，谁就是从根本上不理解教师的劳动。”(苏霍姆林斯基语)

4. 教师职业的长效性

培养人才的周期很长。一个人入小学获得读写算的能力需要6年，入中学掌握各门学科基础知识和基本能力也需要6年，入大学成为某个领域专门人才需要4~5年，读研究生成为高级专门人才也需要3~6年。教师劳动的效果需要很长时间才能得到检验。这种劳动社会效果的长期性，既表现为后效性，又表现为长效性，即人才成长和教育效果在人的一生中都将发挥作用。教师“不是因为辉煌或卓越的成就才令人刻骨铭心，而是因为他们日复一日忠实地履行自己的职责——心平气和的谈话、简单的鼓励和巧妙的授课，正是这些使得学生获得了学业上的成绩、个人的自尊和对学习的热爱”。②

---

① [美] 伊兰·K. 麦克伊万著，胡荣堃等译：《培养高效能教师》，北京师范大学出版社2007年版，第38—39页。

② [美] 伊兰·K. 麦克伊万著，胡荣堃等译：《培养高效能教师》，北京师范大学出版社2007年版，第23页。

三、教师角色的定位

教师角色十分复杂：①教师对个体而言是职业，对社会而言是教育者，对学校来说是受雇者，对校长来说是下级，对其他老师来说是同事，对学生来说则是知识权威。社会上给教师这个职业以多种比喻，如春蚕、蜡烛、春泥、一桶水、园丁等。这些比喻在新的时代条件下已不足以勾勒出教师的形象。新课程不仅要求教师的观念要更新，而且要求教师的角色要转变：

1. 从教师与学生的关系看，教师应该是学生学习的促进者

教师即促进者，指教师要从过去仅作为知识传授者这一核心角色中解放出来，促进以学习能力为重心的学生整个个性的和谐、健康发展。这是教师角色特征中的核心特征，其内涵主要包括以下两个方面：第一，教师是学生学习能力的培养者。教师再也不能把知识传授作为自己的主要任务和目的，把主要精力放在检查学生对知识的掌握程度上，而应成为学生学习的激发者、辅导者，各种能力和积极个性的培养者，把教学的重心放在如何促进学生“学”上，从而真正实现教是为了不教。第二，教师是学生人生的引路人。这一方面要求教师不仅是向学生传播知识，而且要为学生设置发展的路标，引导他们不断地向更高的目标前进，同时成为学生健康心理、健康品德的促进者、催化剂，引导学生学会自我调适、自我选择。

2. 从教学与研究的关系看，教师应该是教育教学的研究者

教师即研究者，这意味着教师在教学过程中要以研究者的心态置身于教学情境之中，以研究者的眼光审视和分析教学理论与教学实践中的各种问题，对自身的行为进行反思，对出现的问题进行探究，对积累的经验进行总结，使其形成规律性的认识。这实际上也就是国外多年来所一直倡导的“行动研究”，它是为行动而进行的研究，即不是脱离教师的教学实际而是为解决教学中的问题而进行的研究；是在行动中的研究，即这种研究不是在书斋里进行而是在教学的活动中进行的；是对行动的研究，即这种研究的对象和内容就是行动本身。这是教师由“教书匠”转变为“教育家”的前提条件，是教

① 马和民著：《新编教育社会学》，华东师范大学出版社 2002 年版，第 91 页。

师持续进步的基础，是提高教学水平的关键，是创造性实施新课程的保证。

3. 从教学与课程的关系看，教师应该是课程的建设者和开发者

新课程倡导民主、开放、科学的课程理念，同时确立了国家课程、地方课程、校本课程三级课程管理政策，这就要求教师不能只成为课程实施中的执行者，教师更应成为课程的建设者和开发者。为此，教师要形成强烈的课程意识和参与意识，改变以往学科本位论的观念和消极被动执行的做法；教师要了解和掌握各个层次的课程知识，包括国家层次、地方层次、学校层次、课堂层次和学生层次，以及这些层次之间的关系；教师要提高和增强课程建设能力，使国家课程和地方课程在学校、在课堂实施中不断增值、不断丰富、不断完善；教师要锻炼并形成课程开发的能力，因为新课程越来越需要教师具有开发本土化、乡土化、校本化的课程的能力；教师要培养课程评价的能力，学会对各种教材进行评鉴，对课程实施的状况进行分析，对学生学习的过程和结果进行评定。

4. 从学校与社区的关系来看，教师应该是社区型的开放的教师

随着社会发展，学校渐渐地不再只是社区中的一座“象牙塔”而与社区生活毫无联系，而是越来越广泛地同社区发生各种各样的内在联系。一方面，学校的教育资源要向社区开放，要引导和参与社区的一些社会活动，尤其是教育活动。另一方面，社区也要向学校开放自己的可供利用的教育资源，参与学校的教育活动。学校教育与社区生活正在走向终身教育要求的“一体化”，学校教育社区化，社区生活教育化。在这种情况下，教师的角色也相应地要求变革。教师的教育工作不能仅仅局限于学校、课堂了。教师不仅仅是学校的一员，而且是整个社区的一员，是整个社区教育、科学、文化事业建设的共建者。因此，教师的角色必须从仅仅是专业型教师、学校型教师，拓展为“社区型”教师。教师角色是开放型的，教师要特别注重利用社区资源来丰富学校教育的内容和意义。

教师的作用是什么——对教师隐喻的分析①

"教师是蜡烛"

肯定：奉献与给予。

不足：忽视教师的持续学习与成长，淡漠教师的内在尊严与劳动的欢乐。

"教师是园丁"

肯定：田园式的宽松环境，重视学生的成长历程，注意学生发展的个性差异，强调教师作用的发挥。

不足：教育阶段顺序的固定性，教育缺欠的不可修复性（季节与时令），存在着淘汰制（间苗），有人为的强制性（修剪）。

"教师是人类灵魂的工程师"

肯定：工程师——重要的职业，灵魂——关注人心灵的发展。

不足：暗示一种固定、统一的标准，忽视学生的差异性；整齐划一，批量生产，易形成新的机械运动。

"要给学生一碗水，教师自己要有一桶水"

肯定：强调教师要有足够的知识和能力的储备，学科知识的有效传递（很讲究"倒"的过程和方式）。

不足：灌输式的教学，学生被当做知识的容器；传递内容的单一（只有水），教学内容的学科性过强，不利于知识的汇通；教与学不是一个简单的"倒给"，忽视了教学的创造成分。

"教师像警察"

肯定：维持必要的秩序，强调纪律性。

不足：对学生实施严格控制；师生关系过于严肃，缺乏亲和力；着眼于学生的问题与错误，挑剔多而鼓励少。

① 陈向明：《教师的作用是什么——对教师隐喻的分析》，《教育研究与实验》2001年第1期。

第二节 教师的权利与义务

教师作为一个特定的职业群体，在与国家、学校、学生的相互关系中，既享有一定的权利，也必须履行相应的义务。明确教师的权利与义务具有重要的意义，它一方面可以使教师明确所享有的法定权利及界限，更好地行使权利，自觉抵制各种侵害教师合法权益的现象；另一方面又可以使教师更加清晰地认识到其必须履行的法定义务，增强教育教学的自觉性和责任感。

一、教师的权利

作为国家公民的教师，享有普通公民的基本权利，包括平等权、生存权、自由权、财产权、参政权等。作为特殊的专业性的职业，教师还享有专业权利。教师的专业权利是指教师依靠自己的专业技能与专业素养，在其专业领域内履行其教育教学职责时而享有的权利，是教师工作特有的权利。

1. 教育教学权

教师有进行教育教学活动，开展教育教学改革和实验的教育教学权，这是教师为履行教育教学职责必须具备的基本权利。教师教育教学权的基本含义包括：（1）教师可依据其所在学校的教学计划、教学工作量等具体要求，结合自身的教学特点自主地组织课堂教学；（2）按照课程标准和教科书的要求确定教学内容和进度，并不断完善教学内容；（3）针对教育教学对象身心特点和发展规律，在教育教学的形式、方法、具体内容等方面进行改革、实验和完善。任何组织或个人都不得非法剥夺在聘教师从事教育教学活动，开展教育教学改革和实验的权利。当前中小学还存在着不尊重教师“教学权”的现象，如：随机听课频繁，无视教师组织课堂教学的自主权；教师评价过于强调责任目标；评价标准被固化、程序化；评价中缺乏与教师的交流和沟通，剥夺了教师进行反思和申辩的权利。① 当然，教师的自主权也是有限度的，教师不能以此为由否定学校对教育教学活动的

① 杜瑛：《关注教师的“教学权”》，《中小学管理》2003 年第 8 期。

监督和控制。

2. 科学研究权

我国《教师法》规定，教师享有从事科学研究、学术交流、参加专业的学术团体，并在学术活动中充分发表意见的法律权利，即科学研究权。这是教师作为专业技术人员所享有的基本权利之一。其基本含义包括：（1）教师在完成规定的教育教学任务的前提下，有权进行科学研究、技术开发、技术咨询等创造性劳动。有权将教育教学中的成功经验，或专业领域的研究成果等，撰写成学术论文，著书立说。（2）参加有关的学术交流活动，以及参加依法成立的学术团体并在其中兼任工作的权利。（3）有在学术研究中发表自己的观点，开展学术争鸣的自由。但应注意在教育教学活动中，应按课程标准或教学基本要求进行讲授，不应任意发表与讲授内容无关且有损受教育者身心发展的个人看法。教师具有得天独厚的研究条件：课堂是天然的实验室，学生是最佳的研究伙伴。

3. 管理学生权

教师的管理学生权是指教师指导学生的学习和发展，评定学生的品行和学生成绩的权利。这是教师所享有的在教育教学过程中居于主导地位的基本权利。其基本内涵包括：（1）教师有权依据学生的身心发展状况和特点，因材施教，有针对性地指导学生，并就学生的特长、就业、升学等方面的发展给予指导。（2）教师有权对学生的思想政治、品德、学习、劳动等方面给予客观、公正和恰如其分的评价。（3）教师有权对不守纪律和有过错的学生进行批评教育。教师管理的对象是学生，但不能理解为教师与学生之间是“控制与被控制”、“统治与被统治”、“命令与服从”的关系。教师管理的权利更多体现为引导学生共同达成和维持基本的教学秩序。

4. 获取报酬待遇权

教师的获取报酬待遇权是指按时获取工资报酬，享受国家规定的福利待遇以及寒暑假期的带薪休假。这是宪法规定的公民享有劳动的权利和劳动者休息的权利的具体化。其基本含义包括：（1）教师有权要求所在学校及其主管部门根据国家教育法律、教师聘用合同的规定，按时、足额地支付工资报酬，包括基础工资、职务工资、课时报酬、奖金、教龄津贴、班主任津贴及其他各种津贴在内的工资收入。（2）教师有权享受国家规定的福利待遇，包括医疗、住房、退休等方面的各种待遇和优惠以及寒暑假期的带薪休假。

5. 民主管理权

教师的民主管理权是指教师对学校教育教学、管理工作和教育行政部门的工作提出意见和建议，通过教职工代表大会或者其他形式，参与学校管理的民主权利。其基本内涵包括：（1）教师享有对学校及其他教育行政部门工作的批评和建议权，这是宪法规定的“公民对任何国家机关和国家工作人员，有提出批评和建议的权利”的具体表现。（2）教师有权通过教职工代表大会、工会等组织形式以及其他适当方式，参与学校的民主管理，讨论学校发展、改革等方面的重大事项，以保障教师的民主权利和切身利益，推进学校的民主建设，提高学校管理的效益和水平。

6. 进修培训权

教师有权参加进修或者其他方式的培训，即进修培训权。其基本内涵包括：（1）教师有权参加进修和接受其他多种形式的培训，不断更新知识、调整知识结构，以提高自己的思想品德和业务素质，从而保障教育教学的质量。（2）教育行政部门和学校及其他教育机构应当采取各种形式，开辟多种渠道，保证教师进修培训权的行使。同时，教师进修培训权的行使，要在完成本职工作前提下，有组织有计划地进行，不得影响正常的教育教学工作。教师进修不但是教师发展的重要手段，而且是教师依法享有的基本权利之一。但是，在如何引领和促进教师的学习上，许多学校总找不到有效的办法。较为普遍的做法是：[①] 用简单强迫和督促的手段推动教师学习，要求教师抄写学习笔记，规定笔记的字数，检查评比而且奖罚分明，年年如此。可为什么“为教师谋福利”的结果却是，绝大多数教师用虚假应付的方式完成规定的“学习”任务，而没有真正自觉主动地投入学习？这当然与多方面的原因有关，但最根本的是没有将教师的学习视为一种权利，进而用伤害教师学习感情和违背教师学习规律的方式促使教师学习。

① 金语：《教师学习：从福利给予到权利保障》，《西北成人教育学报》2008 年第 3 期。

二、教师的义务

教师的义务，是指教师依照《教育法》、《教师法》及其他有关法律、法规，从事教育教学工作时必须履行的责任，表现为对教师在教育教学活动中必须作出一定行为或不得作出一定行为的约束。它是由法律规定，并以国家强制力保障履行的。

作为专门的教育者，教师必须履行其独特的义务。1993年通过的《中华人民共和国教师法》规定，教师应当履行下列义务：(1) 遵守宪法、法律和职业道德，为人师表；(2) 贯彻国家的教育方针，遵守规章制度，执行学校的教学计划，履行教师聘约，完成教育教学工作任务；(3) 对学生进行宪法所确定的基本原则的教育和爱国主义、民族团结的教育，法制教育以及思想品德、文化、科学技术教育，组织、带领学生开展有益的社会活动；(4) 关心、爱护全体学生，尊重学生人格，促进学生在品德、智力、体质等方面全面发展；(5) 制止有害于学生的行为或者其他侵犯学生合法权益的行为，批评和抵制有害于学生健康成长的现象；(6) 不断提高思想政治觉悟和教育教学业务水平。

教师既承担对学生的责任，又承担对社会的责任。其中对学生的责任，包括对学生学习的责任和健全人格形成的责任。具体来讲，教师应当承担三种责任：①

1. 教师对知识应负的责任

一般人以为教学就是把自己掌握的现成知识“搬出来”，交给学生，就算了事。这种教学是呆板的、敷衍塞责的，不但学生没有兴趣学，教师本人也没有兴趣教。其实，现成知识的价值相当有限。学问是不断进步的，教师要有不断研究学问的精神。这种研究兴趣，也会像传染病一样感染学生。所以，教师既要教学生，自己也应是学生，不断研究学问。自己钻研，就容易对学问发生兴趣。这便是教师对知识应有的责任。

2. 教师对学生应负的责任

教师在学校里，不但要教授学科知识，而且要通过自己所教的学科，培养学生的人格。因为学校的中心是学生，而不是学科知识。学

① 陈桂生：《略论“教师的职业精神”》，《当代教育科学》2008年第5期。

科知识不过是一种方法，学生的性情、人格、品行，才是教学的中心。所以教师要关心各不相同的学生的性情、欲望、需要、家庭背景、社会环境、个人机遇，适当地教学。

有些教师做了一年半载，就会感到疲劳。有的教师自己求学倒有兴趣，而对于学生教学或训练上所发生的问题感到苦恼。究其原因，就在于这种教师同学生缺少交往，仿佛学生同自己没有多大关系。其实，人生的快乐正在于同别人友好往来。同天真烂漫的儿童交往，更是快乐的事情。教师如果把个人利益与学生利益一致起来，以学生的快乐为自己的快乐，以学生的进步为自己的进步，那么做教师便成为快乐的事情了。

3. 教师对社会应负的责任

教师平时在学校里所做的事情，主要是教学、训练、学生行为管理等。所以一般教师的眼界受到限制，以为自己的责任，只限于完成学校以内的事务，而对学校以外的社会漠不关心。其实，现代教师还应当承担一定的社会责任。

今日学校中的学生是未来社会的成员。教师如果缺乏社会责任感，也就不会使学生受到社会需要的训练与陶冶。“要明白他日社会的精神，就看今日学校的精神；看了今日学校的精神，就可以决定他日社会的精神。”如果现在的学生萎靡不振、胆小怕事、事事听其自然、时时处在被动的地位，缺乏开创精神，这个国家的前途也就可想而知了。在这个意义上可以说，学校教育对于社会改造与进步关系甚大。要培养学生的社会精神，教师自身更应当具有社会责任感。“其实，做教员的，对于社会服务，是应当注意的。关于公共利益、公共的幸福，都是应负的责任。”

教师权利和教师义务之间是辩证统一的关系，两者相辅相成。澳大利亚著名法哲学家佩顿指出：权利和义务是相关物，人们不可能有没有相应义务的权利，也不可能有没有相应权利的义务。教师一方面享有法律上的权利，另一方面也必须承担相应的义务，两者密不可分。

第三节　教师与学生

教师和学生是教育过程中的两个最基本的要素，师生关系是教育中最为基本的人际关系。和谐的师生关系是和谐教育的基础，是当前建设和谐社会、构建和谐校园的根本所在，也是推进教育改革，促进学生身心健康发展的需要。

一、师生关系的内涵

师生关系是指教师和学生在教育教学过程中结成的相互关系，包括彼此所处的地位、作用和相互间的态度等。师生关系就微观而言，主要指师生之间在教育过程中所发生的直接交往和联系，包括为完成教育任务而发生的工作关系，为交往而形成的人际关系，以组织结构形式表现的组织关系，以情感认识等为表现形式的心理关系。① 实践证明，良好的师生关系，有利于调动师生双方的积极性、主动性和创造性，有利于形成轻松愉快和生动活泼的教学气氛，有利于提高教学信息传输的效率和速度。良好的师生关系是有效进行教学活动，完成教学任务的必要条件。良好的师生关系既是教育的结果，又是教育的手段，师生关系本身就蕴涵着一种教育力量和质量。

二、师生关系的类型

在教育研究和实践领域，一个非常重要而又极其敏感的热点话题就是师生关系。认识不同类型的师生关系，有助于教师自觉地处理好自己与学生的关系，以促进教育、教学质量的提高。

1. 对立型的师生关系

在该类型的师生关系中，教师工作责任心较强，但工作作风专断，班集体的各项活动都是教师自己说了算，不讲民主，不尊重学生的意愿，不允许学生有不同的意见，更不许学生有任何差错或失误，否则便会动用打、骂、恐吓或其他惩罚措施强制执行；教育方式简单、粗暴，表现在课堂教学中，教学过程的主动权掌握在教师手中，

① 南京师范大学教育系主编：《教育学》，人民教育出版社 1987 版，第 140 页。

不允许学生提出有创见性的问题，只能随声附和、被动接受、无条件服从。在这种师生关系下，学生没有自由，精神上时时处于紧张状态，因而容易导致下列问题的发生：（1）师生交往缺少情感因素，学生在集体中缺乏安全感，学习效率低下。（2）师生交往呈明显单向型，关系对立，学生失去归属感，容易产生厌恶和憎恨心理，甚至引发师生冲突。（3）教师专制的教育态度对学生的独立性和创造性的发展是极为有害的，不利于学生个性心理的健康发展。因此，这一类型极不可取。

2. 依赖型的师生关系

在这种类型的师生关系中，教师有较强的责任心和义务感，对学生能够严格要求，管理目的比较明确和简单，管理手段比较规范和严厉，管理效果比较直接和明显。在工作中，教师处处以领导者自居，学生习惯于采取服从或认同态度；在课堂教学与课外活动中，教师包揽一切，学生始终跟着教师设计的路子走，明显缺乏主动性与创造性。尽管这种类型的师生关系在学生掌握系统知识方面有一定效果，但学生独立思考问题与解决问题的能力极差。在学生的心目中，教师可敬而不可亲，师生关系主要表现为工作关系，缺乏情感交流。双方之间的心理距离比较大。如果教师的业务水平和工作能力较强，学生能够自愿接受，内心佩服。反之，学生会对教师产生鄙夷的态度。另外，这种交往方式还易导致学生产生依赖、懒惰的品行和懦弱、自卑的性格。

3. 放任型的师生关系

在此种类型的师生关系中，教师对教育工作缺乏责任心，对学生缺乏爱心，对学生的学习和生活既不指导也不控制，任其自然发展。在工作中，教师对学生缺乏严格要求，处处放宽标准，学生对老师冷漠、怀疑、失望，对学习、劳动、纪律、品行等采取旁观、敷衍态度；在课堂教学中，教师允许学生自主学习，但目标不统一、不明确，对学习效果也缺乏及时检查与评定，从而造成学生各行其是，学习效果比较差。更重要的是，由于缺乏教师的教育与关怀，特别是缺乏必要的行为规范的强化与约束，容易造成学生缺乏社会责任心和自我控制、约束能力。在这种班级气氛中成长的学生，不懂得关心和爱，容易养成放纵、冷漠、富于攻击性的性格，产生情感缺乏、自控力差、自由散漫、任性固执等弱点。教师对学生放任自流是一种不负责任、缺乏职业道德的表现，也是一种渎职行为，理应纠正。

4. 民主型的师生关系

这种师生关系类型承认教师与学生在政治上、人格上是平等的，都是为了一个共同的目标而完成各自的教授任务与学习任务，是一种同志式的民主平等关系。教师对学生能严格要求、热情公正、尊重爱护、平等民主；学生也尊重教师，乐意接受教师指导，并自觉主动地进行学习活动，课堂气氛热烈、和谐、活跃、有序，师生间的双向交流积极、频繁，教学效果良好。民主型的教师，普遍受到学生的欢迎，教师威信也高，具有很强的号召力。民主型师生关系的最大特点是教师善于运用民主方式教育学生，对学生既尊重理解又严格要求；既满足学生的正常需要，又善于断然拒绝学生的无理要求，做到爱而不惯、严而不苛、民主平等、心理相容，充分调动起学生的积极性与主动性。研究表明：这种师生关系不仅满足了学生的安全感、归属感和渴望理解与爱的需求，还使其从中增强了自信与自尊，学生表现为情绪稳定、感情丰富细腻、性格开朗、意志力坚强，有较强的独立性、创造性与社会适应能力。①

三、师生关系的境界

作为一名教师，应该如何处理和学生的关系？在学生面前，教师们扮演了形形色色的角色，诸如警察型的，保姆型的，专制家长型的，朋友型的，良师型的……不同的类型，师生关系的亲疏不同，教育的效果也存在差异。教师必须反思自身角色，重建师生关系。

1. 存在意义上的依存关系

生存在特定社会环境中的个体总会与其他人发生各种各样的相互作用，从而结成不同的人际关系。师生关系与其他人际关系的重要区别就在于它因教育而生，又为教育而存。在教育活动中，教师承担着“教”的社会角色，学生承担着“学”的社会角色。

师生关系的特殊性主要表现在教师与学生的社会角色是相互依存的，没有一方，另一方也就没有了存在的意义；这种依存性又具体表现为教师的教与学生的学。教师的教是教学意义下的教，学生的学也是教学意义下的学；教是为学之教，学是在教之下的学；离开了学生

① 郑孝全：《试论师生关系类型对学生心理健康的影响》，《宿州教育学院学报》2005 年第 2 期。

的学，教师的教也就失去了意义，离开了教师的教，学生的学就可能失去方向。①

2. 人格意义上的平等关系

学生和教师一样，具有独立的人格。教师在任何情况下都要尊重学生作为人的尊严，体现在师生关系上，就是要追求一种相互尊重的新型的平等关系。

基于这种平等关系而形成的教师权威，自然是一种平等、民主的权威。在建立教师权威过程中，教师容易产生两种偏激思想：一是复古论，一是消亡论。复古论是指希望今天的教师能够像古代教师那样，以尊长的地位、支配的手段管理学生，以维护教师的尊严。在他们看来，古代的教师用强制的手段管制学生，学生服服帖帖，那才是真正的教师权威，才是教师权威的真正体现。殊不知正是这种畸形的权威，磨灭了多少个性，践踏了多少尊严。消亡论则认为在当今的学校教育中，将不再需要教师权威，教师权威必将消亡。在他们看来，现代教育要突出师生关系平等，教师在教学中只能扮演参谋的角色，根本不再需要什么教师权威。消亡论也是一种片面的教师权威观。②

3. 过程意义上的互动关系

师生交往是师生在校生活与学习的基本方式，它构成了学校教育无限丰富的意蕴。苏霍姆林斯基说，常常以教育上的巨大不幸和失败而告终的学校内的许许多多冲突，其根源在教师不善于与学生交往。

在师生交往中，由于教师一般年长，居权威地位，往往成为交往的控制者，学生则处于被动地位。“教师教，学生被教；教师无所不知，学生一无所知；教师思考，学生被考虑；教师讲，学生听（温顺地听）；教师制订纪律，学生遵守纪律；教师做出选择并将选择强加于学生，学生唯命是从；教师作出行动，学生则幻想通过教师的行动而行动；教师选择学习内容，学生（没人征求其意见）适应学习内容；教师把自己作为学生自由的对立面而建立起来的专业权威与知

① 杨骞、溪海燕：《师生关系的现实与理性诉求》，《教育科学》2008 年第 4 期。

② 黄行福：《教师权威类型评说》，《九江师专学报》1999 年第 1 期。

识权威混为一谈；教师是学习过程的主体，而学生只纯粹是客体。”① 这种单向的交往严重影响学生的发展，师生交往应该是双向的、交互的、对话式的，我们认为，通过对话与交往，重建人道的、和谐的、民主的、平等的师生关系是教学改革的重要任务。

4. 情感意义上的相融关系

列宁说：没有人的情感，就从来没有也不可能有人对真理的追求。教育者和受教育者情感融合是有效教育的前提。为获得师生情感融合，教师必须以宽厚的师爱促使学生真挚地爱师，以深沉的师爱激起学生对生活的热爱，以高尚的师爱教会学生怎样去爱。只有这样，师生的心才会贴近、融合，谈话才能有好的效果。

“公式可以淡漠，定理可能淡忘，而师生之间培养起来的真挚感情，却难以淡忘，甚至会越积越深。这是当教师，尤其是当班主任老师所体验和享受到的特有的幸福。”② 教育是充满情感的爱的事业，教师应多与学生进行情感方面的交流，做学生的知心朋友，让学生觉得老师是最值得信任的人，跟老师无话不说、无事不谈，达到师生关系的和谐状态。

5. 发展意义上的相长关系

教育是师生交往、积极互动、共同发展的过程。《学记》指出：“学然后知不足，教然后知困。知不足然后能自反也，知困然后能自强也。故曰：教学相长也。”教育的归宿不限于学生的发展，也指向教师的发展。

引领学生发展是教师的根本使命。一位老师的好坏不在于当时他的学生多么优秀，他的工作多么出色，而在于他留给了学生什么，多年后学生想起了他什么，在于他是否从一位传道、授业、解惑的专职老师上升为一位哲学的人生导师。在教师与学生构筑的学习共同体中，教师也有“向自己学生学习”的必要性，从而发展自己。“我们要跟小孩子学习，不愿向小孩子学习的人，不配做小孩的先生。一个人不懂小孩的心理，小孩的问题，小孩的困难，小孩的愿望，小孩的脾气，如何能教小孩？如何能知道小孩的力量而让他们发挥出小小的

---

① 保罗·弗莱雷：《被压迫者教育学》，华东师范大学出版社 2001 年版，第 25—26 页。

② 黄正平：《班主任专业化应关注职业幸福感》，《人民教育》2008 年第 15—16 期。

创造力?"①

中国式师生关系是得改改了②

当我得知某高校教授因为课堂秩序和女同学发生肢体冲突的消息时，我很“高兴”地意识到，类似的问题其他学校也存在。同时，我多少有些遗憾，要是冲突一方甚至双方受些轻伤该多好！不是我“幸灾乐祸”，而是中国现存的“师生关系”模式确实需要一个导火线来点燃。

有人也许要说你自己身为导师，你肯定是要帮老师说话的。错了，相反，我首先要批的正是“师道尊严”论。中国传统的师道尊严的核心观念是“一日为师、终身为父”。不要说本科生了，就是博士生阶段我们今天依然是把学生当子女、老师当家长。这就是为什么总体而言中国学生在独立性、自主性等方面和国外学生有如此大的差距的原因。

有人要问，美国电影里的学生不是经常东倒西歪的吗？不错。外国中小学课堂上因为学生年龄小，确实不像我们要求学生整齐划一。可能有些人就因此以为外国学生可以在教室里为所欲为了。大错特错！我分别进过英、美、法的大学教室，没有发现过一例大学生东倒西歪的情况。

我今天之所以愿意把课堂秩序这点鸡毛蒜皮的“小事”上纲上线，是因为对教育改革的种种问题的讨论，却独缺重要组成部分的师生关系。我的基本观点是，我们应该尽快从以人情常伦为基础的师道尊严中走出来，建立以法律关系为基础的、平等尊重的新型师生关系。

遗憾的是，我们做得不够。对于大学生（甚至是研究生）我们不把他们当真正的成人看待，对待他们我们是“管教”而不是“管理”。反过来，我们许多针对学生的规章制度又落不到实处。

① 《陶行知全集》（第4卷），湖南出版社1985年版，第634页。

② 张结海：《中国式师生关系是得改改了》，《书报文摘》2008年第4期。

第二章　教师专业素养

教师专业素养是指“教师在教育教学活动中表现出来的决定其教育教学效果、对学生身心发展有直接而显著影响的心理品质的总和”。[①] 教师专业素养主要体现为教师的专业知能和专业服务精神，包括专业知识、专业能力、专业精神和专业人格等方面。

第一节　教师专业知识

教师专业知识是教书育人的资本和前提。优秀的教师往往具有广博的普通文化知识、系统的专业学科知识、坚实的教育学科知识和丰富的教育实践知识。

一、广博的普通文化知识

教师的工作像蜜蜂酿蜜，需要博采众长，要“知得广”，能触类旁通，因为丰富的文化知识，不仅能扩展学生的精神世界，而且能激发他们的求知欲。教师知道的东西，要大大超过他要教给学生的范围，否则，他就不能唤起和发展学生对本门学科的兴趣，就不能满足学生的认知需要。

在学生眼里，教师是知识的化身。在学校里，知识渊博的教师往往赢得学生的信赖和爱戴。从某种意义上说，一名合格的教师必须是“通才”、“全才”，把文、史、地、数、理、化、音、体、美等学科的基础知识都融化在自己的知识结构之中。一位化学教师曾深有感触地说：“我教的是化学，但我用到的知识几乎各学科都有。我要教学生准确简便地定量计算，自己就要有数学的根底。讲有机化学，如葡萄糖、蛋白质、氨基酸等，就要联系到生物知识。语文知识对我也非

① 林崇德、申继亮、辛涛林：《教师素质的构成及其培养途径》，《中小学教师培训》1998 年第 1 期。

常重要，怎样教会学生理解教材、组织语言表达、描述实验现象，处处要有语文的基本功。”当然，教师的文化知识修养具有很大的个体差异，每一位教师都要发挥自己的一技之长。例如，擅长创作的教师，可以用创作丰富学生的想象力；爱好诗词的教师，可以用诗词的魅力来启发学生；有音体美特长的教师，可以用技能引导学生的审美情趣。

现代教育要求教师成为一个学识渊博的人，要求教师的知识拥有量从轻量级向重量级转化。新型教师应成为具有丰富知识的人才。文科教师应当有必要的自然科学素养，理科教师则应有必备的人文、社会科学知识。对每一个教师来说，科学、技术、宗教、艺术、哲学等，都应在他的视野之中。①

二、系统的专业学科知识

韩愈在《师说》中说，“闻道有先后，术业有专攻”。苏联教育家马卡连柯认为，“学生可以原谅老师的严厉、刻板，甚至吹毛求疵，但不能原谅他的不学无术。”一位教师的专业知识首先体现在精通自己所教的学科。教师所具有的特定的学科知识，如语文知识、数学知识、物理知识等，是人们所普遍熟知的一种教师知识。一个人最佳的知识结构，主要以自己所从事的职业与专业为基础。

学科专业知识是教学活动展开的基础，例如语文教师必须具有听、说、读、写和语法、修辞、逻辑等方面的知识；数学教师必须具有代数、几何等方面的知识；历史教师必须具备中国历史、世界历史方面的知识等。学科知识在教师知识结构具有基础地位，如果一个教师不具备基本的学科知识，是不可能从事教育教学工作的。苏联著名教育家苏霍姆林斯基在《给教师的建议》一书中讲得很清楚：“教育素养是由什么构成的呢？这首先是指教师对自己所教的学科要有深刻的知识。关于学校教学大纲的知识对于教师来说，应当是他的知识视野中的起码知识。只有当教师的知识视野比学校教学大纲宽广得无可比拟的时候，教师才能成为教育过程的真正的能手、艺术家和诗人。”②

---

① 林建成：《论新时期教师知识结构的转换和优化》，《人民教育》2000 年第 1 期。

② ［苏］苏霍姆林斯基著：《给教师的建议》，教育科学出版社 1984 年版，第 423 页。

我国新一轮基础教育课程改革，一改过去课程内容“繁、难、偏、旧”和过于注重书本知识的弊端，加强了课程内容与学生生活及现代科学发展的联系，具有鲜明的时代性。相比之下，教师学科知识结构老化的现象日益凸显出来，教师必须实现专业知识更新，步入本门学科知识的殿堂。

三、坚实的教育学科知识

教育学科知识即教育科学和心理科学知识是教师成功进行教育教学的必备知识。掌握教育学科知识有助于教师认识教育活动的规律，也有助于教师采取行之有效的策略对教育工作进行灵活而有效的调控，从而顺利实现教育目标。

教学工作是一种培养人的专业工作，“仅通晓一门学科并非必然地使他们成为该学科的好教师”，“学者未必是良师”。一个教师要成功地扮演好自己的角色，在其所教学科知识够用的基础上，更重要的是要具有教育学科方面的知识，因为教师的专业毕竟是教学而不是其任教的学科。虽然教学工作作为一种专业所依赖的教育学科知识体系还不完具备“一种公开的、经得起公众考察和批判的方法，以便能够形成代表这一专业的一系列独特的观念、步骤和概念，并能对它作出检验”，但目前确实已存在着可以作为教学工作基础的“一个知识体系和一系列新颖的关于教学的概念”，在教学法知识方面新近也有“无数成就”，关于人的成长与发展的知识也“从容地发展起来”。这些知识在很大程度上可以确保教师有效地履行自己的专业工作。①

四、丰富的教育实践知识

教师的教育实践知识是指教师在教学实践中通过自己的体验、沉思和领会等方式获得的、与教学情境密切联系的、逐渐建构起来的运用于教育教学实践中的一套理论系统和经验认识。实践性知识包括情境知识、学习者的知识、自我的知识、案例知识（学科教学的特殊案例、个别经验）、策略知识（将原理运用于个案的策略）等。② 教

---

① 教育部师范教育司组织编写：《教师专业化的理论与实践》，人民教育出版社 2003 年版，第 58 页。

② 周国韬：《校本学习与教师实践性知识的发展》，《中小学教师培训》2005 年第 8 期。

师实践知识由以下知识组成：教育教学技术规则，教育教学经验，教育教学情境知识，教育教学决策判断能力知识，实践化的学问知识。教师教育实践知识是教师对教育教学经验的积累和提炼，这种知识表现为教师的“实践智慧”。

智慧型教师是拥有教育智慧的教师。“教师的教育智慧集中表现在教育教学实践中：他具有敏锐感受、准确判断生成和变动过程中可能出现的新情势和新问题的能力；具有把握教育时机、转化教育矛盾和冲突的机智；具有根据对象实际和面临的情境及时作出决策和选择、调节教育行为的魄力；具有使学生积极投入学校生活，热爱学习和创造，愿意与他人进行心灵对话的魅力。教师的教育智慧是他的工作进入到科学和艺术结合的境界，充分展现出个性的独特风格。教育对他而言，不仅是一种工作，也是一种享受。”① 教学的乐趣在于促成真正的学习，这种学习是为了发展心智和获得智慧。这种学习将需要一个训练有素、富有才华的教师，这个教师与学生能产生相互作用。

教师应该系统地考虑自己的教学实践并从经验中学习：② 优秀教师要成为学生的楷模，示范受过教育的人所应具有的美德：好奇心、宽容、诚实、公正、尊重差异、欣赏不同的文化，还要示范智力发展所必备的前提能力——逻辑能力、运用多种视角进行创造的能力和冒险精神，通过实践解决问题的态度意向。

高中数学教师知识储备的调查③

普通高中新课程于 2004 年秋季在山东、广东、海南和宁夏率先实施以来，新课程教学实验正在全国范围内逐步推进。一项关于高中数学教师储备新课程知识的问卷调查，对某省 211 所普通高级中学的 3 489 名高中数学教师进行了问卷调查，结果表明：

① 叶澜、白益民、王枬、陶志琼著：《教师角色与教师发展新探》，教育科学出版社 2001 年版，第 26 页。

② 李宝荣：《美国优秀教师专业发展标准及认证制度》，《基础教育参考》2006 年第 6 期。

③ 张金良：《高中数学教师知识储备的调查与建议》，《教学月刊》2006 年第 7 期。

1. 高中数学教师自然科学知识的储备状况

教师掌握的自然科学知识（包括物理、化学、生物、天文）有16.4%的教师完全能满足工作需要，38.5%的教师能满足工作需要，39.1%的教师基本满足工作需要，6.0%的教师不能满足工作需要。说明当前高中数学教师自然科学知识面还不够宽，影响学生的全面发展。

2. 高中数学教师社会知识的状况

教师掌握的社会知识（包括史、地、政、经、法）有10.3%的教师完全能满足工作需要，34.0%的教师能满足工作需要，43.9%的教师基本满足工作需要，11.9%的教师不能满足工作需要。说明当前高中数学教师人文知识欠缺，社会知识面还不够宽，影响着学生的全面发展。

3. 高中数学教师对新增知识储备的状况

选修系列3中数学史选讲、信息安全与密码、球面上的几何、对称与群、欧拉公式与闭曲面分类、三等分角与数域扩充是课改新增内容，它蕴涵着十分丰富的数学思想，有些专题是中学课程某些内容的延伸，有些专题是通过典型实例介绍数学的一些应用方法。它们有利于扩展学生的数学视野，有益于学生的终生发展。调查表明，高中数学教师对这些内容较陌生，而相对熟悉一点的有数学史选讲、球面上的几何，但对此内容基本掌握和熟练掌握的教师总和分别只有61.7%、50.7%。

第二节 教师专业能力

教师的专业能力是指教师的教育教学能力，它是教师在教育教学活动中所形成的顺利完成教育教学任务的能量和本领。教师的专业能力是教师综合素质的最突出的外在表现，也是评价教师专业性的核心因素。教师的专业能力包括教学能力、班主任工作能力和教育研究能力。

一、教学能力

教学能力是中小学教师的核心能力，它是教师从事学科教学的关键能力，也是保证学科教学质量的主要能力，是每位教师所必备的能力。中小学教师的教学能力，大致包括以下几个方面：

1. 合理的教学设计能力

中小学教师要具备在吃透课程标准的基础上，科学地确定教学目标、充分地挖掘教学资源、正确地选择教学内容、有效地运用教学手段和教学方法以及灵活地安排教学步骤的能力，也就是要具有合理的教学设计能力。这是搞好学科教学的前提和保证。

2. 高超的教学实施能力

把教学设计付诸实施的能力是中小学教师教学能力的核心。它包括教师的教学组织管理能力、分析讲解能力、启发诱导能力、评价反馈能力、强化生成能力等方面的内容。具备高超的教学实施能力是搞好学科教学的关键。

3. 灵活的教学辅导能力

在对学生进行课堂教学的基础上，中小学教师还需要具有对学生个体进行有针对性的个别辅导的能力。这种个别辅导能力，需要教师在全面了解学生的基础上，找出学生所存在的问题或学习上的障碍，对产生的障碍或问题进行科学的分析，找出原因，并在此基础上对学生的学习进行指导和帮助。

4. 科学的教学评价能力

对学生进行评价是教师的常规性工作，教师不仅要具有课堂教学即时评价的能力，也要具有对学生进行学业成绩评价的能力。为此，教师要具有根据课程标准和教学要求命题的能力、试卷批改和讲评的能力。不仅如此，教师还要掌握非书面评价的能力，具有形成性评价的能力等。

二、班主任工作能力

班主任工作是教师工作的重要组成部分，班主任工作能力是中小学教师的必备能力之一，它表现为以育人能力为核心的多种能力。作为班主任应具备的基本能力包括以下方面：

1. 了解和研究学生的能力

了解和研究学生是顺利进行班主任工作的前提条件。了解和研究学生，包括了解学生个体和集体两个方面。教师需要了解和研究学生个体的思想品质、学业成绩、兴趣爱好、特长、性格特征、成长经历以及家庭情况、成长环境等等。对学生个体进行综合了解、全面分析就能够了解学生集体。了解学生集体，除德、智、体、美、劳几方面的情况外，还要重视研究班集体的发展情况、干部状况以及班风学风等。了解和研究学生的方法主要有观察、谈话、分析书面材料、调查访问等。

2. 集体教育能力

集体教育能力是指班主任组织和培养班集体的能力。组织和培养班集体，是班主任工作的中心环节，集体教育能力是班主任育人能力的核心。班主任的主要职责应是组织和培养良好的班集体，对全班每个学生在德智体几方面的发展全面负责，结合本班的实际情况开展班级工作。要组织培养良好的班集体，班主任必须做好以下几项工作：(1) 提出集体奋斗目标；(2) 选拔和培养班干部；(3) 创设班内良好的人际交往的环境；(4) 形成班集体的正确舆论和良好的班风；(5) 开展经常性的班级教育活动。

3. 个别教育能力

个别教育同集体教育是相辅相成的。班主任要关心教育好每一个学生，除了通过集体教育外，还应当进行深入细致的个别教育。苏霍姆林斯基曾说："在教育集体的同时，必须看到集体中的每一个儿童及其独特的精神世界，关怀备至地教育每个儿童。"一个班级几十名学生，每个人都有自己的个性和优缺点。他们中有先进、中间、特殊不同层次和状态，还有按不同标准划分的不同类型，要使每个学生、各类型和层次的学生都能健康成长，班主任就应该根据不同类型的学生的实际，有针对性地做好个别教育工作，尤其是特殊生的工作。

4. 评定学生的能力

评定学生包括评定学生操行和评选"三好"学生等。操行是指学生在思想、学习、劳动、体育锻炼等方面的表现。操行评定就是对学生一学期（或一学年）的思想品德及各方面的发展变化情况的评价。班主任通过操行评定，给学生写评语，可以教育学生发扬成绩，改正缺点，明确今后的发展方向。在对学生操行评定时，学校为了表扬先进，树立榜样，更有效地对学生进行正面教育，还要评选"三好"学生，这也是班主任工作的一项重要内容。评选"三好"学生，最为关键的一条是坚持标准，坚持公正，切实保证"三好"学生的质量。

三、教育研究能力

教育研究能力是指运用一定的理论和方法，研究、解决教育问题的能力。教育研究能力是合格教师的基本能力之一，它包括：

1. 发现问题的能力

问题不仅是研究的起点，而且是研究的动力。发现和提出问题是研究的第一步，也是关键的一步。教师的教育研究始于问题的发现。但是，教育教学中所有的问题并不是都具有研究的价值。在教学研究中，教师如何发现问题、提出问题？主要的策略包括：（1）从教学实际所急需解决的问题中发现问题、提出问题。（2）从平常的教学实践中发现问题、提出问题。（3）从先进的经验和方法中发现问题、提出问题。（4）从其他学科的先进经验和方法中发现问题，并加以移植和借鉴。发现并提出有意义的问题是科学研究的起点。但研究问题提出来了，并不等于就可以进行研究了。如果提出的问题是一些不明确、含糊、不适当的问题，就不可能对此做出研究设计，更不可能用正确的方法去探求问题。不善于把实际问题转化为教育科学研究课题，就不能引起真正意义上的科学研究。因此，教师应在分析、判断、评价的基础上对教育问题进行必要的提炼，要把教育问题转化为科研课题。

2. 采集资料的能力

收集资料是教育科学研究工作中的一个重要步骤，它贯穿研究的全过程。资料是用来支持解答研究问题的事实、经验、数据、原理、知识等，包括原资料和副资料。原资料是指研究者通过借助研究方法或工具（如观察法、实验法、调查法、测量法、个案法等），亲自收集到的最原始的资料。副资料是指研究者从查阅他人所写的文献资料（也称之为文献法）中所收集到的资料。资料收集的过程包括记录、分类和加工整理三部分。教师搜集资料时可以采用以下几种方法：（1）利用计算机在网上查阅资料。（2）到图书馆、阅览室查阅资料。（3）对报纸上有关的文章进行剪贴、归类整理。（4）从能够接触到的同行、专家等那里借阅、复印有关方面的资料，并及时购买新出版的有关书籍。（5）亲自搜集有关的第一手资料。收集研究资料是研究工作中最主要、工作量最大、最困难的一环，也是决定研究成败的关键环节。教师要做好研究，就必须具备收集资料的能力。

3. 科研写作的能力

科研写作不同于一般的写作。科学研究是要探讨人所未知的东西，探索性和创造性是科学研究的本质属性。科学研究的成果必须对原有的某一方面的知识量有所增加或有所改造，而研究成果一定要包含有研究者独立的创造性见解。科研写作，就其“内容”而言，要求研究者有自己的研究成果（即要写自己的见解自己的分析），就其“方法”而言，要求研究者具备一定的写作能力。写作能力主要包括谋篇布局能力和遣词造句能力。研究人员在写作之前对全篇文章要通盘考虑，拟定写作提纲，确定文章的结构（先是主体结构，然后是各个部分的结构），做到全面、圆满、严谨，以收举纲目之效。遣词造句是对文章语言文字的要求，包括用词的准确性、文法的规范性、表达的可读性等。把“内容”和“方法”结合起来，就能写出一篇好的研究论文或研究报告。

师范生有能力才有从教优势①

据报道，目前，一些中学招收教师时，被录用的很多都是非师范大学的本科生和研究生，许多前去应聘的师范生反而没有表现出应有的专业优势。教师招聘时师范生优势不再的现象，在大城市那些办学条件好、水平相对较高的中小学时有耳闻。

这个现象传递了一个强烈的信号：师范教育、师范生培养面临很现实的挑战。新课程改革对中小学教师队伍提出了更高要求，开阔的眼界、专业教学技能特别是引导学生思考的能力、对基础教育教改情况的了解和掌握、沟通能力、领导能力等，都是一个优秀教师必须具备的素质。正是因为师范生学习的知识、素质能力与新课改的要求和中小学教育教学实际差得比较远，让他们丧失了科班优势、专业优势。

在这样的形势下，师范生要注意培养对学习和知识的兴趣，多学习综合性知识，多看书；多锻炼实际能力，提高自身素质和人格魅力；多了解课程教学改革实际，多了解自己未来的学生的现状，才能真正让自己具备对学生的影响力、引导力。只要具备了在学科知识、做人品格上都能成为学生良师的足够本事，师范生在职场竞争上一定会占有优势。

① 刘华蓉：《师范生有能力才有从教优势》，《中国教育报》2008年11月5日第2版。

第三节 教师专业精神

作为专业人员，必须具有与其专业相关的精神，就教师而言，就是要具备教育专业精神。现代的教师应具备这样三种专业精神：敬业精神、人文精神和科学精神。其中敬业精神是核心，人文精神和科学精神是相辅相成的两翼。

一、敬业精神

敬业精神是一种职业观或职业态度问题。教师怎样看待自己所从事的职业，对自己所从事的职业抱什么样的态度，这不仅仅是一个职业观问题，也是一个人生观问题。

我们依境界高低把教师的职业观分成三个层次：谋生型的职业观、良心型的职业观和事业型的职业观。我们认为，对教师职业观的认识要强调以下两点：一方面，职业对大多数人来说不过是生存的手段，只要从业的人不是尸位素餐，而确实兢兢业业、老老实实、辛辛苦苦，那么就可以说是个不错的人或是不错的“角儿”了。当今中国已经走过了唱高调的年代，无论是国家还是老百姓都变得越来越务实。务实就意味着从实际出发确定目标，意味着脚踏实地地做事和实实在在地做人，也意味着实事求是地论人论事。另一方面，人们对从事特殊职业的人，总是有特殊的要求。教师是人类灵魂的工程师，对教师的精神境界的要求显然要比从事其他职业的人要高得多。

事业型的职业观就是我们所要强调和弘扬的敬业精神。光提倡凭良心教书是不够的，因为教育工作的艰巨性、崇高性、神圣性和未来性，要求教师要有敬业精神。教师的敬业精神，包括以下四个方面的内容：（1）乐业。乐业者，对职业“乐”意也。有乐业感的教师，其期望和乐趣不在于个人境遇的贫富升迁，而在于自己教育的成功、学生的成才。（2）勤业。勤业者，勤奋、勤恳、勤劳也。“鞠躬尽瘁，死而后已”是勤业精神的真实写照。（3）创业。创业，开创、首创或发明也。教师要在教育上建功立业，就必须有创业精神。（4）献业。献业就是对事业的奉献、献身。献业是敬业顶峰上闪闪发亮的明珠。这四种精神是层层递进、相互统一、不可分割的，如同钢琴上的每一个键，只有它们协同演奏，才会奏出敬业的时代凯歌。

二、人文精神

人文精神的核心，是对人的关切，尤其是对普通人、平民、小人物的命运和心灵的关切，也是对人的发展和完善、人性的优美和丰富的关切。教师工作的对象是人，是有头脑有思想有感情有血有肉活生生的人，且是代表人类前途和发展命运的人类群体中最富活力的成员，这一最根本的特征决定了教师特别需要具备人文精神。

教师首先必须具有人道精神。人道精神有深浅两种表现形式。浅层的表现是同情心。教师的心里应该装有学生，牵挂着学生的喜怒哀乐，为学生的成功而高兴，为学生的失败而难过。对家庭贫困的学生、身体有缺陷的学生、智能较低的学生、成绩相对不良的学生，教师更应该有一种发自内心的同情，并给予诚挚的关怀和力所能及的帮助。人道精神的深层表现是博爱。博爱不仅意味着教师要爱每个学生，同时意味着奉献自己的一切。人文精神要求教师有非常丰富的情感，教师必须是一个情感丰富的角色，这样才能使教学活动丰富多彩。否则，充满讲坛的必是阴森森的面孔、冷冰冰的语言、干巴巴的讲授、死板板的约束，那就等于扼住教育的喉咙致其窒息。

以人为本的思想是人文精神的最高境界。教育上的人本思想也就是一切为了学生的思想，具体来说，即一切为学生，为一切学生，为学生的一切。

爱的考核

张玉庭

南方一家幼儿园公开招聘园长，由于待遇优厚，一时间报名者众多，其中甚至包括专攻幼儿心理的女研究生和多名早已有了职业和稳定收入的女大学生，但经过考试，最终被录取的却不是他们，而是一个扎着小辫儿的极文静的姑娘——她叫雯雯。

请看最后一轮面试吧！面试试场在二楼，楼梯拐角处有个脏兮兮的小男孩儿，拖着鼻涕，正站在那儿泪汪汪地等着什么。当众多的应聘者穿过长长的楼梯去面试时，只有雯雯一个人停了下来，她不仅掏出手帕给孩子擦了擦鼻涕，还亲切地说了一句：

"小弟弟别哭，是不是找不着妈妈了？别哭，等我一会儿，姐姐去去就来，带你找妈妈！"请再注意后来的情节：面试之后，众多的应聘者都匆匆下楼，视若无睹，唯有雯雯把脏兮兮的小男孩抱了起来，那么亲切地哄他，那么认真地给他唱歌，那么投入地给他讲故事——而这一切，被早已架设好的录像机全部录了下来！

天！考生们谁也没有发现，这个小男孩儿，原来是幼儿园方面专门安排的！

自然，当最后宣布录用者是雯雯并播放了刚才的录像时，所有的报考者都羞愧地低下了头——她们显然已恍然大悟，自己被淘汰乃是一种必然！因为她们尽管知识渊博修养深厚，却恰恰缺少了一种叫"爱"的东西。

（摘自《演讲与口才》1999 年第 11 期）

三、科学精神

科学是探索真理的活动。探索真理需要科学精神，科学精神是科学发展的生命力，没有科学精神，科学就会萎缩，就要死亡。教育是传播真理的活动，现代教育要求在传播真理的同时，也要发现真理。教育也需要科学精神，教育的发展呼唤着科学精神。

教师必须具备客观精神。客观精神指的是在科学研究中和传播活动中，承认科学研究对象的客观实在性和客观规律的存在，承认科学理论知识是对客观物质世界及其规律的正确反映，自觉地避免主观意识对科学研究和教学活动的干扰。按照客观精神的要求，教师要做到以下几点：（1）坚持严谨求实的作风。（2）处事公正，一视同仁。（3）在教学工作中，要避免科学性错误。

教师必须具备理性精神。理性精神指的是在科学研究和教学活动中，不断探索各种客观现象的内部规律，追求合理性，使感性的经验性的认识不断上升为理性认识。这是一种精神上的追求，是科学理论产生和发展的思想源泉和动力。教师在教育教学中要贯彻和体现理性精神，让理性精神充满课堂。

教学的勇气，就是返回自身的勇气①

教学，需要勇气吗？这对包括我在内的许多教师来说，是一个似乎从未想过的问题。至少对于我而言，教学首先是自身的职责和义务，教学的过程就是履行职责、完成任务的过程。与许多教师一样，我孜孜以求的是教学的理念，魂牵梦绕的是教学的技艺，而不是什么“教学的勇气”。要完成一个已经机械化的教学过程，我不需勇敢，也无须勇气。然而，真的是这样吗？早有人说过：生活是经不起追问的。那些看起来习以为常、天经地义的事情，一经追问，就漏洞百出，张皇失措了。

提到教师，人们常常马上想到的是教学，是艰辛的劳作，进而联想到奉献精神，仅此而已。似乎“奉献或牺牲”就是教师全部的灵魂奥秘。在这样的灵魂世界里，教师的灵魂是圆满的、完善的，笼罩其上的天空始终是晴空万里、彩旗飘扬，这样的灵魂始终流光溢彩。与此同时，教师情感中的焦灼、困惑、迷惘、痛苦等心灵风暴常常遮掩在黑暗里，教师心灵中的软弱甚至懦弱，常常被视而不见。在以往，教师的勇气，是朝外的，是面对学生和教学之事的，因而是与自己无关的。之所以如此，是因为在教师成长的过程中，常常被教导，要勇敢地面对教学中的困难和失败，要无惧地面对学生的挑衅，换而言之，要有充分的心理准备以迎接“外部”的挑战，很少有人告诉他们如何迎接“内在”的挑战，很少有人直截了当地相告：你需要回到自身，你需要返回内心，直面你的内心，透析精神懦弱、心灵浮躁、灵魂无根等种种心灵的缺失，将它们勇敢地挖出来，置于阳光之下，日日揣摩反省。

第四节　教师专业人格

教育者的人格是教育事业的一切。教师应具备与其专业要求相当

① 李政涛：《教学的勇气，就是返回自身的勇气》，《中国教师》2007 年第 12 期。

的人格，我们称之为专业人格。教师的专业人格包括良好的个性修养、高尚的道德品格和积极健康的态度。

一、良好的个性修养

教师个性潜在地影响着青少年的精神世界，影响着施教的成果。“学生在私下的议论中把教师分为两类：用心的教师和不用心的教师。用心的教师热情、亲切、活跃、真诚、谆谆教诲、循循善诱。我喜欢上这些教师的课，因为他们只爱自己的学生。可不用心的教师上起课来完全是敷衍了事，得过且过，看起来对教学兴趣索然，对学生麻木不仁，和教材和我们都没有建立起有意义的联系。”① 教师个性的影响具有导向、凝聚、使学生亲师等多种功能，教师的良好个性品质一旦得到学生的认同，就会激起学生的学习需要，从而由认同到模仿乃至内化；富有个性魅力的教师如同一种黏合剂，能将每个学生紧紧地凝聚在他的周围；富有魅力的教师能以独特的教育风格，使学生迷恋而爱听他的教诲。

作为人类个体文明的典范，教育者的个性品质表现在：② (1) 是好学的人，学而不厌，乐以忘忧，培养一代新人的责任和理想把他们引向活到老学到老的境界。(2) 是乐教的人，一是为求得精神延续，二是为实现个人理想，三是因爱人而乐教，四是热爱事业而乐此不疲。(3) 是执著的人，教育生活使得教育者精思附会，殚精竭虑，高情感、高智力、高强度的生活伴随教育者的一生。(4) 懂得同情的人，要走入未成年人的世界，就需要在思想中模拟学生的心理，逐渐形成设身处地考虑他人的同情品质。(5) 爱憎分明的人，追求和传播真善美的职业生活，形成了教育者对真善美的崇敬和对假恶丑的痛恨，对正义和真理的坚持。(6) 从善如流的人，一是能克己内省，改过迁善，二是能以劝人行善为己任。(7) 严于律己的人，一是由知识分子的人生准则所决定；二是教育者为人师表的职业要求使然。(8) 虚心谦让的人，学然后知不足，知不足然后能自学；教然后知困，知困然后能自反。

---

① ［美］英特拉托主编，方彤、陈峥、郭婧译：《我的教学勇气》，华东师范大学出版社 2008 年版，第 10 页。

② 刘庆昌：《论教育者的个性》，《教育理论与实践》2000 年第 11 期。

二、高尚的道德品格

从专业伦理修养的角度来看，教师的专业人格是指教师在教育教学工作所必须具有的道德品质方面的自我修养，包括诚实正直、善良宽容、公正严格等。

教师诚实正直的品质是教书育人的先决条件。诚实是一切美德的基础。诚实的教师方可在学生中建立自己的威信，从而使学生甘愿受其影响。学生对诚实的教师总是怀着一种由衷的敬意。如果教师缺少诚实正直的品质，那将给学生树立坏榜样，造成十分不良的影响。

雨果曾说："世界上最宽阔的是海洋，比海洋宽阔的是天空，比天空更宽阔的是人的胸怀。"宽容是一种美德，是一种智慧，也是一种教育方式。一个教师最基本的是要拥有一颗爱学生的心。爱学生就要以宽容之心善待学生。学生最讨厌横眉立目、乱发脾气的教师，最欣赏宽容、善良、平和的教师。

教师的公正是指教师在自己的教育活动中对待不同利益关系所表现出来的公平和正义。它表现在教师与自身、教师与同侪、教师与学生等人际关系之中。① 教师对学生的公正主要体现在教育活动中对学生持民主与尊重的态度；对不同性别、年龄、出身、智力、个性、相貌以及关系密切程度不同的学生能够作到一视同仁、同等对待，不以个人的私利和好恶作标准。如果说宽容是出于爱心，那么严格则是出于责任。对学生严格要求，对学生负责到底，也是教师的一种高尚的职业道德。

三、积极健康的态度

教师的态度主要指教师对学生的态度，也包括教师对工作的态度、对生活的态度以及相关的心理品质和人格特性。有一句话说得好：态度决定一切。教师以什么样的态度面对学生，决定着学生的成长；以什么样的态度对待工作，决定着工作的成败。

学生对好老师与坏老师的评价主要是以教师的态度为参照标准的。教师对学生的不良态度被认为是对学生的"心灵施暴"或"心理虐待"：施暴和虐待有的是有形的，有的则是无形的。所谓有形的是指教师直接用语言、手势、强烈的脸部表情等，来嘲笑、侮辱学

---

① 檀传宝：《论教师的公正》，《现代教育论丛》2001 年第 5 期。

生，使之受到伤害。既然是有形的，自然也就可“捕捉”。而无形的则更可怕、更隐蔽。国外有的心理学家称之为“看不见的灾难”。其主要形式有：（1）支配。教师在教学中不尊重学生的独立人格，随意支配、吆喝学生，从而使学生的自尊心、自信心受到伤害，心理得不到健康的发展，甚至生理发育也会受到阻碍。（2）冷漠。教师对学生缺乏热情，不为学生的成绩和进步而高兴，也不为学生的失败而难过。学生感到与教师形同路人，这种陌生感大大减低了学生的学习热情和乐趣。（3）贬低。这是一种糟糕透顶的心灵施暴，它大大地抹杀了学生的存在价值。对于性格外向的学生，这是尤其残酷的打击。

中小学教师职业道德规范

（2008 年修订）

一、爱国守法。热爱祖国，热爱人民，拥护中国共产党领导，拥护社会主义。全面贯彻国家教育方针，自觉遵守教育法律法规，依法履行教师职责权利。不得有违背党和国家方针政策的言行。

二、爱岗敬业。忠诚于人民教育事业，志存高远，勤恳敬业，甘为人梯，乐于奉献。对工作高度负责，认真备课上课，认真批改作业，认真辅导学生。不得敷衍塞责。

三、关爱学生。关心爱护全体学生，尊重学生人格，平等公正对待学生。对学生严慈相济，做学生良师益友。保护学生安全，关心学生健康，维护学生权益。不讽刺、挖苦、歧视学生，不体罚或变相体罚学生。

四、教书育人。遵循教育规律，实施素质教育。循循善诱，诲人不倦，因材施教。培养学生良好品行，激发学生创新精神，促进学生全面发展。不以分数作为评价学生的唯一标准。

五、为人师表。坚守高尚情操，知荣明耻，严于律己，以身作则。衣着得体，语言规范，举止文明。关心集体，团结协作，尊重同事，尊重家长。作风正派，廉洁奉公。自觉抵制有偿家教，不利用职务之便谋取私利。

六、终身学习。崇尚科学精神，树立终身学习理念，拓宽知识视野，更新知识结构。潜心钻研业务，勇于探索创新，不断提高专业素养和教育教学水平。

圆满的人格——红亮的心魂

东　缨

中国漫画大师、教育家丰子恺曾经说过：圆满的人格就像一只鼎，真、善、美好比鼎的三足。缺了一足，鼎必然立不成。人生在世，当求自身的圆满，即求真、至善、达美，对于一个人而言。美是皮肉，善是经脉，真是骨骼，此三者支撑起一个“人”字。

一、真的品格

真真纯纯教书，正正直直育人，不屑于与虚假结伴同行，耻于与悠忽为伍携手，羞于与歪斜促膝交心。真得如老林硕大的山参，真得如冰山纯净的雪莲，真得如幽谷第一瓣兰花。正是有了真纯，才有了对人生高远而真纯的哲学思考：人，都是一个独立的世界，为品格的透明度、纯净度、光洁度，人要不间断地追求真纯，进而扩大自己心灵的一片净土，不管春和景明还是淫雨霏霏。

二、善的心灵

博大得心空如海、心野如原，宽厚得灵山绵绵、灵水浩浩。博大而宽厚的善，首推一颗爱心，一颗慈母仁父般的爱心。这颗爱心包容所有学子。无论他们的智商高低，体质强弱，个性优劣，家境贫富，环境好差，一旦到自己旗下报到，教师就把他当成自己承包田里一株禾苗、林圃园中一株小树，全身尽意地投入耕耘。不管其心灵裸露美的宣言或丑的展览，其智囊灵秀如涌泉或愚憨似枯井，一概纳为完全可以雕塑的原木。再粗糙走形的木板也能因势利导地加工出精美的成品；再晦暗无光的镜子也能擦拭得焕发光彩。许是开凿知泉的工程对自己知泉的开凿的渗透之故，教师绝大多数宽人严己。最会宽人的人，最能得到别人由衷的谅解；最肯严己的人，最易寻得自己内心的平衡。于是，内心安详，仰俯无愧，走得踏实，活得潇洒。

三、美的情怀

拒绝诱惑，傲视丑陋，渴望奉献，追求一条险峻陡峭却步步登峰的小径。优哉游哉的日子逸而不美，他们不取！松松散散的生活闲而无趣，他们不过！敷衍应付的工作懒而少味，他们不干！他们的情怀经过自审力的罗网过滤，自省力的金风吹拂，自控力的闸门分流，变得异乎寻常的静美和专注，顺境里不忘形，逆境里不动容，受挫时不泄气，灾难中不惊恐。一走上讲台，……一见到学生，精神抖擞，智门大开。

第三章　教师专业发展

教师的专业成熟是一个长期的发展过程，需要经历一系列的发展阶段。教师专业发展的途径主要包括职前的师范教育、新教师的入职培训和教师的在职学习。作为专业人员的教师，要通过专业实践，走向专业发展。

第一节　教师专业发展阶段

从教师职业生涯来说，教师的专业发展是一个动态的过程；从教师专业成熟来说，教师的专业发展是一个指向专家型教师的过程。教师专业的发展受制于外部因素与内部因素，总体而言，教师专业发展是一个复杂的过程。

一、教师职业发展阶段

教师职业具有一定的生涯周期，教师从入职到退休，实际上要经历许多发展阶段。身处大致相同阶段的教师，表现出较为共同的特点。休伯曼对教师职业发展阶段的研究进行了总结，归纳出教师职业发展的五个阶段：①

1. 生存与发现期

教师在正式入职之前，在师范院校中接受的有关教育、学校及学生的形象通常比较理想化甚至富有浪漫色彩。新教师以前在师范院校里所接受的学校形象、教师形象和学生形象往往在入职之初受到现实中许多严峻成分的冲击，教师需要在理想与现实、意愿与困难的冲突中挣扎求存，寻找新的平衡点。这就是所谓“生存”的意思。新教师也会发现：自己已经成为一批活生生的学生的老师，他开始有了自己的学校、自己的班级、自己的学生、自己的任教学科以及自

① 参见王建军著：《课程变革与教师专业发展》，四川教育出版社2004年版，第92—95页。

己的教师群体。新教师会产生某种积极的拥有感，这就是“发现”的意思。

2. 稳定期

在经过1到3年的“生存与发现期”后，教师进入稳定期。这种“稳定”一方面表现在教师与学校的关系上，此时新教师已经结束与学校工作关系上的“试用期”，成为学校“正式”的一分子。教师开始享有比以前高的专业自主权，可以依靠自己的力量、不必在别人的监督之下从事教育、教学工作。另一方面，在心理上，那些认定自己不适合从事教育工作的人，一般也在这个阶段开始做出抉择，退出教育行业；那些留下来的教师，一般在心理上已经确定自己可以胜任教师的工作，愿意选择教师作为自己的终身职业。

3. 尝新与自疑期

接下来时间跨度很大的一个阶段，是尝新与自疑期。教育工作在性质上相对地缺乏创造性，长时间地从事缺少挑战性而又多重复的工作，容易使教师对自身的价值产生怀疑。尤其在教龄接近20年的教师中，容易产生一种所谓“职业中期危机”，感觉自己的工作缺少价值。同时，这一阶段的教师也开始主动地做出一些自我更新的尝试，如调整教育内容、变更教学方法等等。处在尝新与自疑期的教师，如果能够利用一些变革的机会，或主动地进行教育教学的变革，积极创新，并有意识地总结经验，实现从“经验做法”到更自觉的专业水平的超越，则更容易实现较为深刻的专业上的发展。

4. 宁和与保守期

这一时期的时间跨度同样较大。随着年龄的增长，教师在人际关系上开始趋于宁和，在师生关系上，与学生的年龄差距开始加大，学生对教师的角色期望开始发生变化，心理上的距离也开始增加，师生关系往往融洽但不再像青年教师与学生的关系那样亲密。在专业上，长期积累的经验逐渐使教师形成某些认定有效的“铁律”，不愿意再做出大的调整和更新，也不愿“冒险”尝试一些确定性较差的新做法，趋于保守。这个阶段的教师，一部分已经担任了领导职务，即使那些在名分上并不享有某种行政职位的人，也往往以其丰富的实践经验而成为学校或某一学科的课程与教学领导。提供机会，让这一阶段的教师承担更多的引领其他教师的职责，有助于这一阶段的教师重唤专业上的热情，愿意谋求自身的持续发展。

5. 游离悠闲期

教师职业生涯的最后几年，进入游离悠闲期。一般而言，处在这个阶段的教师会开始有意识地为退休做心理上的准备，对于学校的当前的核心工作（如新一轮的课程改革或某种新的教育观念的施行）往往并不十分关心，处在某种游离的边缘状态。对于这个阶段的教师来说，如果能够重新唤起他们的专业兴趣与热情，可以使他们更投入地对待自己的工作。

二、教学专长发展阶段

教师是履行教育教学职责的专业人员，专业人员的显著特点是具有专长。从专长的角度来看教师专业发展，了解教师教学专长的发展过程，探讨新手型教师成长为专家型教师的规律，这是 20 世纪 90 年代以来的一种新的教师专业发展观。教师在教学专长的不同发展阶段具有不同的特征：①

1. 新手教师

新手教师是经过系统的师范教育与学习，刚刚从事教学工作的教师。新手教师教学专长的特征主要表现在三个方面：（1）新手教师是理性化的，在分析和思考的基础上处理问题；（2）新手教师处理问题缺乏灵活性；（3）新手教师处理问题时，刻板地依赖特定的原则、规范和计划。在这个阶段，他们需要了解与教学有关的一些实际情况和具体的教学情境，对于他们来说，经验积累比学习书本知识更为重要。

2. 熟练新手教师

熟练新手教师的特征主要表现在以下四个方面：（1）实践经验与书本知识逐渐整合，并逐步掌握了教学过程中的内在联系；（2）教学方法和策略方面的知识与经验有所提高，处理问题表现出一定的灵活性；（3）经验对教学行为的指导作用提高，但还不能够很好地区分教学情境中的重要信息和无关信息；（4）对自己的教学行为还缺乏一定的责任感。

---

① 张学民、申继亮：《国外教师教学专长及发展理论述评》，《比较教育研究》2001 年第 3 期。

3. 胜任型教师

胜任型教师的特征具有以下四个方面：（1）他们的教学行为有明确的目的性；（2）能够区分出教学情境中的重要信息，并选择有效的方法或手段达到教学目标；（3）他们对自己的行为结果表现出更多的责任心，对于成功和失败表现强烈的情绪情感反应；（4）胜任阶段教师的教学行为还没有达到快捷、流畅、灵活的程度。

4. 业务精干型教师

业务精干型教师阶段最突出特征表现在以下三个方面：（1）具有较强的直觉判断能力。由于在长期的教学实践中积累了的经验，他们对教学中出现的与以往教学情境类似的情况能直觉地观察与判断，并做出相应的反应。（2）教学技能方面接近了认知自动化的水平。在教学活动中，业务精干型教师无需太多的努力便能对教学情境做出准确的判断和有效的处理，尽管如此，仍未达到完全的认知自动化水平。（3）业务精干型教师的教学行为已经达到了快捷、流畅和灵活的程度，这是他们在教学实践中积累了丰富知识和经验的结果。

5. 专家型教师

从新手教师到胜任型教师阶段，教师处理问题都是理性化的，业务精干型教师是直觉型的，而专家型教师处理问题则是非理性的。专家型教师对教学情境的观察与判断是直觉性的，不需要进行仔细的分析和思考，凭借他们的经验便能准确地发现问题，并采取适当的解决方法。他们对教学情境中的问题的解决不仅达到了快捷、流畅和灵活的程度，而且已经达到了完全自动化的水平，在没有意外发生的情况下，不需要有意识的努力就可以处理遇到的各种教学问题。在一般情况下，他们很少表现出反省思维，只有问题的结果与预期不一致时，他们才会对问题进行反思和分析。在教学专长发展的过程中，只有业务精干型教师中的一部分发展成为专家型教师。

三、教师专业发展的影响因素

教师专业发展受到多种因素的影响，在不同的发展阶段，影响教师专业发展的因素又各不相同。总的来说，可归纳如下：

1. 进入师范教育前的影响因素

教师在幼年与学生时代的生活经历、主观经验以及人格特质等，对教师的专业发展都会产生影响，尤其是这一时期的“重要他人”，如父母、老师，对其教师职业理想的形成、教师职业的选择、教育信念与教育行为模式的形成有着至关重要的影响。如前所分析的，师范生入学前已有的教育观念会对师范教育阶段的理论学习进行“过滤”，从而影响师范教育阶段理论学习的效果和新的教育观念的形成。学生时期所熟悉的教师行为模式也会在无意识中对教师后来的执教行为产生影响。除此之外，青年人的价值取向、教师社会地位与待遇的高低、个人的家庭经济状况等也会对教师职前的职业选择乃至职后的专业发展产生影响。

2. 师范教育阶段的影响因素

在师范教育阶段，教师专业发展同样受到多种因素的影响。一方面，师范教育的课程设置、培养模式会直接对教师的专业发展构成影响。如，课程设置是否能够兼顾学科专业性与教育专业性，是否安排足够的实习时间与机会，课堂教学的方式方法是否科学、有效，教育实习的指导是否到位，等等，都会给师范生的专业成长带来影响。另一方面，在接受师范教育期间，师范生的社会背景、人格特质、学校的教育设施、环境条件等也是影响师范生专业发展的重要因素。

3. 任教后的影响因素

教师任教后专业发展的影响因素主要有学校环境、教师的社会地位、教师的生活与工作环境、学生、教师的同辈团体等。其中，教师的工作与生活环境是影响教师专业发展的主要因素。教师任职的学校是否能够营造一种鼓励学习、促进交流的氛围，创设一种建设性的、支持性的文化环境，对于教师的发展相当重要。特别是在教师专业发展的每个关键时期，如教师的初任期和再评价期等，如果学校能够及时发现教师的困难与问题，并提供有针对性的帮助，教师将能顺利地渡过难关。否则，将直接影响到教师下一个阶段的专业发展，从而导致三种可能的结果：有的教师从此会变得“稳定和停滞”；有的则由于角色适应受挫而抵抗学校；还有的教师会离开教学岗位，在教育领域之外寻求新的职业。

老师是不老的①

新教师就是指刚毕业、参加工作不久的年轻教师。在人们的思维定势中，新教师常常需要从教经验丰富的老教师的“传、帮、带”，一些学校甚至在教师发展规划中有“通过‘以老带新’的方式，让新教师在一年时间内站稳讲台”的提法。但在学校实施新课改、开展校本教研的过程中，人们却不难发现一个较为普遍的现象：许多老教师始终在新课改的大门口徘徊不前，一些年轻的新教师却全身心投入，不断钻研，成为了新课改观念最早的接受者和课改实施过程中的“先锋”、“主力军”。

是什么使得一些教龄长的教师“宝刀已老”，而一些教龄短的“新”教师却“异军突起”呢？究其原因，不外乎以下两种：一种是不愿学。有的老教师认为新课程理念虽好，但自己年纪大了，学不了新鲜事物，那些是年轻人的事。另一种是不屑学。有些老教师认为自己从教几十年，已经积累了相当丰富的经验，这些经积累形成的“老套路”在提高教学质量上才是真正管用的，而那些新课改理念“华而不中用”。事实上，许多参加工作不久的新教师，运用自己所学的新课改理念，在教学实践中、在各项比赛中大显身手，已成为了大家学习的榜样，成为了老教师眼中羡慕的对象。

如此看来，在新课改的浪潮来到我们身边时，无论教龄长短、年纪大小，我们都是“新”教师，我们都处于同一条起跑线上。新课改无论对于老教师还是新教师，都是一次公平的机遇和同样的挑战。只有那些积极主动投身到改革浪潮中，敢于搏击风浪的人，才能成为熟练自如地驾驭新理念的“老手”；否则，即便是从教几十年，在新课改这场战役中，你仍然是停滞不前，甚至落后于“新”教师。

① 黄智渊：《老师是不老的》，《江西教育》2007年第2（B）期。

第二节　教师专业发展途径

教师专业发展是“一个历经职前师资培育阶段，到在职教师阶段，直到离开教职岗位为止，在整个过程中都必须持续学习，不断发展其专业内涵，逐渐迈向专业成熟”的过程①教师专业发展的途径主要包括教师职前教育、新教师的入门指导、教师职后教育等。

一、教师职前教育

职前师范教育阶段是师范生进行专业准备与学习，初步形成教师职业所需要的知识与能力的关键时期，是教师个体专业化发展的起始和奠基阶段。师范教育的质量直接决定了新教师的质量，并影响着教师今后发展的可能性。因此，当今世界许多国家都十分重视职前师范教育的质量提升问题，试图通过改革来提高师范教育的专业化水平，努力以师范教育的专业化去促进教师教学的专业化。当前，我国职前师范教育也面临重大改革，许多师范院校、教师教育机构试图在以下方面寻求突破：

首先，构建科学的师范教育课程体系。当前我国大多数高师院校的师范教育课程结构不尽合理，突出表现为：各类课程比例失调，必修课比例过大，选修课比例偏小；教育学科门类单一，教育实践机会偏少；公共课种类过少等。针对这些问题，一些高师院校正谋求调整与改革。一方面，力求使课程结构体现开放性特征，即在考虑课程的稳定性、继承性的同时，对社会需要、科技发展、新思想、新事物作出迅速反应；在考虑课程的完整性、系统性的同时，增加小型化、专题化、即时性的课程内容，保证信息的强度、浓度和时效性。另一方面，根据教师专业化发展的需要，调整、均衡学科专业课程与教育专业课程、理论课程与实践课程的比例。

第二，整合课程内容。近年来，由于学科发展的高度分化和高度综合，学科专业之间的界限日趋模糊，综合已经成为主要趋势。因此，一些高师院校在课程改革中也努力体现这种综合化趋势：一是打

① 饶见雄著：《教师专业发展》，台北五南图书出版公司1995年版，第15—16页。

破学科界限，加强课程之间的有机联系，将一些学科课程与实际的教学情境、与教育专业知识实现整合；二是加强教育专业课程本身的内在整合；三是加强综合课程，开设一定数量的交叉课程、广域课程，探索多样化、系列化的研究性课程。

第三，强化实践性课程。专业最终是关于“实践的”。教师职业作为一种专业，需要教师具有很强的教学实践能力。而要培养教师的实践能力，师范教育阶段就应重视实践性课程的开设。在我国，长期以来，实践性课程与理论性课程相比所占比例微乎其微，学校很少组织学生开展教育调查、教学观摩、模拟教学等活动，仅有的教育实习也存在时间少、次数少、实习基地少、指导教师少、流于形式等诸多问题。因此，当前已有一些师范院校、教师教育机构，计划留出足够多的课时用于师范生的教育实习与“临床”实践。同时，还通过与中小学建立伙伴关系，为师范生提供类似于临床医院的教学实践情境，以供师范生不间断的教育见习。

二、教师入门指导

新教师是指完成了所有的职前培训课程（包括实习），得到临时教师资格证书，受到某所学校聘用，担负起与老教师大致相同的教学责任，处于正式教学的第一年的教师；新教师培训计划的目的是在年轻教师任教的第一年中提供系统的连续的帮助以利于其完成具体的工作①。新教师的入门指导是教师专业发展的重要组成部分。

调查研究表明，新教师经常遇到的困难或问题依次是：(1) 教材不熟，重点、难点把握不准；(2) 教法不灵活，难以调动学生的学习兴趣和积极性；(3) 教学管理能力差，难以维持课堂纪律；(4) 不能与学生进行有效的交流、沟通；(5) 不了解学生的学习状况和学习需求；(6) 对学生提出的疑难问题难以解答；(7) 不能妥善处理课堂偶发事件；(8) 教学材料匮乏；(9) 难以处理与同事的关系；(10) 教学设施简陋；(11) 教学语言不流利，有时出现口误；(12) 板书不规范等。

新教师入门指导主要包括校外研修和校内研修，同时还包括引领新教师的自我研修活动。“校外研修”一般是指由地方教育管理部门

---

① 项亚光：《美国学区新教师的入门培训及启示》，《外国教育研究》2003 年第 6 期。

组织安排的培训活动。“校外研修”包括在地方教育培训中心的进修，学校之间的参观访问，为开阔视野、增加体验而在企业进行的培训活动，以及参观各种文化教育设施等。“校内研修”主要是指接受新任教师的学校，配备有经验的老教师作指导教师，确立校长领导下的新教师指导体制。这也是“校本教师培训”的一种重要形式。很多学校的新教师在工作的第1年必须上2节以上“公开课”，并由有关学校领导、教师和指导教师听课、评价。另外，新教师必须进行“行动研究”，制定研究计划，撰写研究报告。与此同时，新教师还要进行自我研修，例如教师自主的读书活动、反思活动和交流活动等。

三、教师职后教育

新教师经历了适应期的教育教学实践，经受了各种“危机”的冲击与洗礼，逐渐地向一名“正式”的“合格”教师方向迈进。然而，在随后的教学生涯中，又会面临其他各种问题的考验。因而，它需要教师以坚韧的毅力在实践中不断学习、不断反思、不断创新，从而保证教师专业化发展持续不断地进行下去。当然，学校、培训机构也应营造一种“学习化”的氛围，开展一些活动，如校本培训、课程进修等，以促进教师的学习与成长。

校本教师专业发展是近年来教育理论界和实践界广为关注的教师专业发展模式。在校本教师发展模式中，专业发展的提供者是学校和教师本人。欧洲经济合作与发展组织（OECD）1993通过其教育研究与革新中心（CERI）对旨在改进教师质量的政策进行了一次比较研究，结果认为，人们对以传统方式组织的教师培训课程能否有效而且以可接受的成本适应变革的规模和速度表示怀疑。许多国家最近政策发展的一个共同特征是，将教师政策更加明显地整合到学校教育改进的策略之中。尤其是近来的改革多呼吁：教师更多地参与决策和使教师对结果负起责任来（如学校的地方管理、教师鉴定）；教师有更大的灵活性来组织学校中的教与学（如小队教学，使用志愿者和助手，在课堂中促进主动学习的策略）；确立或强化教学中不同的职业结构（如将高级技能教师，在其职业生涯中期吸收到教学专业中来兼职教学）；在教师教育中引入变通办法和进行改革（如选择新标准，学校为本的职前教育，教师发起的或教师组织的在职教育）。

英新教师教学培训计划受赞扬①

据英国 BBC 新闻网 2008 年 1 月 25 日报道：英国教育部巡视员近日赞扬了让新教师在艰苦的中学接受锻炼的培训计划。新教师教学培训计划是让刚毕业的学生去有挑战性的学校锻炼一年，第二年他们再作为合格的教师继续进行教学。

英格兰教育标准办公室发现，由于刚毕业的学生往往有很高的积极性，因此对于表现不佳的学校改善可以起到积极的作用。这一新教师教学培训计划在伦敦、西北地区和内陆地区的学校都有开展，其成效比其他的教师培训计划都要显著。在 202 名完成了第一年培训计划的新教师中有一半达到了合格教师的标准，有 1/3 的新教师达到了优等，其余的新教师也都达到了令人满意的效果。许多新教师充满热情地表示，他们对教学的认识有了改变，这也意味着他们现在开始迎接新的挑战。还有一些新教师表示，通过这一计划他们更加相信自己有能力来胜任教师这个角色。

英国儿童、学校和家庭部发言人称，这项教师培训计划能够培养出不同寻常的新教师。这些教师具有丰富的想象力和熟练的技能，能够改善他们所在的薄弱学校。但英格兰教育标准办公室的报告也指出，为了改善这个计划，也还有许多工作需要去做。比如，英格兰教育标准办公室巡视员在巡视了 28 所学校后发现，新教师在教学遇到困难时并没有得到足够的支持，因此对他们的指导需要进一步加强。

第三节 教师专业发展实践

“没有教师的生命质量的提升，就很难有高的教育质量；没有教师精神的解放，就很难有学生精神的解放；没有教师的主动发展，就

① 周乐莉：《英新教师教学培训计划受赞扬》，《比较教育研究》2008 年第 4 期。

很难有学生的主动发展；没有教师的教育创造，就很难有学生的创造精神。”① 关注教师专业生活质量，提升教师的生命价值，在实践中走向专业成熟，这应成为教师专业化的必由之路。

一、制定教师发展规划

教师个人职业生涯规划，是教师个人结合自身情况以及眼前的机遇和制约因素，为自己确立职业目标，选择职业道路，确定发展计划、教育计划等，并为自己实现职业生涯目标而确立行动方向、行动实践和行动方案。②

职业规划实际上是一个持续不断的探索过程。在这一过程中，每个人都在根据自己的天资、能力、动机、需要、态度和价值观等慢慢地形成较为明晰的与职业有关的自我概念。教师进行自我职业生涯规划，实质上就是对自己的专业成长规划开展自我分析。例如：（1）我在哪里——认识自我发展阶段；（2）我是谁——认识承担的角色和自我特征；（3）我的环境如何——社会环境分析；（4）我的总体状况怎样——现状分析；（5）我要到哪里去——目标的确立；（6）我该如何走——寻找专业发展路线。通过个人职业生涯规划可以引发教师对目前自我专业发展状况和发展水平进行分析，促使教师更加明确今后自己的专业发展方向。

教师的职业生涯规划对教师的可持续发展和成长具有重要的意义。教师形成并执行自己职业生涯规划的过程，本身就是一个促进和帮助教师不断自我认识、自我反思、自我调整、自我总结、自我更新的过程。大量的实践已经证明，教师自觉而经常的自我反思、自我更新能有效地促进教师的专业发展和专业成长。有研究表明，凡是那些专业发展得好，专业成长得快的教师，都是自我规划得比较早也比较好的教师。因此，教师职业生涯的发展可以看作是教师“育己”的过程。选择了一份职业，就是选择了一种社会角色，最终是选择了一种生活方式。教师生涯是一个意义深长的生涯，我们的生命在学习中成长，在付出中完成。通过制定教师职业生涯规划，将使教师个人的生涯获得极致的发展。

---

① 叶澜等著：《教师角色与教师发展新探》，教育科学出版社 2001 年版，第 276—321 页。

② 卜欣欣、陆爱平：《个人职业生涯规划》，中国时代经济出版社 2004 年版，第 26 页。

二、践行教师职业承诺

教师职业承诺是指教师认同所从事的教师职业的专业价值与规范，表现为基于对自身职业的投入程度和对教师规范的内化程度而形成的忠于职守的态度或行为倾向。

第一，教师对于学校的承诺。教师对于学校组织的承诺，意味着教师忠诚于特定学校的目标、价值或声誉。学校是一个正式的组织，教师是否认同学校，是否愿意为学校奉献心力，是否愿意多花时间留在学校做好分内的工作，这些因素都是影响学校是否达成教育目标的关键。

第二，教师对于学生的承诺。研究表明，如果教师能够对学校作出承诺，那么他也会向学生作出承诺。对于学生的承诺主要包括作为一名教师的自我效能感，期望学生会学习并愿意奉献必要的努力以确保这种学习成功。教师在教学活动中需要有对学生更大的责任感，更主动全面地关心学生。教师专业的出发点在于以学生为根本，关注学生的全面发展。

第三，教师对于职业的承诺。教师对于职业的承诺包括职业的情感承诺、继续承诺和规范承诺。情感承诺反映出教师从事教师职业的强烈愿望和喜爱程度，继续承诺反映出教师从事教师职业的一种义务感，而规范承诺是指教师对离开自身职业的代价的认知。① 教师对于职业作出承诺，意味着教师愿意继续从事教学职业，尽管该项职业要求苛刻、具有压力，并且具有复杂性。

第四，教师对于专业的承诺。教师对于专业的承诺，意味着教师认同教师专业，对专业标准作出规范承诺，拓展其专业知识和专业能力，将教育的目标与任务内化于个人自我概念中，因而产生积极认同感。一旦教师履行专业承诺，那么教师就会愿意投入知识、精力、经验和智慧从事教师专业发展活动，就会忠诚于职业道德、伦理价值和专业标准，即使这种承诺可能会牺牲个人价值。

第五，教师对于教学的承诺。“教学承诺”包括教师对学校教学工作的认同态度、投入行为和忠诚程度。认同态度是指教师能深切认

① 申继亮、姚计海：《心理学视野中的教师专业化发展》，《北京师范大学学报》（社会科学版）2004 年第 1 期。

识教学工作的目标和价值。投入行为是指教师愿意尽其心力从事教学，努力付出。忠诚程度是指教师对于教学工作的忠诚度，表现为继续从事教学的意愿和决心。

三、丰富教师专业生活

优质教育一定源于师生共同的美好生活。如果一个教师感到生活幸福，他就很容易创造一个有情感引领、融洽和谐的课堂氛围。如果没有这个环境，学生就很难感受到学习过程的美好。只有当教师心中洋溢着幸福美好的情愫，他的脸上才会有灿烂的阳光，并自然地照亮和温暖学生的心房。只有教师感觉幸福，学生才能感到幸福。

现代意义上的教师生活是一门行业，也是一门艺术，更是一种追求。它包括教师的教学活动、自我管理和业余生活等诸方面。教师要提升自己的生活品质，就要有虔诚的职业精神、深厚的专业素养、强烈的生命意识、丰富的生活体验、阳光的自我欣赏，他必须：①

第一，做一名有目标感的教师。不作教师，就早日投入到自己真正想做的事情中去；要做教师，就全身心地投入到教育事业中来。用心去做，投入地去做，这才是无愧于只有一次的人生的行动。

第二，做一名有约束感的教师。我们应该强迫自己不朝着慵懒的方向发展，不使自己成为一个纯粹的享乐主义者、自由主义者，而是帮助自己朝着一个有纪律、有责任、有事业的“人”的方向发展。

第三，做一名有责任感的教师。一个教师要教几十乃至上百个学生，学习是学生整个生活的重头，遇到一个没有责任感的教师，那是莫大的不幸。

第四，做一名有积极感的教师。有了积极的态度就会有积极和有意义的人生，消极的态度只能收获庸庸碌碌的无为人生。有了积极的人生态度，才会有不愿虚度此生、想要获得人生价值体现的强烈愿望，这样的人是值得敬仰的。

第五，做一名有学力感的教师。一个教师如果不读书，就不可能和学生有更深的交流。没有思想，教师就不能称之为教师——只能称之为教书匠。教书匠是无法收获幸福的教育人生的。

---

① 管建刚：《不做教书匠——一位年轻校长对青年教师的 7 条真诚建议》，《教师博览》2005 年第 11—12 期。

第六，做一名有专业感的教师。任何职业，只有首先被其所从业者看重，才能引起别人的重视。当所有的教师都把教育看得足够尊严的时候，当所有的教师都把它当作生命一样神圣守候的时候，别人就不能不对它肃然起敬。

为什么当老师①

一个女孩子喜欢看小说，喜欢写诗，喜欢语文，但就是不喜欢学数学。五年级的时候，班上新换了数学老师，是一位活泼的男老师。老师喜欢讲笑话和故事，他常说一句话："孩子们，你们累不累？老师有点累了，给你们讲个故事吧，讲完故事，学习就更轻松了。好吗？"同学们会欢快地笑着说："对，对，太好了。"老师讲完后，同学们会抢着讲，老师兴致勃勃地听。在恰当的时机，老师会说："好了，孩子们，没来得及讲的让我们下次分享吧，下次有更精彩的。现在继续学习，看谁学得又快又好。"同学们会马上翻开书本，投入到学习中来。小女孩开始喜欢上了数学课，她发现原来数学课和语文课一样有意思。

有一次，她问老师："老师，您为什么当老师啊？"老师笑了说："因为你呀。""因为我？可我以前并不认识你。"孩子惊诧极了。"是啊，我们虽然并不认识，但是我知道有一些像你、像他、像他们一样的孩子会在某一校园等着我，教你们知识，教你们做人，教你们做事，你们会因为有我而快乐、而有收获。不是吗？""是呀，我就是这样的。"孩子无比兴奋地点着头。

女孩子不止喜欢数学课，而且喜欢上了数学。数学书上似乎生出了一双眼睛，赋予了她一扇心灵的窗口。她遇到难题眨巴眨巴眼睛或转转眼珠，那扇窗便打开了，难题迎刃而解。

你选择自己职业的理由是什么？你是否也是为了和一些等你的人相识相遇，给他们快乐与收获，一起分享你人生的慧悟？

---

① 杨百凌：《为什么当老师》，《中国教师》2006年第11期。

分析与思考

1. 简述教师职业的性质和工作任务。

2. 人们常把教师比喻成“园丁”、“蜡烛”、“春蚕”，你认为这样的比喻对于教师职业是否妥当?

3. 教师应具有什么样的权利和义务?

4. 谈谈如何建立和谐的师生关系。

5. 采访一位优秀教师，并写出一篇有说服力的成长分析报告。

6. 从教师专业发展的角度，谈谈你对当前师范教育改革的看法。

7. 新课程背景下教师应该具有什么的专业素养?

8. 你认为教师在实践中如何提升自己，才能走向专业成长?

主要参考文献

1. 教育部师范教育司编:《教师专业化的理论与实践》，人民教育出版社2001年版。

2. 叶澜等著:《教师角色与教师发展新探》，教育科学出版社2001年版。

3. 刘捷著:《专业化: 挑战21世纪教师》，教育科学出版社2002年版。

4. 傅道春主编:《教师的成长与发展》，教育科学出版社2001年版。

5. 陈永明主编:《现代教师论》，上海教育出版社1999年版。

6. 朱慕菊主编:《走进新课程——与课程实施者对话》，北京师范大学出版社2002年版。

7. 肖川著:《教育的理想与信念》，岳麓书社2002年版。

8. 新课程培训课题组:《新课程与教师角色转变》，教育科学出版社2002年版。

9. [美] 英特拉托主编，方彤、陈峥、郭婧译:《我的教学勇气》，华东师范大学出版社2008年版。

10. 南京师范大学教育系主编:《教育学》，人民教育出版社1987版。

第4单元

课程观

课程是教育的核心，它集中体现了教育思想和教育观念；它是实施培养目标的施工蓝图；它是学校组织教育教学活动的最主要的依据。对课程的认识和理解将直接影响乃至决定我们将要教什么、怎么教，改什么、怎么改，新课程要求我们确立全新的课程观——民主、科学、开放的课程观。

第一章 课程认识

全面正确理解和把握课程的内涵及其发展趋势，牢固确立新课程观和课程标准意识，有助于我们深入地领会课程改革的意义，增强课程改革的自觉性和自信心。

第一节 课程概念

要研究课程理论，理解课程实践，首先必须对课程这一概念的含义有一个基本的认识。但是，在教育领域，课程是含义最复杂、歧义最多的概念之一。因此，要想给课程下个特定的、精确的、统一的定义，并为大家所认可，这几乎是不可能的，实际上也没必要。对我们来说，重要的是要弄清楚每个定义（用法）所指向的内涵，隐含在该定义背后的哲学假设、价值取向，以及对教育实践的意义，从而使我们对课程这个概念有个较深入、较全面的认识，并在这个基础上，形成自己独特的看法。

为了帮助大家理解，我们对目前比较流行的几种课程定义作了如下的梳理和分类。

一、从课程的要素或属性层面来界定

1. 课程是知识

在英语世界，课程（Curriculum）一词，最早出现在英国教育家斯宾塞（H. Spencer）《什么知识最有价值?》（1895）一文中。它意味着课程这个词一开始就是跟知识联系在一起的。斯宾塞的“什么知识最有价值，一致的回答就是科学”的命题，是这种观点的最典型的代表。把课程的本质看成是知识，不仅是一种比较传统的观点，也是国内目前比较有代表性和普遍性的观点。

这种观点的基本思想是，学校课程的主要使命是使学生获得知识。在学校里，知识是按学科分类的，因此，这种定义的另一种表达

方式：课程即学科（科目）。实际上，这是更常识化影响更大的课程定义。如《中国大百科全书·教育》中的课程定义是这样的：课程是指所有学科（教学科目）的总和，或学生在教师指导下各种活动的总和。这通常被称为广义的课程。狭义的课程则是指一门学科或一类活动。

在这种观点支配下的课程通常表现出以下特点：课程强调受教育者掌握完整系统的科学知识，往往分科开设；课程的体系是以相应学科的逻辑、结构为基础组织的；课程是外在于学习者个人生活的，并且经常是凌驾于学习者之上的。学习者对于课程主要是接受者的角色；教师是课程的说明者、解释者。这就是典型的学科本位和知识中心主义的课程观。从历史发展角度看，这种课程观有其进步的一面。就是在现代，也有其合理性的一面。但是，站在时代的高度，我们也可以明显地发现它的局限性和弊端：强调学科知识的完整性和专业化已经越来越成为基础教育的一种通病，关注知识而不关注人使教育背离了自身的宗旨。有的小学生说，我喜欢音乐但不喜欢上音乐课，为什么？因为音乐课程只教乐理不教唱歌。前些时在国内掀起的一场对中学语文的“讨伐”中，连“误尽苍生”这样的激愤之词都用上了。心平气和地讲，语文教育绝非一无是处，但它最大的问题是把所有的学生都假设为未来的语言学家，教学内容、教学方法及考试方式都太专业化了。其他学科也不同程度存在这一问题。衡量课程知识的价值，不能用一般化的标准，更不能用学科专业的标准，而只能用学生成长的标准。

2. 课程是经验

这种课程定义把课程视为学生在教师指导下所获得的经验或体验，以及学生自发获得的经验或体验，它是在对前一种观点批评和反思的基础上出现和形成的。将这种观点加以系统化、理论化并付诸实施，同时也将其推向极端的最著名人物当数杜威。在杜威以后，人们对经验在课程中的意义有所发展，即把学习者的经验与个体的个性的发展结合起来。晚近的课程理论则非常强调学生在学校和社会情境中自发获得的经验或体验的重要性。这种观点的基本思想是，只有个体亲身的经历才称得上是学习，外在的知识才能转化为学习者自身所有——即经验。课程就是让受教育者体验各种各样的经历。在这样的过程中，将学习对象——包括知识但不仅限于知识，转化为自身的经验，才能实现学生的变化发展。

在这种观点支配下的课程通常表现出以下特点：课程强调和突出学习者作为主体的角色，以及在课程中的体验；注重从学习者的角度出发和设计课程；课程是以学习者实践活动的形式实施的；课程不是外在于学习者，也不是凌驾于学习者之上，学习者本人是课程的组织者和参与者。经验的高扬重新恢复了人的兴趣、直觉、情感、体验等在探寻世界中的合法身份和目的性价值，使得机械化、刻板化的人的生命活动开始“返魅”（in-enchantment），返魅后的求知活动充满生命的激情和心灵的感悟。

二、从课程的功能或作用层面来界定

1. 课程作为目标或计划

这种课程定义把课程视为教学过程要达到的目标、教学的预期结果或教学的预先计划。

这是一种预设性的课程观，它揭示了课程的目标性和计划性，课程总是指向一定的目标，并通过有计划的实施而进行的。但是，首先，目标作为预期的教学结果同实际学习结果是有一定差别的，把课程界定为预期的教学成果只说明了课程的预期性，并没有说明什么是课程。实际上，一方面预期的教学结果不仅受课程支配，还受教学、考试、管理等因素的影响；另一方面，教学除了产生预期的效果，还会产生非预期的效果。因此，我们认为，不能仅仅把教师所要教的、学生所要学的预定知识看作是课程的唯一要素，在课堂教学中特定的教与学的活动方式给学习者实际所造成的教育影响也应是课程内容的有机组成部分。把课程仅仅等同于学生将要学习的“知识内容”（教材上的）及其“进程与安排”（教学计划规定的），是传统课程观的一个误区。这种课程观还存在另一个明显的误区，即把课程看作是由某种预定的、现成的知识及进程安排所构成的，这就是说在正式的教学活动发生之前，教师所要教的、学生所要学的对象是事先已经编制好的固定的东西，这便是各门学科的教材。

同样的道理，过分强调课程的计划性，也会导致教学的窄化和僵化。

2. 课程作为活动或进程

这是一种生成性的课程观。把课程界定为活动或进程，意味着课程不再是静止的“跑道”（racecourse），即需要贯彻的课程计划或需要遵循的教学指南，而应成为对个体生活经验的改造和建构，成为自我的“履历情境”（biographic situation），意即成为“在跑道上奔跑”（to run the racecourse）的历程。派纳总结说：“课程不再是一个事物，也不仅是一个过程。它成为一个动词，一种行动，一种社会实践，一种私人的意义，一种公民的希望。课程不只是我们劳作的场所，也是我们劳作的成果，在转变我们的同时也转变着自身。”

课程不再只是特定知识的载体，而成为一种师生共同探索新知的过程；课程发展的过程具有开放性和灵活性，不再是完全预定的、不可更改的，也不再是控制教学行为和学习活动的工具和手段，它有效地弥合了个体与课程之间的断裂，成为师生追求意义和价值、获得解放与自由的过程。课程形态不再是在教育情境之外固定的、物化的、静态的知识文本，而是在教育情境中师生共同创生的一系列“事件”，是师生开放的、动态的、生成的生命体验。

相对而言，预设性课程倾向于以固定的、封闭的、可预见的学习结果为中心，而生成性课程则倾向于以开放的、活动的、很大程度上不可预见的学习过程为中心。

五种不同层次的课程

不同的课程定义，有时是指在不同层次上起作用的课程。美国学者古德莱德（J. I. Goodlad）对此作了较好的说明。在他看来，人们在谈论课程时，往往谈的不是同样意义上的课程。他认为存在着五种不同的课程：

1. 理想的课程（ideological curriculum）

指由一些研究机构、学术团体和课程专家提出的应该开设的课程。例如现在有人提议在中学开设性教育或健康教育的课程，并从理论和实践的角度论证其必要性，就属于理想的课程。这种课程的影响取决于是否被官方所采纳。

2. 正式的课程（formal curriculum）

指由教育行政部门规定的课程计划、课程标准和教材，也就是列入学校课程表中的课程。许多人理解的课程就是这类课程。

3. 领悟的课程（perceived curriculum）

指任课教师所领会的课程。由于不同教师对正式课程会有各种理解和解释的方式，因此教师对课程“实际上是什么”或“应该是什么”的领会，与正式的课程之间会有一定的距离，从而减弱正式课程的某些预期的影响。

4. 运作的课程（operational curriculum）

指在课堂上实际实施的课程。观察和研究表明，教师领会的课程与他们实际实施的课程之间会有一定的差距，因为教师要根据学生的反应随时进行调整。

5. 经验的课程（experiential curriculum）

指学生实际体验到的东西。因为每个学生对事物都有自己特定的理解，两个学生听同一门课，会有不同的体验或学习经验。

参见：施良方：《课程定义辨析》，《教育评论》．1994 年第 3 期。

由此可见，课程从规划、设计到实施，从课程决策者、编制者到教师和学生，经历了好几种转换。事实上，有些课程定义关注的是某一层次上的课程，而有些则把焦点放在另一层次上。当然，关注不同层次上的课程，本身也反映了定义者的基本观点和取向。我们在探讨课程时应注意到，既然课程存在于不同层次，如若我们只注意某一层次而完全忽略其他，则不但见不到课程的全貌，更有扭曲课程的危险。

以上对各种课程定义的辨析，并不是为了得出一个精确的课程定义，而是为了说明：每一种有代表性的课程定义都有一定的指向性，都有某种合理性，但同时也存在着某些局限性。对于教育工作者来说，重要的不是选择这种或那种课程定义，而是要意识到各种课程定义所要解决的问题以及伴随之的新问题，以便根据课程实践的要求，作出明智的决策。

值得强调的是，自上个世纪 80 年代以来，课程这一概念的内涵和外延都发生了重要变化。呈现出如下几个趋势。①

① 张华：《课程与教学论》，上海教育出版社 2000 年版，第 68—71 页。

一、从强调学科内容到强调学习者的经验和体验

把儿童的发展置于课程的核心，关注学习者现实的活生生的经验和体验。这并不意味着排斥源于文化遗产的学科知识，而是在儿童现实经验的基础上整合学科知识，使学科知识成为学习者的发展资源而非控制工具。

二、从强调目标、计划到强调过程本身的价值

尊重教师和学生的主体性，关注教学进程本身的教育价值，强调“过程课程”。这并不是不要目标、计划，而是把目标、计划整合到教学情境中，使之促进而不是抑制人的创造性的发挥。

三、从强调教材这一单因素到强调教师、学生、教材、环境四因素的整合

强调把课程作为学生的经验，强调教育教学过程本身价值，必然会把课程视为教师、学生、教材、环境四因素间持续交互作用的动态的情境。课程由此变成一种动态的、生长性的“生态系统”和完整文化，这意味着课程观念的重大变革。

四、从只强调显性课程到强调显性课程与隐性课程并重

在课程论中，显性课程与隐性课程是两个相对应的范畴。所谓“显性课程（manifest curriculum)，是指学校教育中有计划、有组织地实施的课程。这类课程是根据国家或地方教育行政部门颁布的课程纲要、课程规划编制的，是“正式课程”（formal curriculum）或“官方课程”（official curriculum）。所谓“隐性课程”（hidden curriculum)，是指学生在学习环境（包括物质环境、社会环境和文化体系）中学习到的非预期性或非计划性的知识、价值观念、规范和态度。这类课程当然是非正式的、非官方的，具有潜在性和隐蔽性。隐性课程和显性课程共同构成学校的“实际课程”。

五、从强调“实际课程”到“实际课程”与“空无课程”并重

“空无课程”（the null curriculum）是美国著名美学教育家、课程论专家艾斯纳（E. W. Eisner）提出的概念，他把那些被学校和社会在课程变革过程中有意或无意排除于学校课程体系之外的课程，称为“空无课程”。艾斯纳认为，许多对人的发展极为

重要的课程在现行课程体系中没有位置，变为“空无课程”。因此，在课程变革中，不仅应思考现行的“实际课程”的合理性，还应思考学校教育中的“空无课程”及其成因，以增强课程变革的目的性、合理性。

六、从只强调学校课程到强调学校课程与校外课程的整合

当把课程理解为教师、学生、教材、环境四因素的整合的时候，这里所谓的环境就远不止学校环境，还包括广阔的富有教育意义的校外社会环境和自然环境，蕴涵着学校课程和校外课程的整合。

课程内涵的上述变化，既意味着课程意识的深层变革，也在某种意义上预示着课程变革实践的发展方向。

第二节 新课程观

国家新一轮课程改革涉及课程的方方面面，前提和基础是课程观的转向，其核心要点体现在以下几个方面：

一、强调儿童是课程的主体

新课程强调儿童在课程实施中的主动性和能动性，彰显儿童的主体力量，荡涤儿童身上的被动性和受动性。儿童不是外在于课程的。尽管从表层看，课程是由特定的社会成员设计的，但从深层上看，课程是由儿童来创造的。他们在与课程的接触中，时刻用儿童独有的眼光去理解和体验课程，并创造出鲜活的经验，这些鲜活的经验是课程的一部分，从此意义上说，儿童是课程的创造者和开发者。因此，不应把课程及其教材看作儿童必须毫无保留地完全接受的对象，而应发挥儿童对课程的批判能力和建构能力。①

课程包含知识这一核心要素，但这并不等于课程就是知识。课程不应该是单一的、理论化的、体系化的书本知识，而要给学生呈

① 郭元祥：《新课程背景下课程知识观的转向》，《全球教育展望》2005 年第 4 期。

现人类生活群体的生活经验，并把它纳入到学生的生活世界加以组织，使文化进入学生的“生活经验”和“履历情境”。课程的本质是学生在教师指导下所获得的经验或体验，以及学生自发获得的经验或体验。日本学者佐藤学指出，“所谓课程，一言以蔽之就是‘学习的经验’。……所以，‘课程’是‘学习的轨迹’，也是‘学习的履历’。即是说，‘创造课程’并不是制订‘目标’或‘计划’一览表，而是要实际创造学习的经验。课程并不是在办公室里或教研室里创造出来的，而是在教室里一天天地慢慢创造出来的。因此，即使课程在一学年或一学期开始前就准备好了，但从本质上说，它是在一学年或一学期结束后作为‘学习的履历’而被创造出来的”。① 总之，儿童是课程的主体，课程是一种学习的经验（包括学习的经历与体验等）；是儿童通过思维、理解和反思而建构人生意义的活动；是儿童实际领悟和体验到的东西。所以，新课程观要求我们不能把课程仅仅理解为有关教育内容的东西或文本，而要把课程动态地理解为学生通过反思性和创造性实践来探寻人生意义的活动及其过程。

二、凸显生活世界的课程意义

现代人拥有两个生长家园：生活世界是人直接感知和面对的、是人正经历着的世界，是人生活于其中的、与人发生千丝万缕联系的、对人有价值和意义的世界。科学世界是人在生活世界的活动中衍生出来的特殊的理性视域，是人为了进一步把握生活世界各种现象间的关系、理解世界的本质、驾驭世界而运用理性逻辑过滤掉生活世界的偶然性和主观性，在抽象层面上描述的世界结构。对人的生命存在而言，生活世界是一个直观的世界，科学世界是一个抽象的世界；科学世界只是一个“营地”，生活世界才是我们真正的“家”。②

传统教育把学生固定在“书本世界”或“科学世界”里，教育与人的“生活世界”分离，难以体现教育全部的生活意义和生命价值，教育在“生活世界”的意义失落中艰难前行，不能为学生建立起有价值的生活秩序和生活方式。传统教育把儿童的人格分裂成两个互不接

① ［日］佐藤学：《静悄悄的革命》，长春出版社 2003 年版，第 98—99 页。

② 项贤明：《“生活世界”的教育与“科学世界”的教育》，《教育研究与实验》1999 年第 4 期。

触的世界，“在一个世界里，儿童像一个脱离现实的傀儡一样从事学习，而在另一个世界里，他通过违背某种教育的活动来获得自我满足”。①

新课程的改革重视学生的日常生活世界，把个体的日常生活世界作为教育活动的前提和基础，突出表现在：（1）力求突破学科本位，改变学科内容“难、繁、偏、旧”和过于注重书本知识的现状；（2）注重科学和生活的有机整合，加强学科内容与学生生活以及现代社会和科技发展的联系，致力于揭示出社会生活世界对科学世界的基础性本体价值；（3）丰富儿童的生活世界，把本该是学生的日常生活世界的时间与空间还给他们，使学生从繁重的课堂学习、作业、考试等活动中解脱出来，使他们成为活生生的人，关心现实生活的人，有良好的情感、态度和价值观的人，有创新能力的人；（4）丰富学校教育的日常生活世界，从课堂教学方法、师生交往的方式、校园文化建设、学生在校活动、社会实践等方面改变现有学校与社会分离的状况，建设一个良好和谐的育人环境。

三、强调直接经验的课程意义

直接经验与间接经验具有内在统一性：一方面，人在认识、探究和改造世界的过程中离不开间接经验的支持，人的直接经验的获得内在地融合了间接经验。离开了间接经验，人的直接经验会变得非常狭窄。另一方面，间接经验是基于直接经验和为了直接经验的。间接经验是无数直接经验整合的结果。只有当间接经验真正转化为儿童的直接经验的时候，它才具有教育价值，才能成为人的发展价值。儿童的认识以间接经验为主，直接经验仅起辅助作用的观点极易导致用体现在教科书中的间接经验替代儿童当下的直接经验，从而忽视儿童的直接经验的教育价值。其实，只有当间接经验真正转化为儿童的直接经验的时候，它才具有教育价值，才能成为人的发展资源。直接经验是储备金，是母乳。间接经验是纸币，是代乳品。传统教育以间接经验为本位，把间接经验绝对化，过分冷落、忽视直接经验的地位和作用，使直接经验成为奴仆，从而导致知识与能力的分离和脱节，知识成为外在的牵累，知识越多，心灵越干瘪。新课程强调关注学生的学习兴趣和经验，注重把间接经验转化为直接经验，注重间接经验整

① 联合国教科文组织国际教育发展委员会：《学会生存》，上海译文出版社 1979 年版，第 14 页。

合、充实、提升直接经验，使直接经验不断丰富、发展、升华，从而实现知识与能力的统一。

四、彰显课程的开放与生成

传统课程观强调课程是一个相对封闭和预设的体系，这种课程观的功能在于控制、规约和秩序。新课程观强调课程是一个相对开放与生成的体系，这种课程观的功能在于解放、自由和意义。

人总是处于生成之中，生命是不可预测的，“生命不能被保证”，儿童的发展具有丰富的可能性，是不确定的、不可限量的，也是不可预测的。既然人是开放性的、生成性的存在，那么教育就不应该用僵化的形式作用于人，否则就会限定和束缚人的自由发展；既然人是未完成的非终极的存在，那么教育就不应该把培养中的中点当作终点，以目标取代目的，否则就会阻隔人的发展。人是不可限定的，教育不能限定人，只能引导人全面、自由、积极的生成。[①] 传统教育以本为本，学生受到诸多的限制、支配、束缚、控制、压抑、规定，因而变得唯唯诺诺，亦步亦趋，俯首帖耳，盲从依附。新课程强调以人为本，赋予学生应有的自由和权利，使学生的主观能动性和创造性得到充分的发挥。学生也因此变得活灵活现，富有朝气，充满自信。可以说，开放性的精神正是陶行知先生所提倡的所谓“六大解放”，“六大解放”表面上看解放的是学生的身体，实质是解放学生的心灵，给学生创造一个宽松、和谐、民主的心理氛围，给学生一种心理安全感，而心理安全、心理自由正是学生主动、生动发展的摇篮，在这样的环境里，学生能自由地想象而不担心其怪诞离奇；能大胆地思考而不考虑其是非正误；能充分挖掘自己的潜能，能全面展示自己的个性。这是新课程强调开放与生成的立论依据。

从实践层面讲，开放与生成的课程观突出表现在：由“教材”到“课程资源”。新课程强调以课程资源为教学对象，教材无疑是重要的最基本的课程资源，但课程资源绝不仅仅是教材，也绝不仅仅限于学校内部。课程资源是本次课程改革提出的一个新概念，从“教材”到“课程资源”体现了课程与教学范式的根本转变。在新课程中，教材不再是一个封闭的、孤立的整体，而是开放的、完整的“课程资源”中的有机构成部分，教材成为了学生与他人、生活、社

① 参见：刘铁芳，张伯邑：《人·生活·教育》，《现代教育研究》1996年第3期。

会、自然等发生联系的桥梁和纽带。① 对学生来说，有了课程资源的概念以后，学生学习的内容变得丰富多彩了，他们学的不仅来自教材，也来自与老师和同学的交往、各种媒体及日常生活，即凡是能让学生获得知识、信息、经验、感受等的载体与渠道都可以是学习的资源。对于教师来说，教学过程也不再是一个照本宣科的过程，而是变成了不光是使用教材，同时也是开发和利用课程资源的过程。教师要积极捕捉、发现、利用学生的经验、感受、创意、见解、问题、困惑，使之成为教学过程的生长点；注重开发和利用乡土资源，安排学生从事课外实践活动，引导学生将书本知识转化为实践能力；广泛利用校内外场馆资源，使学校图书馆、各种专用教室、运动场馆等，校外的科技馆、博物馆、爱国主义教育基地等，都有开发的价值；充分运用网络来开发课程资源，要鼓励学生合理选择与有效利用网络，增加和丰富自己的学习经验。

第三节 课程标准

在新一轮基础教育课程改革中，我们过去习惯了的沿用了几十年的学科教学大纲将退出历史舞台，而国家课程标准正式进入我们的视野。那么，什么是课程标准？为什么要用课程标准代替教学大纲？课程标准与教学大纲有哪些本质的不同？课程标准的突出特点是什么？

一、国家课程标准的性质与框架

课程标准是教材编写、教学、评估和考试命题的依据，是国家管理和评价教育质量的基础性文件。课程标准体现了国家对不同阶段的学生在知识与技能、过程与方法、情感态度与价值观等方面的基本要求，规定了各门课程的性质、目标、内容框架，并针对课程实施中的重要问题提出了建议。

国家课程标准的总体框架基本相同，一般来说分为五个部分：

第一部分“前言”：结合目前的课程改革，根据本课程门类的特

① 孙启民：《教材更是“引子”》，《教育科学研究》2003 年第 10 期。

点和要求，阐述课程的性质、课程基本理念、总体设计思路；

第二部分“课程目标”：根据新一轮课程改革转变课程功能的要求，从知识与技能、过程与方法、情感态度与价值观三个维度，确定本课程门类的总目标与学段目标；

第三部分“内容标准”：在大致划定本课程门类的内容范围和框架的基础上，用明确的行为动词表述学习目标和学习结果（学生所应达到的学习程度的基本要求）；

第四部分“实施建议”：为确保达到课程目标和内容标准而提出的课程实施建议，包括教与学的建议、评价建议、课程资源开发与利用、教材编写建议等。

第五部分“附录”：本课程门类的有关附件，如教学活动案例、行为动词用法一览表等。

二、国家课程标准的特点

国家课程标准有什么特点？“课程标准”与“教学大纲”有什么不同？刘兼先生指出：

工作在第一线的教师和教研员都熟悉各学科教学大纲，它不仅对教学目标和教学内容做出了明确的规定，而且用大量的篇幅具体规定了日常教学中可能涉及的所有知识点的要求；大多数学科的教学大纲还规定了具体的教学顺序及各部分内容所占的课时数；教师在学习和使用教学大纲时，主要关心的是知识点发生了哪些变化，增加或删减了哪些内容，具体的要求和课时数是多少，在规定的时间内能否完成教学任务和达到教学目标。

课程标准关心的是课程目标、课程改革的基本理念和课程设计思路；关注的是学生学习的过程和方法，以及伴随这一过程而产生的积极情感体验和正确的价值观；教师在使用课程标准的过程中，主要关注的是如何利用各门学科所特有的优势去促进每一个学生的健康发展，而不是仅仅关心学生对某个结论是否记住，记得是否准确，某项技能是否形成，并且运用起来是否得心应手。①

崔允漷先生在比较课程标准与教学大纲后，强调指出：

- 课程标准主要是对学生在经过某一学段之后的学习结果的行为

① 刘兼：《国家课程标准的框架和特点分析》，《人民教育》2001 年第 11 期。

描述，而不是对教学内容的具体规定（如教学大纲或教科书）。

● 它是国家（有些国家是地方）制定的某一学段共同的、统一的基本要求，而不是最高要求。

● 学生学习结果行为的描述应该尽可能是可理解的、可达到的、可评估的，而不是模糊不清的、可望而不可即的。

● 它隐含着教师不是教科书的执行者，而是教学方案（课程）的开发者，即教师是“用教科书教，而不是教教科书”。

● 课程标准的范围应该涉及作为一个完整个体发展的三个领域：认知、情感与动作技能，而不仅仅是知识方面的要求。①

下面将国家课程标准与我们沿用了多年的教学大纲进行比较，看看究竟不同在什么地方。请看下表：

<table>
<tr><th>项目</th><th colspan="2">课程标准</th><th>教学大纲</th></tr>
<tr><td rowspan="3">前言</td><td colspan="2">课程性质</td><td rowspan="3">学科性质</td></tr>
<tr><td colspan="2">基本理念</td></tr>
<tr><td colspan="2">设计思路</td></tr>
<tr><td rowspan="3">目标</td><td rowspan="3">课程目标</td><td>情感、态度、价值观</td><td rowspan="3">教学目的</td></tr>
<tr><td>知识与技能</td></tr>
<tr><td>过程与方法</td></tr>
<tr><td rowspan="4">内容</td><td rowspan="4">内容标准</td><td>按学习领域划分</td><td rowspan="4">教学内容和要求</td></tr>
<tr><td>按学习主题划分</td></tr>
<tr><td>按目标要素划分</td></tr>
<tr><td>高中阶段按必修选修划分</td></tr>
<tr><td rowspan="4">建议</td><td colspan="2">教学建议</td><td rowspan="4">课时安排，教学原则，教学应注意的问题，考试与评价，教学设备等</td></tr>
<tr><td colspan="2">评价建议</td></tr>
<tr><td colspan="2">教材编写建议</td></tr>
<tr><td colspan="2">资源开发与利用建议</td></tr>
<tr><td>附录</td><td colspan="2">术语解释、案例等</td><td>补充说明或具体说明</td></tr>
</table>

① 钟启泉：《为了中华民族的复兴、为了每位学生的发展——〈基础教育课程改革纲要（试行）〉解读》，华东师范大学出版社2001年版，第172页。

总的说，教学大约着眼于“学科”，课程标准着眼于“课程”；教学大纲“以教为本”，课程标准“以学为本”；教学大纲强调“刚性约束”，课程标准强调“弹性空间”。

尽管在基本框架中，课程标准与教学大纲两者之间可以找出一一对应的部分，但是在所体现的核心理念、基本结构、表述方式等方面却存在着根本性的差异。

课程标准与教学大纲的区别

教学大纲	课程标准
针对学科，规定了教学的具体内容、顺序及其要求	针对学生，明确某一学段应达到的共同的、统一的基本要求
更多地关注学生在学科的知识、技能方面应该达到的要求	更多地关注学生通过课程内容的学习在知识与技能、过程与方法、情感态度与价值观等方面的发展
更多地关注教师的教学行为	既关注教师的教学、更关注学生的学习
内容的表述方式更多地体现了原则性、规定性、刚性	内容的表述方式更多地体现了指导性、启发性、弹性

三、国家课程标准的意义

国家课程标准既是国家对基础教育课程的基本规范和要求，也是评价学校、教师、学生的一个重要依据。具体来说，课程标准的意义体现在：

1. 从国家层面上，它标志着公民素养有了明确的质量标准

课程标准充分体现了国家意志，围绕着基础教育阶段的培养目标，明确规定各课程门类所要达到的公民素质的基本要求。国家课程标准是由国家统一制订、统一颁布的，任何地方、组织、部门，任何个人都没有私自制订、颁发国家课程标准的权力。既然国家课程标准体现的是一种国家意志，于是国家课程标准就具有了统一性、普遍性和强制性。所谓统一性，是说国家课程标准中所规定的公民素质的基本要求，是一种对未来公民素质的统一要求；所谓普遍性，是说这种标准适用于基础教育阶段就学的所有学生，适用于我国范围内基础教育阶段所有开设这门课程的学校；所谓强制性，指执行义务教育阶段的国家课程标准，必须达到课程标准所规定的公民素质的基本要求。

国家课程标准明确规定必须达到的“基本要求”，明确提出各课程门类的“下限标准”，划出一条教育教学和学生发展的“底线”，基础教育的每一所学校都必须确保这一发展的“底线”，保住这条“底线”就保住了基本的国民素养和公民素质。

2. 从学校教育层面上，它标志着素质教育的落实有了根本依托

课程是实施培养目标的蓝图，是学校组织教育教学活动的最主要的依据。素质教育的精神如果没有转化为课程，体现在课程标准和教科书中，只能变成一句口号，一句没有现实意义的口号，这也是多年来素质教育未能取得实质性进展的主要原因。为了改变这种状况，国家新课程标准从课程理念、目标、内容、实施等多方面全方位地体现素质教育的基本精神，使素质教育有了依托和“抓手”，使课程与教学成为稳固的、连续的、制度化的推进素质教育的重要载体。

3. 从教教材层面上，它标志着教科书走向多元化有了可能

传统教学大纲为教科书的编写提供了基本的依据，提供了统一性的要求、规定和规格，具体、明确、可操作，但统一性的要求过多，创造性的空间较小，刚性过强，弹性不够。教学大纲不仅明确规定了教学目标和教学内容，还规定了学科知识的重点和难点、教学顺序与进度、教学内容的课时分配等，由于教学大纲的刚性约束，使教科书的多元化变得没有意义也没有可能。相反，课程标准则为教科书编写提供一种弹性空间。既然是一种空间，表明它是有形的，是有边界的，是有秩序的，因此也就有基本的、统一的规范和要求，以便为教科书的编制提供基本依据；既然是一种弹性空间，表明它具有充分的收缩与扩展，预设与生成，变化、改造、再造与创造的余地，又表明它是共性与个性、规范与解放、普遍性与特殊性、统一性与多样性的结合。正是由于课程标准为教科书编写者提供了“弹性空间”，这就为教科书的真正多元化发展提供了可能，也使编写特色的教科书成为可能。

4. 从教师教学层面上，它标志着教师专业自主权的确立有了保障

传统教学大纲在为课程实施提供一种“刚性约束”的同时，所形成和产生的就必然是一种标准化、齐步走、大一统的教学。在长期的教学实践中，教学大纲和教科书不断地神圣化，忠实地执行教学大纲和传递教科书成为教师教学工作的基本价值取向，这种教学体系不仅剥夺了教师的专业自主权，也窒息和压抑着有生命力、有原创性、有个性的教师和教学活动。相反，课程标准不仅在理念上确立了教师专业的自主权，教师不再是课本知识的可怜的解释者，课程的忠实者，而是与专家、学生等一起构建新课程的合作者，而且在实践上，以提供建议和提供典型案例的方式，使教师准确理解标准，增强课程意识和能力，降低对教材的过分依赖，促使教师用教材教，而不是教教材。一句话，课程标准把“怎么教”的权力还给了教师，从而为教师创造性地进行教学，施展自己的专业才能提供了可能。

第二章 课程结构

课程结构是指将所有课程类型或具体科目组织在一起所形成的课程体系的结构形态。这种形态的形成以既定的课程目标和各类课程固有的价值为依据，并明确了各种课程类型以及具体科目在课程体系中的地位差异和比例关系。它是课程目标转化为教育成果的纽带，是课程实施活动顺利开展的依据，在课程的设计与编制中发挥着承上启下的作用。

第一节 课程类型

从不同角度，可把课程分为不同的类型。探究每一对课程类型之间的内在联系，是确立理想的课程结构的基本前提。

一、学科课程与经验课程

学科课程与经验课程，这是从课程内容所固有的属性来区分的两种类型。其中，学科课程的主导价值在于传承人类文明，使学生掌握人类积累下来的文化遗产；经验课程主导价值在于使学生获得关于现实世界的直接经验和真切体验。

1. 学科课程

所谓“学科课程”（the subject curriculum），是以文化知识（科学、道德、艺术）为基础，按照一定的价值标准，从不同的知识领域或学术领域选择一定的内容，根据知识的逻辑体系组织成的课程。学科课程是最古老、使用范围最广的课程类型。

学科课程具有如下三个优点：第一，有助于系统传承人类文化遗产；第二，有助于学习者获得系统的文化知识；第三，有助于组织教学与评价，便于提高教学效率。

学科课程具有如下缺陷或限制。第一，由于学科课程是以知识的逻辑体系为核心组织起来的，容易导致轻视学生的需要、经验和生活。第二，每一门学科课程都有其悠久的学术传统，都有其相对独立和稳定的逻辑系统，这容易导致忽略火热的当代社会生活的现实需要。第三，学科课程也容易导致单调的教学组织和划一的讲解式教学方法。从实践角度看，学科课程唯理智、重学术的思想非常强烈，它视教科书为经典，内容僵化，缺乏活力，致使学校教育学究气、贵族气浓重，学校生活弥散着一层经院式色彩。它不关心社会与科学技术的发展变化，也不考虑学生兴趣、需要及个性发展。

2. 经验课程

"经验课程"（experience curriculum）亦称"活动课程"（activity curriculum），是以儿童的主体性活动的经验为中心组织的课程。经验课程以开发与培育主体内在的、内发的价值为目标，旨在培养具有丰富个性的主体。儿童的兴趣、动机、经验是经验课程的基本内容。由于儿童总是生活在特定的社会和文化之中，所以，为了提升儿童的经验和价值，经验课程也把儿童感兴趣的当代社会生活问题以及学科知识转化为儿童的经验，作为课程内容。经验课程的基本着眼点是儿童兴趣和动机，以动机为课程与教学组织的中心。

经验课程（活动课程）的优点是显见的。第一，经验课程强调学习者当下的直接经验的价值，把学习者的经验及其生长需要作为课程目标的基本来源，充分满足学习者的需要、动机、兴趣，因而在经验课程中，学习者成为真正的主体，课程的意义之源被发现了，扭转了千百年来把课程视为学习者的控制工具的局面。第二，经验课程主张把人类文化遗产以儿童的经验为核心整合起来，主张把学科知识转化为儿童当下活生生的经验，强调教材的心理组织，这样，儿童在与文化、与学科知识交互作用的过程中，人格会不断获得发展。这种课程理念真正体现了文化遗产、学科知识的教育价值。第三，经验课程主张将当代社会现实以儿童的经验为核心整合起来，既把儿童视为社会的儿童、生活于社会现实之中的儿童，又不使儿童拘泥于当前的社会现实，被动适应当前的社会现实，而是着眼于儿童的未来，主张基于儿童的人格发展对当前的社会现实进行改造。应当说，这种观点摆正了儿童的人格发展与当前社会生活的关系。

不可否认，经验课程的特性使其在教育实践中推行起来受到种种限制。首先，经验课程容易导致忽略系统的学科知识的学习。其次，经验课程容易导致"活动主义"，忽略儿童思维能力和其他智力品质的发展。再次，经验课程的组织要求教师具有相当高的教育艺术，对于习惯了班级授课制和讲解教学法的教师而言，这点很难适应。

二、分科课程与综合课程

分科课程与综合课程，是从课程内容的组织方式来区分的两种类型。其中，分科课程的主导价值在于使学生获得逻辑严密和条理清晰的文化知识，而综合课程的主导价值在于通过相关学科的整合，促进学生认识的整体性发展并形成把握和解决问题的全面的视野与方法。

1. 分科课程

分科课程是一种单学科的课程组织模式，它强调不同学科门类之间的相对独立性，强调一门学科的逻辑体系的完整性。从课程开发来说，分科课程坚持以学科知识及其发展为基点，强调本学科知识的优先性；从课程组织来说，分科课程坚持以学科知识的逻辑体系为线索，强调本学科自成一体。因此，分科课程具有以下优点：第一，有助于突出教学的逻辑性和连续性，它是学生简捷有效地获取学科系统知识的重要途径；第二，有助于体现教学的专业性、学术性和结构性，从而有效地促进学科尖端人才的培养和国家科技的发展；第三，有助于组织教学与评价，便于提高教学效率。但是，分科课程容易导致轻视学生的需要、经验和生活，容易导致忽略当代社会生活的现实需要，容易导致将学科与学科彼此之间割裂，从而限制了学生的视野，束缚了学生思维的广度。应该承认在现行的分科课程中，这些缺点是比较突出的。

2. 综合课程

与分科课程相对应，综合课程是一种双学科或多学科的课程组织模式，它强调学科之间的内在联系，强调不同学科的相互整合。

综合课程是一种开放的、发展的课程，它可以跳出传统学科体系的框架，不受其固有体系的制约，因而在课程内容上更容易对“原”学科知识进行“扬弃”，用现代最新科技成果来充实与更新。同时，采用综合课程的结构，减少了课程体系的科目数量，也减轻了学生课业负担，有利于学生的个性发展。最重要的是学生学到的知识更加完整，更接近于实际。而且，学生还可以在综合课程的新体系中学到宽泛的、自由的、整体的和富有创造性的思维方法。当然，综合课程宽泛的课程内容未必有利于高、精、尖人才的培养，所以综合课程是学科课程必要的补充，但不能替代学科课程，综合课程是传统学科课程在综合意义上的新生。柳斌指出："课程改革的方向，我觉得不应该再增设许多新学科，而是要走设置综合的道路。"设置综合课程是课程发展的一个方向。①

三、必修课程和选修课程

必修课程和选修课程，这是从课程计划中对课程实施的要求来区分的两种类型。其中，必修课程的主导价值在于培养和发展学生的共性，而选修课程的主导价值在于满足学生的兴趣、爱好，培养和发展学生的个性。

所谓必修课程，是指同一学年的所有学生必须修习的公共课程，是为保证所有学生的基本学力而开发的课程。所谓选修课程，是指依据不同学生的特点与发展方向，容许个人选择的课程，是为适应学生的个性差异而开发的课程。就两者的关系而言，首先，必修课程与选修课程具有互补性，之间的关系可以归结到"公平发展"与"个性发展"之关系的层面。"公平发展"是指一切人享有平等的受教育机会，因而应对一切人施以实质上公平的教育。这是必修课程的直接价值支撑。"个性发展"是指施以适合于每个人的能力、能力倾向和个性特点的教育。这是选修课程的直接价值支撑。其次，必修课程与选修课程具有等价性，即二者拥有同等的价值。必修课程与选修课程彼此之间不存在主次关系，选修课程不是必修课程的附庸或陪衬，它是具有相对独立性的一个课程领域。再次，必修课程与选修课程相互渗透、相互作用。必修课程并不排斥选择，从长远看，它是为了学生更好地发展选择能力。选修课程也不牺牲共同标准和要求，它不是随意的、散漫的、浅尝辄止的学习，而是经由共同标准的评估保证的有效的学习。所以，必修课程与选修课程既有相对独立性，又具有内在统一性，二者都是个性化课程体系的有机构成部分。

---

① 柳斌：《在全国中小学教材审定委员会第三届全体会议上的讲话》，《课程·教材·教法》1995年第12期。

四、国家课程、地方课程与校本课程

国家课程、地方课程与校本课程，是从课程设计、开发和管理主体来区分的三种类型。其中，国家课程的主导价值在于通过课程体现国家的教育意志，地方课程的主导价值在于通过课程满足地方社会发展的现实需要，校本课程的主导价值在于通过课程展示学校的办学宗旨和特色。

国家课程体现了国家对学生发展的基本要求和共同的质量标准，在基础教育课程体系中占有绝对数量的比重。目前，在教育部颁布的九年义务教育新课程方案中，国家课程（包括综合实践活动）的课时比例占88%～90%，即使综合实践活动实现了与地方课程和校本课程的有机融合，国家课程的比例也占到80%～84%，国家通过权重很高的国家课程来保证对学生培养目标和要求的实现。

地方课程是由地方根据国家教育方针、课程管理政策和课程计划，在关注学生发展的同时，结合本地的优势和传统，充分利用本地的课程资源，直接反映地方社会、经济、文化发展的需求，自主开发并实施、管理的课程。地方课程以合理利用和开发地方丰富的课程资源为基础，强调因地制宜，具有鲜明的地域性特征。

校本课程既包括对国家课程和地方课程进行再加工与再创造，也包括学校自行设计的新课程；一是使国家课程和地方课程校本化、个性化，即学校和教师通过选择、改编、整合、补充、拓展等方式，对国家课程和地方课程进行再加工，再创造，使之更符合学生、学校和社区的特点和需要；二是学校设计开发新课程，即学校在对本校学生的需求进行科学的评估，并充分考虑当地社区和学校课程资源的基础上，以学校和教师为主体，开发旨在发展学生个性特长的、多样的、可供学生选择的课程。

无论是国家课程、地方课程，还是校本课程，都是实实在在的一种课程类型，都是课程结构中不可或缺的重要组成部分，在课程设置方案中占有一定的课时比例，并通过具体的科目、门类落实到学校的教育教学中去，发挥各自独特的育人功能。当然，三类课程不是截然分开的，而是有机地整合在一起的，其中，综合实践活动就实现了国家课程、地方课程和校本课程的融合，它既是国家课程，又是地方课程和校本课程。说它是国家课程，因为国家把它作为一门全国统一开设的科目，还明确规定了具体的课时空间；说它是地方课程和校本课程，因为综合实践活动的组织管理、开发实施是由地方和学校来进行的。简而言之，综合实践课程是国家课程、地方管理、校本实施。

上述各类课程所具有的特定价值以及每组课程类型所具有的价值互补性，意味着它们在学校课程结构中都拥有着不可或缺的地位，即学校的课程结构应当是由各种课程类型共同构成的一个有机的统一体。

相对而言，我国传统的课程结构，存在着较严重的不足。首先，在学校课程中学科课程占据绝对主导地位，经验课程则微乎其微；分科课程占据绝对主导地位，综合课程则微乎其微；必修课程占据绝对主导地位，选修课程则微乎其微；国家课程备受关注，地方课程和校本课程得不到实质性的开发。课程类型的单一使得在注重发挥一种或几种课程类型价值的同时，忽视或放弃了其他课程类型在学生发展方面所具有的价值，学生在这种单一课程的“滋养”下，片面发展在所难免。其次，学校课程中各具体科目之间的比重失衡，语文、数学等科目所占的比重过高，挤占了其他学科的时间，从而直接影响了学生的身心健康和全面发展。针对现行课程类型结构单一的状况，新的学校课程结构中设计了与学科课程相对应的经验课程，与分科课程相对应的综合课程，与必修课程相对应的选修课程，并为开发与国家课程相对应的地方课程和校本课程提供了较大的空间。

第二节 义务教育课程结构

《基础教育课程改革纲要》（试行）第三条明确规定：“整体设置九年一贯的义务教育课程。”设置义务教育课程应体现义务教育的基本性质，遵循学生身心发展规律，适应社会进步、经济发展和科学技术发展的要求，为学生的全面发展和终身发展奠定基础。基于此，本次课程改革将义务教育作为一个整体，九年一贯地进行课程设置。

小学阶段以综合课程为主。小学低年级开设品德与生活、语文、数学、体育、艺术（或音乐、美术）等课程；小学中高年级开设品德与社会、语文、数学、科学、外语、综合实践活动、体育、艺术（或音乐、美术）等课程。初中阶段设置分科与综合相结合的课程，主要包括思想品德、语文、数学、外语、科学（或物理、化学、生物）、历史与社会（或历史、地理）、体育与健康、艺术（或音乐、美术）以及综合实践活动。积极倡导各地选择综合课程。学校应努力创造条件开设选修课程。在义务教育阶段的语文、艺术、美术课中要加强写字教学。

“整体”指将各类课程按横向关系组织起来，通过课程的横向组织，使各门课程在差异得以尊重的前提下互相整合起来，消除以往学科本位所造成的学科之间彼此孤立甚至壁垒森严的对立局面，使各门课程、各个学科产生合力，使学习者的学习产生整体效应，从而促进学生人格整体发展。“一贯”指将各类课程按纵向的发展序列组织起来。就一门课程而言，要强调“连续性”，使课程内容在循环中加深、拓展，并不断得到强化、巩固；就各门课程关系而言，要强调“顺序性”，使不同课程有序地开设，前后相互连贯，同时使课程门类由低年级到高年级逐渐增加，从而使学习者的学习产生累积效应，促进学生可持续发展。

基于“整体”和“一贯”而设置的九年义务教育新课程方案如下表所示。

义务教育课程设置表

<table>
<tr><td rowspan="2"></td><td colspan="9">年级</td></tr>
<tr><td>一</td><td>二</td><td>三</td><td>四</td><td>五</td><td>六</td><td>七</td><td>八</td><td>九</td></tr>
<tr><td rowspan="10">课程门类</td><td colspan="2" rowspan="3">品德与生活</td><td colspan="4" rowspan="2">品德与社会</td><td>思想品德</td><td>思想品德</td><td>思想品德</td></tr>
<tr><td colspan="3">历史与社会（或选用历史、地理）</td></tr>
<tr><td colspan="4">科学</td><td colspan="3">科学（或选用化学、物理、生物）</td></tr>
<tr><td>语文</td><td>语文</td><td>语文</td><td>语文</td><td>语文</td><td>语文</td><td>语文</td><td>语文</td><td>语文</td></tr>
<tr><td>数学</td><td>数学</td><td>数学</td><td>数学</td><td>数学</td><td>数学</td><td>数学</td><td>数学</td><td>数学</td></tr>
<tr><td></td><td></td><td>外语</td><td>外语</td><td>外语</td><td>外语</td><td>外语</td><td>外语</td><td>外语</td></tr>
<tr><td>体育</td><td>体育</td><td>体育</td><td>体育</td><td>体育</td><td>体育</td><td>体育与健康</td><td>体育与健康</td><td>体育与健康</td></tr>
<tr><td colspan="9">艺术（或选择音乐、美术）</td></tr>
<tr><td colspan="4"></td><td colspan="5">综合实践活动</td></tr>
<tr><td colspan="9">地方与学校开发或选用的课程</td></tr>
</table>

义务教育课程设计及比例

	年级									九年课时总计（比例）
	一	二	三	四	五	六	七	八	九	
课程门类	品德与生活	品德与生活	品德与社会	品德与社会	品德与社会	品德与社会	思想品德	思想品德	思想品德	7% ~9%
							历史与社会（或选择历史、地理）			3% ~4%
			科学	科学	科学	科学	科学（或选择物理、化学、生物）			7% ~9%
	语文	语文	语文	语文	语文	语文	语文	语文	语文	20% ~22%
	数学	数学	数学	数学	数学	数学	数学	数学	数学	13% ~15%
			外语	外语	外语	外语	外语	外语	外语	6% ~8%
	体育	体育	体育	体育	体育	体育	体育与健康	体育与健康	体育与健康	10% ~11%
	艺术（或选择音乐、美术）									9% ~11%
			综合实践活动							6% ~8%
	地方与学校开发或选用的课程									10% ~12%
周总课时数	26	26	30	30	30	30	34	34	34	274
学年总课时数	910	910	1 050	1 050	1 050	1 050	1 190	1 190	1 122	9 522

注：1. 表格内为各门课的周课时数，九年总课时按每学年 35 周上课时间计算。

2. 综合实践活动主要包括：信息技术教育、研究性学习、社区服务与社会实践以及劳动与技术教育。

第三节 高中课程结构

普通高中课程由学习领域、科目、模块三个层次构成，见下图。

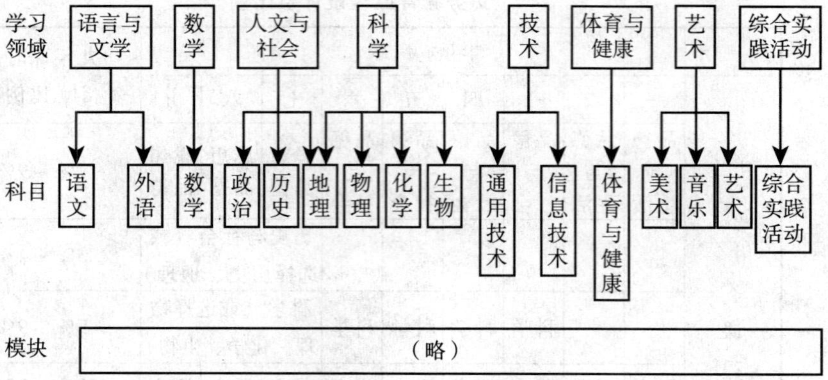

学习领域—科目—模块之间的具体构成与关系图

一、学习领域

高中课程设置了语言与文学、数学、人文与社会、科学、技术、体育与健康、艺术和综合实践活动八个学习领域。

设置学习领域能更好地反映现代科学综合化的趋势，有利于在学习领域的视野下研制各科课程标准，指导教师教学；有利于整体规划课程内容，提高学生的综合素养，体现对高中学生全面发展的要求；同时，要求学生每一学年在所有学习领域都获得一定学分，以防止学生过早偏科，避免并学科目过多，有利于学生全面发展。

二、科目

每一领域由课程价值相近的若干科目组成。八个学习领域共包括语文、数学、外语（英语、日语、俄语等）、思想政治、历史、地理、物理、化学、生物、艺术（或音乐、美术）、体育与健康、技术等 12 ~ 13 个科目。其中技术、艺术是新增设的科目，艺术与音乐、美术并行设置，供学校选择。鼓励有条件的学校开设两种或多种外语。

三、模块

每一科目由若干模块组成。模块之间既相互独立，又反映学科内容的逻辑联系。每一模块都有明确的教育目标，并围绕某一特定内容，整合学生经验和相关内容，构成相对完整的学习单元；每一模块都对教师教学行为和学生学习方式提出要求与建议。

模块的设置有利于解决学校科目设置相对稳定与现代科学迅猛发展的矛盾，并便于适时调整课程内容；有利于学校充分利用场地、设备等资源，提供丰富多样的课程，为学校有特色的发展创造条件；有利于学校灵活安排课程，学生自主选择并及时调整课程，形成有个性的课程修习计划。

普通高中学制为三年。课程由必修和选修两部分构成，并通过学分描述学生的课程修习状况。具体设置见下表：

普通高中学分与学生课程修习状况表

<table>
<tr><th>学习领域</th><th>科目</th><th>必修学分（共计116学分）</th><th>选修学分Ⅰ</th><th>选修学分Ⅱ</th></tr>
<tr><td rowspan="2">语言与文学</td><td>语文</td><td>10</td><td rowspan="12">根据社会对人才多样化的需求，适应学生不同潜能和发展的需要，在共同必修的基础上，各科课程标准分类别、分层次设置若干选修模块，供学生选择</td><td rowspan="12">学校根据当地社会、经济、科技、文化发展的需要和学生的兴趣，开设若干选修模块，供学生选择</td></tr>
<tr><td>外语</td><td>10</td></tr>
<tr><td>数学</td><td>数学</td><td>10</td></tr>
<tr><td rowspan="3">人文与社会</td><td>思想政治</td><td>8</td></tr>
<tr><td>历史</td><td>6</td></tr>
<tr><td>地理</td><td>6</td></tr>
<tr><td rowspan="3">科学</td><td>物理</td><td>6</td></tr>
<tr><td>化学</td><td>6</td></tr>
<tr><td>生物</td><td>6</td></tr>
<tr><td>技术</td><td>技术（含信息技术和通用技术）</td><td>8</td></tr>
<tr><td>艺术</td><td>艺术或音乐、美术</td><td>6</td></tr>
</table>

续表

学习领域	科目	必修学分（共计116学分）	选修学分Ⅰ	选修学分Ⅱ
体育与健康	体育与健康	11		
综合实践活动	研究性学习活动	15		
	社区服务	2		
	社会实践	6		

注：（1）每学年52周，其中教学时间40周，社会实践1周，假期（包括寒暑假、节假日和农忙假）11周。

（2）每学期分两段安排课程，每段10周，其中9周授课，1周复习考试。每个模块通常为36学时，一般按周4学时安排，可在一个学段内完成。

（3）学生学习一个模块并通过考核，可获得2学分（其中体育与健康、艺术、音乐、美术每个模块原则上为18学时，相当于1学分），学分由学校认定。技术的8个必修学分中，信息技术和通用技术各4学分。

（4）研究性学习活动是每个学生的必修课程，三年共计15学分。设置研究性学习活动旨在引导学生关注社会、经济、科技和生活中的问题，通过自主探究、亲身实践的过程综合地运用已有知识和经验解决问题，学会学习，培养学生的人文精神和科学素养。

此外，学生每学年必须参加1周的社会实践，获得2学分。三年中学生必须参加不少于10个工作日的社区服务，获得2学分。

（5）学生毕业的学分要求：学生每学年在每个学习领域都必须获得一定学分，三年中获得116个必修学分（包括研究性学习活动15学分，社区服务2学分，社会实践6学分），在选修Ⅱ中至少获得6学分，总学分达到144方可毕业。

学习领域—科目—模块及其学分分配

学习领域	科目	必修学分	模块（举例）或说明
语言与文学	语文	10	必修课程：由语文1～5五个模块组成，各2学分，共10学分 选修课程：由诗歌与散文、小说与戏剧、新闻与传记、语言文字应用、文化论著研读等5个系列组成，下设若干模块，每个模块2学分

续表

学习领域	科目	必修学分	模块（举例）或说明
语言与文学	英语	10	毕业达到 7 级水平 必修课程：共 10 学分，按模块英语 1 ~ 5 顺序开设，每个模块各 2 学分 选修课程：分两个系列，系列Ⅰ共 6 模块（即英语 6 ~ 11），每模块 2 学分。系列Ⅱ为任意选修课程，分三类（下设可供参考的模块）： 语言知识与技能类：初级英语语法与修辞，英汉初级笔译、英语应用文写作、英语报刊阅读、英语演讲与辩论 语言应用类：文秘英语、科技英语、信息技术英语、初级旅游英语、初级经贸英语 欣赏类：英语文学欣赏入门、英语影视欣赏入门、英语戏剧与表演入门、英语歌曲欣赏
	日语	10	毕业达到 5 级水平 必修课程：日语 1 ~ 5 五个模块，共 10 学分 选修系列 1：日语 6、日语 7 两个模块，共 4 学分 选修系列 2：由影视欣赏入门、小品演剧入门、作品欣赏入门、应用写作入门四个模块组成，各 2 学分
	俄语	10	毕业达到 5 级水平 必修课程：俄语 1 ~ 5 五个模块，共 10 学分 选修系列 1：选修 1 ~ 4 四个模块，各 2 学分 选修系列 2：语言与文化、文学与艺术、经贸俄语、旅游俄语、科技俄语 5 个模块，各 2 学分
数学	数学	10	必修课程：数学 1 ~ 5 共五个模块组成，各 2 学分 数学 1：集合、函数概念与基本初等函数Ⅰ（指数函数、对数函数、幂函数） 数学 2：立体几何初步、平面解析几何 数学 3：算法初步、统计、概率 数学 4：基本初等函数Ⅱ（三角函数）、平面上的向量、三角恒等变换

续表

学习领域	科目	必修学分	模块（举例）或说明
数学	数学	10	数学5：解三角形、数列、不等式 选修课程：由系列1~4四个系列组成 系列1：由2个模块组成，各2学分 系列2：由3个模块组成，各2学分 系列3：由6个专题组成，各1学分（开设不考虑先后顺序） 系列4：由10个专题组成，各1学分（开设不考虑先后顺序）
人文与社会	政治	8	必修课程：由思想政治1~4四个模块组成，各2学分 思想政治1：经济生活 思想政治2：政治生活 思想政治3：文化生活 思想政治4：生活与哲学 选修课程：科学社会主义常识、经济学常识、国家和国际组织常识、科学思维常识、生活中的法律常识、公民道德与伦理常识等6个模块，各2学分
	历史	6	必修课程：历史Ⅰ、历史Ⅱ、历史Ⅲ三个模块，共6学分 选修课程：历史上重大改革回眸、近代社会的民主思想与实践、20世纪的战争与和平、中外历史人物评说、探索历史的奥秘、世界文化遗产荟萃等6个模块，各2学分
科学	地理	6	必修课程：由地理1~3三个模块组成，各2学分 选修：由地球与宇宙、海洋地理、自然灾害与防治、旅游地理、城乡规划、环境保护、地理信息技术应用七个模块组成，各2学分

续表

学习领域	科目	必修学分	模块（举例）或说明
科学	物理	6	必修课程：由物理1、物理2两个模块组成，各2学分，另从选修模块中选择1个模块获2学分，共获6个必修学分 选修课程：由三个选修系列组成： 系列1：由两个模块组成，侧重物理学与社会的相互关联和相互作用，突出物理学的人文色彩，各2学分 系列2：由三个模块组成，侧重从技术应用的角度展示物理学，各2学分 系列3：由五个模块组成，侧重让学生较全面地学习物理学的基本内容，进一步了解物理学的思想和方法，较深入地认识物理学在技术中的应用及对经济、社会的影响，各2学分
	化学	6	必修课程：由化学1、化学2两个模块组成，各2学分，另从选修模块中选择1个模块获2学分，共获得6个必修学分 选修课程：由化学与生活、化学反应原理、化学与技术、有机化学基础、物质结构与性质、实验化学等6个模块组成，各2学分
	生物	6	必修部分：包括生物1：分子与细胞、生物2：遗传与进化和生物3：稳态与环境三个模块，各2学分 选修部分：包括选修1：生物技术实践、选修2：生物科学与社会和选修3：现代生物科技专题三个模块，各2学分
技术	信息技术	4	必修模块：信息技术基础，2学分，另从选修模块中选择一个模块获2学分，共获4个必修学分 选修模块：由算法与程序设计、多媒体技术应用、网络技术应用、数据管理技术、人工智能初步等5个模块组成，各2学分
	通用技术	4	必修模块：技术与设计1、技术与设计2两个模块，各2学分 选修模块：电子控制技术、简易机器人制作、现代农业技术、家政与生活技术、汽车驾驶与保养、建筑及其设计、服装及其设计等7个模块，各2学分

续表

学习领域	科目	必修学分	模块（举例）或说明
艺术	艺术	6	共4个系列16个模块，每个模块各1学分，共16学分。必修学分6学分（任选模块） 系列1（艺术与生活）：生活中的音乐、身边的设计、身体表达的艺术、戏剧创编入门 系列2（艺术与情感）：音乐的情感表现、视觉语言表达、舞蹈即兴表演、戏剧表演基础 系列3（艺术与文化）：民族民间音乐、图形的奥秘、舞蹈与服饰、中外戏剧欣赏 系列4（艺术与科学）：音乐与科学、材料与造型艺术、乐舞与身心健康、影视特技
	音乐	6	必修学分3学分（任选模块） 共6个模块： 音乐鉴赏2学分 歌唱、演奏、创作、音乐与舞蹈、音乐与戏剧表演各1学分
	美术		必修学分3学分（任选模块） 共5个系列 在美术览赏、绘画·雕塑·设计·工艺·书法·篆刻、现代媒体艺术等系列中开设若干模块供选择，每个模块1学分
体育与健康	体育与健康	11	设两级学习水平（水平五、水平六）和7个系列（包括田径类项目、球类项目、体操类项目、水上或冰雪类项目、民族民间体育类项目、新兴运动类项目6个运动技能和1个健康教育专题，每个系列下设若干模块，每个模块1学分），必修11学分，其中，健康教育专题和田径各必修1学分
另外，综合实践活动作为一个学习领域，包括研究性学习活动、社区服务与社会实践，共23个必修学分			

第三章 课程资源

课程资源是新一轮国家基础教育课程改革所提出的一个重要概念。没有课程资源的广泛支持，再美好的课程改革设想也很难变成中小学的实际教育成果。无论是国家课程的创造性实施，还是地方课程和校本课程的建设，都应该充分发挥当地社区和学校的课程资源优势，为促进学生个性的健康和多样化发展服务。

第一节 课程资源的意义

课程资源与课程存在着十分密切的关系，没有课程资源也就没有课程可言，有课程就一定有课程资源作为前提。

一、课程资源的特点

课程资源有广义与狭义之分。广义的课程资源指有利于实现课程目标的各种因素，狭义的课程资源则仅指形成教学内容的直接来源。综合两种观点，可以将课程资源视为课程设计、实施和评价等整个课程教学过程中可资利用的一切人力、物力以及自然资源的总和，包括教材、教师、学生、家长以及学校、家庭和社区中所有利于实现课程目标，促进教师专业成长和学生有个性的全面发展的各种资源。可以说在教育教学活动中可以开发与利用的资源多种多样，但需要明确的是，并不是所有的资源都是课程资源，只有那些进入课程，与教学活动联系起来的资源才是现实的课程资源。因此，从这个意义上说，课程资源的合理开发与有效利用是课程目标顺利达成的必要条件，也是课程改革顺利进行的有力保障。

关于课程资源的不同理解

王老师：课程资源不就是教材吗？就是教科书、教辅读物、教参、练习册等。

李老师：课程资源，就是图书馆、实验室、计算机房、教室等支撑课程教学的硬件设施、设备。

田老师：我觉得课程资源不仅包括学校的硬件设施，还包括一些软件资源，比如教师、学生、校风校纪等。

马老师：我认为课程资源是个很广泛的概念，一切能用于丰富课程教学的资源都是课程资源，所谓“满眼皆资源，处处是资源”。

朱老师：我比较同意马老师的看法，我认为课程资源就是可资利用的一切人力、物力以及自然资源的总和，包括教材、教师、学生、家长等学校、家庭、社区中所有的资源。

杨老师：我觉得朱老师的看法有点将课程资源泛化，我认为并不是所有的资源都是课程资源，只有那些进入课程，与教学活动联系起来的资源，才是现实的课程资源。

要正确地理解课程资源，还必须对其特点有个比较清晰的认识。课程资源具有以下显著特点：

1. 多样性

教材无疑是重要的课程资源，但课程资源绝不仅仅是教材，也绝不仅仅限于学校内部。课程资源涉及学生学习与生活环境中一切有利于达成课程目标的资源，它弥散于学校内外的方方面面，因而课程资源具有广泛多样的特点。不同的地域，可资开发与利用的课程资源不同，其构成形式和表现形态各异；不同的文化背景下，人们的价值观念、道德意识、风俗习惯、宗教信仰等具有独特性，相应的课程资源也各具特色；学校性质、规模、位置、传统以及教师素质和办学水平的不同，学校和教师可以开发与利用的课程资源自然有差异；学生个体的家庭背景、智力水平、生活经历的不同，可供开发与利用的课程资源必然会有所区别。

2. 价值潜在性

多种多样的资源为学校和教师因地制宜地开发与利用提供了广阔

的空间。尽管如此，我们应该注意的是，只有那些真正进入课程，与教育教学活动联系起来的资源，才是现实的课程资源。从这种意义上看，一切可能的课程资源都具有价值潜在性的特点。

3. 多质性

同一资源对于不同课程具有不同的用途和价值。例如，动植物资源，可以成为学生学习生物学知识的资源，也可以成为学习环境学、生态学知识的资源，还可以成为学生调查、统计的资源。如学校附近的山，既可以用于体育课程中的体育锻炼，也可以用于劳动技术教育中的植树绿化；既可以在艺术教育中陶冶学生的情操，也可以在生物课中用来调查动植物的种类。课程资源的这一特点，要求教师独具慧眼，善于挖掘课程资源的多种利用价值。

二、课程资源的分类

所谓课程资源的分类，就是要把众多的课程资源，按照一定的标准、原则、特点，把它们区分开来，以便更好地认识、开发和利用它们。下面列举了一些课程资源的分类。

1. 根据来源，课程资源可分为校内课程资源和校外课程资源

校内课程资源包括校内的各种场所和设施，校内人文资源，与教育教学密切相关的各种活动。校内课程资源是实现课程目标，促进学生全面发展的最基本、最便利的资源，课程资源的开发与利用首先要着眼于校内课程资源。

校外课程资源包括学生家庭、社区乃至整个社会中各种可用于教育教学活动的设施和条件以及丰富的自然资源。校外课程资源可以弥补校内课程资源的不足，充分开发与利用校外课程资源能为我们转变教育教学方式，适应新课程提供有力的支持和保证。

2. 根据物理特性和呈现方式，课程资源可分为文字资源、实物资源、活动资源和信息化资源

文字的产生，纸张和印刷术的发明促进了人类文化的传播和教育教学活动的发展，以教材为主的印刷品记录着人们的思想，蕴涵着人类的智慧，保存着人类的文化，延续着人类的文明，直到今天仍然是最重要的课程资源。

实物资源表现为多种形式，一类是自然物质，如动植物、矿石等；一类是人类生产生活过程中创造出来的物质，如建筑、机械、服饰等；一类是为教育教学活动专门制作的物品，如笔墨纸砚、模型、标本、挂图、仪器等。实物形式的课程资源具有直观、形象、具体的特点，是常用的课程资源。

活动资源内容广泛，包括教师的言语活动和体态语言、班级集体和学生社团的活动、各种集会和文艺演出、社会调查和实践活动，以及师生之间、学生之间的交往，等等。充分开发与利用活动课程资源，有利于打破单一的课堂接受模式，使学生在掌握知识的过程中，增进社会适应和社会交往，养成健全的人格。

以计算机网络为代表的信息化资源具有信息容量大、智能化、虚拟化、网络化和多媒体的特点，对于延伸感官、扩大教育教学规模和提高教育教学效果有着重要的作用，是其他课程资源所无法替代的。随着教育现代化进程的不断推进，信息化课程资源的开发与利用已势在必行，它将是最富有开发与利用前景的资源类型。

3. 根据功能特点，可以把课程资源划分为素材性课程资源和条件性课程资源

素材性课程资源包括知识、技能、经验、活动方式与方法、情感态度和价值观等方面的因素，其特点是作用于课程，并且能够成为课程的素材或来源。

条件性课程资源包括直接决定课程实施范围和水平的人力、物力、财力、时间、场地、媒介、设备、设施和环境，以及对于课程的认识状况等因素，其特点是作用于课程却并不是形成课程本身的直接来源，但它在很大程度上决定着课程的实施范围和水平。当然，素材性课程资源与条件性课程资源之间并没有绝对的界线，现实中的许多课程资源如图书馆、博物馆、实验室、互联网络、人力和环境等，往往既包含着课程的素材，也包含着课程的条件。

此外，根据性质，课程资源还可以分为自然课程资源和社会课程资源；根据存在方式，课程资源还可以分为显性课程资源和隐性课程资源。

需要说明的是，对课程资源进行分类本身不是目的，列举课程资源的不同分类方式旨在开拓课程资源开发与利用的视野，展现课程资源开发与利用的广阔前景，避免可能出现的偏颇。如在实践中我们可能比较重视校内资源，忽视校外资源；比较注重文字和实物资源，淡化活动资源和信息化资源；可能看到了显性资源，忽视了隐性资源；

可能过分强调条件性资源，遮蔽了素材性资源……我国幅员辽阔，各地经济发展存在着很大差异，民族众多，文化特色不同，课程资源分布不均衡，在课程资源开发与利用的过程中，就需要发挥主观能动性，扬长避短，突出学校特色，显现学科和教师个性。

第二节 课程资源开发与利用的理念和原则

教育教学中可以利用的课程资源丰富多彩，学校应充分挖掘并有效利用校内外各种课程资源。那么，到底如何正确地理解课程资源的开发与利用呢？

一、课程资源开发与利用的基本理念

开发和利用课程资源，需要明确课程资源的基本理念。这是当前课程资源建设中容易被忽视却又十分重要的问题。

1. 课程标准和教科书等是基本而特殊的课程资源

与纸张印刷时代的要求相适应，教学大纲和教材一直是我国学校教育的主要课程资源，特别是教科书曾经几乎成为唯一的课程资源。随着时代的发展和社会的进步，教学大纲和教材的形式和内容也会不断地发生变化，例如教学大纲变成课程标准，“一纲一本”变成“一标多本”等，但从普遍的情况来看，课程标准和教材等教学材料仍然是最基本的课程资源。当然，这种基本的课程资源具有相当大的特殊性，它们在很大程度上反映着国家的意志，代表了国家对于基础教育的基本要求，为基础教育树立了一个基本的统一的标杆和尺度，是政策性很强的课程资源。

教材是教学内容的重要载体，教材的开发和利用不仅要呈现学科知识，还应该考虑到如何有利于引导学生利用已有的知识与经验，主动地探索知识的发生与发展；同时也应有利于教师创造性地开展教学活动；有利于培养学生的创新精神和实践能力、收集和处理信息的能力、获取新知识的能力、发现和解决问题的能力以及交流与合作的能力，发展对自然和社会的责任感。所以，教材的编写应符合课程标准的要求，遵循学生的心理发展特点，精选对于学生终身学习必备的基础知识与技能，从学生兴趣与经验出发，及时体现社会、经济、科技

的发展，尝试以多样、有趣、富有探索性的素材展示教育内容，并且能够提出观察、实验、操作、调查、讨论等方面的建议。

一方面，我们要确认课程标准和教材是最基本的课程资源，重视教材建设，充分发挥教材在教学中的重要作用。在教材的开发和建设方面，需要进行结构上的突破，体现时代发展的多样化需求。但另一方面，又必须认识到教材不是唯一的课程资源。要改变教材作为唯一课程资源的观念，合理构建课程资源的结构和功能。在课程政策上要鼓励教师从“教教材”向“用教材教”扩展，使教师成为课程资源的重要决策者。

2. 教师是最重要的课程资源①

教师，兼具条件性和素材性两种课程资源的特点：

（1）教师是学校中最重要、最宝贵的条件性课程资源。在影响办学水平的众多条件性因素中，人的因素是具决定性的，这其中既有生源质量、管理者水平，更有教师队伍整体的素质。学校的场地、媒介、设备、设施、图书等物质形式的条件性课程资源，其价值具有相对的潜在性和被动性，其价值能否发挥、发挥的程度如何，取决于使用者的课程资源意识和利用水平。教师作为这些资源的主要利用者，如果在教育教学中不加利用，其价值为零；利用不充分，其价值发挥就会很有限：若利用不当，则还可能有负面的影响。而优秀的教师不仅可以将教学生活化、活动化、灵活化，使自身的资源价值充分体现，而且可在自身以外的课程资源极其紧缺的情况下“无中生有”、“化腐朽为神奇”，实现课程资源价值的超水平发挥。我们常常会看到：学校没变，学生没变，教材也没变，不过是换了位教师，教育教学效果就可能有天壤之别。无论是在繁华的都市学府，还是在偏僻的乡间村校，都可见这样的优秀教师的身影。他们是支撑国民教育的脊梁，是影响课程实施的首要的条件性课程资源。学校的设施再精良，教师的作用都是无可替代的。

（2）教师的学识、人格、对待学生的态度及教学方式等，是重要的素材性课程资源。教师的专业知识和技能、教学智慧、人格魅力、价值取向、人生态度、与学生的关系等诸多方面的素养，潜移默化且深刻地影响着课程的实施和学生的发展。孩子往往因为喜欢一位

① 常学勤：《课程资源开发与教师专业发展》，《人民教育》2008年第18期。

教师而喜欢这位教师所教的课程。教师令学生喜欢的原因多种多样：知识渊博，独到深刻，风趣幽默，教学艺术高超，善于体察和沟通，为人公道正派，有亲和力，多才多艺，甚至漂亮、潇洒、时尚、有个性，都可成为学生喜欢教师的理由。所谓“亲其师，信其道”，教师身上那些令学生倾慕的因素会通过教育教学活动润物无声地在学生的身上体现和延续。同理，教师如果素质不高，也会对学生产生不良影响。由此可见，在教育实践中，教师素养是一种重要的素材性课程资源。在当今价值多元的社会中，人们的价值选择趋于多元。作为教师，其价值取向、人生态度，不仅决定着自身的发展方向和水平，更由于其与学生微妙的心灵接触，潜移默化且深刻地影响着新课程的实施和学生的发展。有人说：“好的师生关系，就是好的教育质量。”准确地说应该是：在教师学高身正的前提下，好的师生关系，就是好的教育质量。从某种意义上说，教育的全部意蕴包含在师生关系中，教育过程甚至可以看作是师生关系形成和建立的动态过程。

3. 教学过程是师生运用课程资源共同建构知识和人生的过程

长期以来，由于课程设计上的封闭性，教师缺少课程资源的合法决策权力，因而也就缺少相应的课程资源意识和开发与利用能力，教师和学生的生活、经验、问题、困惑、理解、智慧、意愿、情感、态度、价值观等丰富的素材性课程资源通通被排斥在教学过程之外，原本十分丰富的教学过程缩减成为单一的传授书本知识和解题技能的过程，一种狭义的“双基”成为教和学的客观对象与目标，教师、学生在课程和教学中的积极性、主动性和创造性被束缚了。

事实上，教师和学生在课程与教学中的主体地位的丧失，不仅否定了教学过程中知识的主观属性，也否定了教学过程作为师生共同的生活过程和人生过程的现实性，而且最终把教学过程窄化为“教教材、学教材、考教材”，甚至滑入“考什么，教什么；教什么，学什么”的怪圈。

应该看到，书本知识是重要的课程资源，具有客观属性，是教师教学和学生学习的对象，对此我们仍然必须重视。但同时，知识也具有主观属性，是人类主观认识的成果，因而也可以是师生在教学过程中共同建构起来的。仅仅把知识当作纯粹的客观对象来学习的时候，很容易把学生学习的知识演变为固定不变的唯一结论或真理，导致教学过程成为一个简单的传授标准答案的过程。这样，广大中小学教师在教学过程中的处境就会十分尴尬，绝大多数学生在教学过程中只能处于一个被动接受的地位，教学过程失去了应有的生机和活力。

一个有意义的教学过程，除了具有学习客观知识的特点之外，还应该成为广大师生运用课程资源共同建构知识和人生的生活过程。只有当广大师生的生活、经验、智慧、理解、问题、困惑、情感、态度、价值观等素材性课程资源能够真实地进入课程、进入教学过程的时候，教师和学生才会真实地感受到教学过程是他们的人生过程，是他们生命的有机组成部分，教学才有可能真正地促进学生的健康成长和健全发展，才有可能不断地提高教师的专业发展水平，才有可能普遍地恢复它应有的生机和活力。

二、课程资源开发与利用的基本原则

俗话说，没有规矩，不成方圆。从广义的角度来讲，凡是有利于实现课程目标，有助于促进学生主动学习与和谐发展的资源都应该加以开发和利用。但课程资源的开发与利用并不是随意把某些资源用于课堂教学，而是要遵循一定的基本原则的。只有遵循了这些原则，才能充分挖掘并合理利用那些具有开发和利用价值的课程资源，才能促进学生、教师和学校的发展。以下是一些开发与利用课程资源应遵循的基本原则：

1. 共享性原则

信息时代，任何一个人所了解的信息都是有限的。资源只有共享，其价值才能得到更加充分的发挥。有形的资源共享固然重要，无形的资源如经验、智慧如果能够共享，则更具有价值。萧伯纳曾经说过这样的话：你有一个苹果，我有一个苹果，交换之后，每个人还是只有一个苹果；然而，你有一种思想，我有一种思想，交换之后，每个人就有两种思想。

2. 经济性原则

课程资源的开发与利用要尽可能用最少的开支和精力，达到最理想的效果，具体包括开支的经济性、时间的经济性、空间的经济性和学习的经济性。开支的经济性，是指用最节省的经费开支取得最佳效果，尽可能开发与利用那些不需要多少经费开支的课程资源，不应借口开发与利用课程资源而大兴土木，盲目引进硬件设备，不计高昂的经济代价。时间的经济性，指尽可能开发与利用那些对当前教育教学有现实意义的课程资源，而不能一味等待更好的条件或时机，否则就会影响新课程的实施。空间的经济性，是指课程资源的开发与利用要尽可能就地取材，不应舍近求远，好高骛远。校内有的不求诸校外，本地有的不求诸外地。学习的经济性，是指尽可能开发与利用能激发学生学习兴趣的课程资源。如果引入教育教学活动的课程资源意图不明确、晦涩难懂，不仅达不到预期的目的，反而可能加重学生的学习负担。

3. 实效性原则

课程资源的开发与利用是为了课程目标的有效达成和促进学生的全面发展，学生需要学习的东西很多，远非学校教育所能包揽，因而必须在可能的课程资源范围内和在充分考虑成本的前提下突出重点，针对不同的课程目标，精选那些对学生终身发展具有决定意义的课程资源。一般说来，每一种课程资源对于将来的课程目标具有不同的作用和功能，不同的课程目标就需要开发与利用不同的课程资源；但是，由于课程资源本身的多质性，同一的课程资源又可以服务于不同的课程目标；所以，课程资源的开发与利用就必须在明确课程目标的前提下，认真分析与课程目标相关的各种各类课程资源，认识和掌握各自的性质和特点，这样才能保证开发与利用的针对性及其实效性。

4. 因地制宜原则

尽管课程资源多种多样，但是相对于不同的地区、学校、学科、教师和学生，可资开发与利用的课程资源具有极大的差异性。因此，课程资源的开发与利用不应强求一律，而应从实际情况出发，发挥地域优势，强化学校特色，区分学科特性，展示教师风格，扬长避短，取长补短，因地制宜、因人制宜地开发与利用课程资源。

我们是怎样开发与利用课程资源的

我们的学校地处贵州某贫困山区，是个苗族聚居区，相对于城市学校来说我们的硬件设备、实验仪器等都比较缺乏，但我们也有自己的优势——丰富的人文地理资源。

比如，在上艺术课时，我们学校没有钱买钢琴、手风琴，但这并不妨碍我们对音乐的热爱，我们请来乡里的民间艺人、民族歌手来教学生们拉二胡和吹唢呐、芦笙、口琴以及唱民歌、地方戏曲等，我们甚至还把音乐、舞蹈课开到了村头、打谷场等。

蜡染是我们的传统工艺，学生们每天都接触得到。为此，我们尝试利用蜡染融合各门学科教学，使之作为教学的起点。比如说历史，蜡染工艺始于秦汉，发展于唐宋，明清以后自中原内地传至西南边陲，在贵州落地生根。由此开始，我们还可以介绍秦汉的政治、军事、经济、文化状况，并以此类推，将学生们带入中国波澜壮阔的历史长河。

因为蜡染服装要用到棉布与染料如蓝靛等，所以，在地理教学中，我们专门请来乡农技站的研究员介绍棉与蓝靛的植物特性及其种植的气候条件。西南地区气候温和、雨量充沛，是种植棉与蓝靛的理想地域；继而推及其他农作物及经济作物的种植与特性。

另外，装饰图案多种多样的蜡染服装本身就是美术课现成的教具。大自然的鸟兽鱼虫、花草树木、山水风光均可引入蜡染纹样，如蝴蝶纹、鱼尾纹、蜈蚣纹、龙纹、马蹄纹、旋涡纹、梨花纹、铜鼓纹等。蝴蝶纹还与苗族传说有关，由此还可以引申到中国关于蝴蝶的最凄美动人的故事——梁山伯与祝英台，并结合音乐欣赏小提琴协奏曲《梁山伯与祝英台》等。当然，蜡染还有多种用途，比如，染料的配置可以用于化学课，还可以开设蜡染工艺选修课等。

第三节 课程资源开发与利用的途径

课程资源的开发和利用要根据各地和各学校的实际情况，广开思路，发掘校内外的更加具有针对性和适应性的素材性课程资源和条件性课程资源，从而更好地发挥它们的作用。正如《基础教育课程改革纲要（试行）》所要求的，“积极开发并合理利用校内外各种课程资源。学校应充分发挥图书馆、实验室、专用教室及各类教学设施和实践基地的作用；广泛利用校外的图书馆、博物馆、展览馆、科技馆、工厂、农村、部队和科研院所等各种社会资源以及丰富的自然资源；积极利用并开发信息化课程资源。”

此外，要逐步建立课程资源管理数据库，拓宽校内外课程资源及其研究成果的分享渠道，提高使用效率，比如可以编制各种各样的《课程资源登记表》，将课程资源的类型、所有者、获取方式、开发动态和使用事项等进行登记，各种表格分类存档，归口管理，以便查找和使用。

一、探讨符合学生兴趣的教学活动方式、教学手段和教学用具

研究青少年的普遍兴趣以及能给他们带来欢乐的种种活动，既有利于发现多姿多彩的奖赏方式，帮助学生树立刻苦学习和取得良好学业的信心，也可以启发教师打开记忆的宝库，从自己以往与学生交往的经验中挖掘出大量有益的参考资料。教学方式特别是学习方式本身就是重要的课程资源。就学习动力而言，研究普通青少年的种种活动与兴趣，尤其是调查特定课程受教对象的兴趣和活动是大有益处的，从中可以归纳出能够唤起学生强烈求知欲的各种教学方式、手段、工具、设施、方案、问题，以及如何布置作业、安排课堂内外学习等诸多要素，帮助学生更好地达成课程目标。各种教学用具是重要的课程资源。要根据教学的需要和学校以及学生的实际情况，创造性地开发和利用各种教具和学具，为提高教学质量和教学水平服务。教学用具的开发和使用要因地制宜，简便实用，与学校和学生的发展水平相适应。

二、研究和确定学生的发展基础以及相应的教学材料和要求

各门课程的选材都应该取舍得当，为此不但需要了解受教学生目前已经具备了哪些知识、技能和素质，而且应该兼顾他们中的差异，设计大量方案，组织多种活动，准备相应的教学材料。因此，掌握学生现有知识、技能和素质的水平，收集适应其技能高低和知识多寡不同的各种活动和材料以利因材施教，是各门课程选材的必要依据。比如，学生的水平难以整齐划一，为了满足所有学生的要求，阅览室和其他阅读材料汇编就应该备有从不同层次介绍同一主题的资料。同样，向学生布置作业，也应根据实际情况，从众多的方案和活动中选取与他们的知识、技能水平相当的项目指定他们去完成。各种练习材料，其具体的内容往往需要课程设计者根据循序渐进的原则加以提取和编排。

很多技能都具有通用价值，教师可以将这些技能做一番调查整理，形成一个对于各门学科和多种课外情境都有参考价值的技能清单。至于态度、兴趣和接受能力等，虽然也有通则，但这方面的研究很难提供通用的标准素质清单。所以必须结合实际情况，在调查研究的基础上选定作为课程组织成分之一的素质标准。

教师为学生提供的反馈材料，特别是向学生指出学习中的差错并分析原因的反馈材料，可以很好地帮助学生找出课程学习中的难点。教师甚至可以自己尝试收集学生常犯错误的资料，设计和整理成各种特定技能和知识领域的核查表，从而及时提供反馈性的教学材料。

学生的经验、感受、创意、见解、问题、困惑等是重要的素材性课程资源，具有很强的动态生成性，应该即时地捕捉、归纳和总结，使之成为教学过程的生长点。

三、开发和利用乡土资源，安排学生从事课外实践活动

乡土资源主要指学校所在社区的自然生态和文化生态方面的资源，包括乡土地理、风俗习惯、传统文化、生产和生活经验等。这些资源可以有选择地进入地方课程、校本课程乃至国家课程的实施过程中，成为师生共同建构知识的平台。教师可以结合乡土资源，安排课外实践，引导学生将自己学到的知识、技能和素质恰如其分地运用于实践。一般说来，教师对校内环境及所在社区的某些方面都有所了

解，应该加以很好的开发和利用。至于学生平时的课外活动以及有些什么其他学以致用的机会，则恐怕要靠学生自己介绍，这时学生的生活经验可以发挥更大的作用。所以，老师应该注意发掘学生生活经验方面的资源，引导学生将书本知识转化为实践能力。

四、总结和反思教学经验

教学工作本身是很复杂的，因而需要不断地学习，不断地总结与思考。教学的新知识、新技能和新策略有多种多样的来源——来源于研究，来源于新教材和新手段，来源于先进教学法的报道，来源于同事，来源于督导人员，来源于对教学的自我总结，来源于对课堂学习情况的思考等。教师们要不断地考虑如何来充实自己的教与学的知识库，并且为增加这方面的方法论知识作出不懈的努力，通过自我总结和积极借助他人的反馈来分析自己的学习需要和学习风格，不断提高自己的专业发展能力。教师应该善于运用教学日志、研究小组和个人教学心得集锦夹、同事指导和建议等自我评价和合作总结的手段、方法和策略，提高自我总结和教学反思的水平。

总结和反思教学实践经验有许多的方法和技术，工作日志、录音带或录像带以及个人教学档案袋等自我总结的方法和策略，不仅可以使教师给自己的教学实况留下记录，可以使教师对自己的教学发展路径作长期的跟踪，还可以对自己的进步作长期的分析，从而找出有待进一步学习和改进的地方。其他方法和技术包括对教师进行有组织安排的和无需组织安排的相互观摩、研讨和帮助。教师还要有机会组织研究小组，开展经验交流，加入各种专业活动网络等，从而更好地了解教学研究的动态，逐步使自己成为教学知识的生产源。

五、根据现有条件和实际情况，广泛利用校内外的场馆资源

图书馆、阅览室等是重要的课程资源，要有步骤地帮助学生掌握图书情报检索方面的常识，培养学生获取信息的基本技能，更加主动和便捷地利用图书馆的资源。科技馆的充分利用有利于拓宽学生的科学视野，加强学生对学习科目如科学、自然、地理等课程的直观和形象的理解，为正式的课程教学提供强有力的支持。我国是一个历史和文化积累非常深厚的国家，有着丰富的历史底蕴和资源。全国各地的各种博物馆、人文景点、爱国主义教育基地等就是这种历史文化宝库

的重要组成部分，具有重要的课程资源开发价值。在开发形式的选择上，一方面要加强学校与博物馆的联系，另一方面也可以将博物馆与学校相应的课程如历史与社会等结合起来，或者通过网络和光盘等形式传播博物馆资源。此外，各种有利于学生身心发展的运动场馆、专用教室、设备和设施、实践基地、科研院所、部队、工厂、农村等社区资源以及丰富的自然资源，都是可供开发和利用的课程资源。

鉴于目前国内科技馆的建设现状，在开发和利用场馆资源的过程中可以考虑选择较为典型的科技馆作为样本，运用现代信息和媒体技术，如制作成光盘或通过上网等途径实现这些资源的广泛交流和共享。

六、发挥网络资源的作用

现代信息技术的发展正在突破各种资源的时空限制，使得课程资源的广泛交流与共享成为可能。为此，教师一方面要充分利用各种网络资源为教育教学工作服务，同时也要积极参与网络资源的建设，运用网络技术贡献自己的教育教学经验和成果，使之成为网络资源的一部分，与广大同行交流和分享；另一方面，还要鼓励学生学会合理选择和有效利用网络资源，从而增加和丰富自己的学习生活经验。

分析与思考

1. 谈谈你对书中所列几种课程定义的理解。

2. “课程是学生的精神食粮，课程结构和内容质量直接影响乃至决定学生智力、品格、体质的发展。”试从这一基本观点出发，阐述课程及其课程改革对学生发展的重大意义。

3. 如何理解“儿童是课程的主体”？

4. 你认为与传统高中课程比较，高中新课程方案的主要变化有哪些？它的基本特征是什么？设置模块课程的意义与价值主要体现在哪些方面？

5. 有三位将要升入高中的学生甲、乙和丙，他们听说实行高中新课程后学生可以自主选择课程，感到非常高兴。学生甲想用第一年的时间把体育全部学习完，然后集中精力学习语、数、外等课程；学生乙打算在第一年把自己要学的物理全部学完，在第二年把化学学完，在第三年再学习生物；学生丙则更加高兴，他的物理成绩不太好，所以，他打算进高中后不再学习物理，而从其他科目上把学分学够……。请问这三位学生的想法符合新课程的要求吗？为什么？

6. 我们有教科书，为什么还要提出课程资源的问题？

7. 组织一次讨论，列举和分析当前学校课程资源浪费、闲置的现象和成因。

8. 结合所学学科的特点，阐述怎样开发和利用课程资源。

主要参考文献

1. 朱慕菊主编：《走进新课程》（第二章、第三章），北京师范大学出版社 2002 年版。

2. 张华著：《课程与教学论》（第一章、第五章），上海教育出版社 2000 年版。

3. 杨九俊、吴永军主编：《从理解到行动·通识卷》（第三章、第四章），江苏教育出版社 2003 年版。

4. 余文森、吴刚平著：《新课程的深化与反思》（第 4 专题），首都师范大学出版社 2004 年版。

5. 教育部基础教育司、师范教育司组织编写：《课程资源的开发与利用》，高等教育出版社 2004 年版。

6. 教育部基础教育司、师范教育司组织编写：《学校课程方案的形成与学生选课指导》，高等教育出版社 2004 年版。

7. 钟启泉、崔允漷主编：《新课程的理念与创新——师范生读本》（第 3 讲、第 4 讲），高等教育出版社 2003 年版。

8. 钟启泉、崔允漷、吴刚平主编：《普通高中新课程方案导读》，华东师范大学出版社 2003 年版。

9. 刘兼：《国家课程标准的框架和特点分析》，《人民教育》2001 年第 11 期

10. 余文森、康长运：《试论课程改革的意义》，《中国教育学刊》2003 第 6 期。

第5单元

教学观

教学是学校的中心工作，是实现教育目的、培养目标的基本途径。教师的主要时间和精力是花在教学工作上的，确立什么样的教学观，以及在什么样的教学观指导下工作，对教师乃至学校整个教育工作都具有重大意义。新课程要求我们确立全新的教学观——发展、交往、生成的教学观。

第一章　教学的认识

教学的概念、规律、原则是教学原理的核心内容，学习教学原理有助于提升我们对教学理论的认识。而确立与新课程相适应的体现素质教育精神的教学观，则是我们开展教学改革的认识前提。

第一节　教学的意义

教学的基本含义是什么？它与智育、自学、课程等相关概念有什么联系和区别？教学有什么作用？这是学习教学理论必须首先了解的问题。

一、教学的一般概念

与“教育”的概念相对应，教学也有广义、狭义之分。从广义上看，凡是有教有学、教与学统一的活动，都可称作教学。这里，教学包含了通过某种传授形式获得知识和发展的一种活动。狭义的教学指学校的教学活动，是教师有计划、有组织地引导学生学习教材，掌握知识、技能，发展智能，增强体质，形成科学世界观和良好个性的教育活动。它包括三层含义：（1）教学是教师的“教”和学生的“学”组成的双边活动。其中教师的教指导、影响着学生的学，并且是为了教会和促进学生的学习。但教学并不是教与学的简单相加，而是教与学两个方面相辅相成、辩证统一的活动过程。（2）教学是学校教育活动的重要组成部分，主要目的是进行知识、技能的转化，并在此基础上发展学生的智力、能力与体质，培养学生科学的世界观、良好的道德品质和健全的个性，即促进学生各方面的健康发展。（3）教学活动主要是以教学内容为中介，通过传授和学习教学内容来进行的。教学内容把教与学连接起来，并成为教与学的依据及其成效的检验标准。

教学不同于智育。教学是学校实现教育目的的基本途径，智育则是全面发展教育内容的一个重要组成部分。教学不仅要完成智育的任务，而且要完成其他各育的任务。而智育也需要通过教学以外的其他活动才能全面实现。

教学与自学也是既有联系又有区别。教学由教与学两个方面组成。其中，学既包括学生在教师的直接教授下的学习，也包括学生围绕课堂教学而进行的预习、复习与独立作业等自学活动；而教的目的就是要不断提高学生的自学能力，达到能独立自主地学习，诚如著名教育家叶圣陶先生曾说过的："教是为了达到不需要教。"但是，教学与学生在教学之外独立进行的自学有一定的区别。自学是学生独立自主进行的学习，不同于教学中的预习、复习和作业。

五种教学

关于教学的理解，王策三先生将其归纳为以下几种：第一种，最广义的理解。一切学习、自学、教育、科研、劳动，以至生活本身，都是教学。这种理解至今仍有一定的道理。第二种，广义的理解。在这种理解下，教学已经不再是某些自发、零星、片面的影响，从内容到形式都体现出有目的、有领导、经常而全面的影响。这就区别于生活本身和一般的学习或自学。不过，这种教学与"教育"一词通常表示的含义没有什么区别。第三种，狭义的教学。它指的是教育的一部分和基本途径。它以传授和学习知识技能为主要内容，它对学生的身心的多方面影响都是紧紧结合知识的传授和学习来进行的。第四种，更狭义的教学。在有的场合下，教学被理解为使学生学会各种活动方法和技能的过程，如在小学教学生阅读，写字，算算术。它有训练的意思。第五种，具体的教学。以上四种类型的教学，都是教学的抽象。可是事实上，教学都是具体的，都是与一定的时间、地点和条件相联系的。一旦谈论具体的教学，那么，教学本身以及关于教学的观点，就更加是极其多种多样了。

节选自：王策三：《教学论稿》，人民教育出版社 1985 年版，第 86—88 页。

教学与课程的关系是当前备受关注的问题，其中有两种极端的观点。一种观点是大教学小课程（如图 5－1 所示），认为教学是上位概念，课程是包含于其中的，只是教学的一个部分，其突出代表是苏联教育家，我国一些学者也持相同观点。该观点认为课程是教学内容的代名词，属于教学的一部分；课程也往往被具体化为教学计划、教学大纲和教科书三部分。另一种观点是大课程小教学（如图5－2所示），认为课程涵盖的范围要宽于教学，教学只不过是课程的一个组成部分而已。这种看法在北美比较普遍，认为教学只是课程的实施与设计。其实，课程与教学是相互关联的，与其说是两件事，毋宁说是一件事的两个方面，从来没有也不可能彻底分开。同时，课程与教学在逻辑上又是可分的，从而有各自研究的侧重。课程主要强调学习的范围（知识或活动或经验），教学主要强调教师对学生引导的行为（教授或对话或引导）。再次，课程与教学属目的与手段的关系，两者在一定程度上，还可以认为是内容与形式的关系。正是因为这种“胎连式”关系，“课程教学”一词已被人们接受，且被广泛采用。

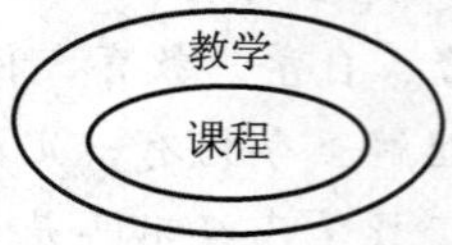

图5－1　大教学小课程模式图

图5－2　大课程小教学模式图

关于如何来看待课程与教学之间的关系的问题，美国学者塞勒（J. G. Saylor，et al.）等人提出的三个隐喻可以帮助我们思考和考察这个问题的实质。

隐喻一：课程是一幢建筑的设计图纸，教学则是具体的施工。设计图纸会对如何施工作出非常具体的计划和详细的说明。这样，教师便成了工匠，教学的好坏是根据实际施工与设计图纸之间的吻合程度，即是否达到设计图纸的要求来测量的。

隐喻二：课程是一场球赛的方案，这是赛前由教练员和球员一起制定的；教学则是球赛进行的过程。尽管球员要贯彻事先制定好了的打球方案或意图，而达到这个意图的具体细节则主要由球员来处理。他们要根据场上具体情况随时作出明智的反应。

隐喻三：课程可以被认为是一个乐谱，教学则是作品的演奏。同样的乐谱，每一个演奏家都会有不同的体会，从而有不同的演奏，效果也会大不一样。为什么有的指挥家和乐队特别受人欢迎？主要不是由于他们演奏的乐曲，而是他们对乐谱的理解和演奏的技巧。

这三个隐喻不仅涉及课程与教学的关系，而且触及何为教学的问题。例如，隐喻一隐含着“教学是门科学”，隐喻二和三隐含着“教学是种艺术”。关于教学是科学还是艺术的问题，是教学理论中最为引人注目的问题。

参见：施良方：《课程理论——课程的基础、原理与问题》，教育科学出版社 1996 年版，第 139 页。

二、教学的作用

首先，教学是学校实施德育、智育、体育、美育和劳动技术教育，实现教育目的，促进学生全面发展的基本途径，对学生的身心发展有着全面且深刻的影响。其作用表现是：（1）教学是实施智育的基本途径，对学生掌握知识技能、发展智力、形成能力有巨大的作用。因为教学可以突破时间、空间和个人直接见闻的局限，扩大学生认识的范围，加快学生认识的速度，使学生在较短的时间内用较少的精力，较顺利地掌握人类需要数百年甚至数千年才能获得并积累起来的大量的知识和技能，又因为知识技能是智力能力发展的重要基础，教学又是一种计划性、组织性很强的活动，因此教学也是促进学生智力能力发展的有力手段。（2）教学是实现德育的基本途径，对学生思想品德和良好个性的形成和发展有着深刻的影响。教学使德育获得了科学认识的基础。尽管学生世界观、思想品德和个性的形成与发展要通过各种途径在更广阔的领域来实现，但科学的世界观、良好的思想品德和个性，其形成和发展是必须建立在科学知识基础之上的。不仅思想品德课、政治思想课要通过教学并借助于其他各科教学奠定的基础来进行，而且自然学科和社会、艺术学科的教学，也是促进学生科学世界观、良好思想品德与个性形成和发展的重要基础。所有学科教学中的学习又是一种系统的艰苦劳动，对培养学生的良好思想品德与个性也有巨大的作用。大量的事实也表明，许多青少年所犯的错误及犯罪行为，同无知和精力未能运用到学习上有着密切的关系。（3）教学也是学校实施体育、美育、劳动技术教育的基本途径。学校通过专门开设的体育、卫生保健、音乐、美术、书法及生产劳动诸多课程，对学生进行专门的体育卫生知识和体育项目、审美观点和审美能力、现代生产基本原理与劳动技能的教学。除此之外，学生还可以从其他各科教学中获得关于人体、环境科学、美学、现代工农业生产等方面的知识和审美感知，从而有力地促进学生体力、审美感与能力、劳动技能等的发展。

因此，教学是学校实现全面发展教育，促进学生全面发展，实现教育目的的基本途径。学校教学质量的高低关系到学校培养的人的质量，并因此影响社会的发展。教学工作实乃学校社会职能发挥的重要基础。

其次，教学是传递人类社会长期积累起来的知识、技能和人类文化遗产最有效的手段。文化科学知识的继承和发展是人类社会不断发展的必要条件。人类创建学校的目的，就是为了通过学校有效地向下一代传递人类业已积累的生产与生活经验，使人类社会得以延续和发展。以教学的方式传递知识，由于有专职教师的指导，有系统、完善的教学内容，可以大大加快新生一代掌握知识的速度。因此它既适应生产与生活发展、知识不断丰富的客观形势，是人类社会分工与进步的标志，又是人类创造的一种积累、传递和发展知识，培养人才的有效途径和必要条件。

三、教学在学校工作中的地位

教学在学校工作中居于中心地位，发挥着核心作用。这不仅是因为教学工作在学校工作中占的时间最多、工作量最大，是学校工作的主体部分，而且更重要的，它是学校进行全面发展教育的基本途径，抓住了教学也就抓住了学校的根本任务，因此，学校工作必须以教学为主。当前学校实施素质教育同样必须以教学（课堂教学）为主渠道。以教学为主是学校与其他部门相互区别的一个本质特点。学校工作必须以教学为主是由学校的性质决定的。如果不以教学为主或不抓住教学，学校也就不成其为学校。坚持以教学为主全面安排学校的各项工作，是办好学校的一条根本原则。

坚持学校工作以教学为主，首先，要求学校管理人员和全体教职员工必须树立以教学为主的办学思想，关心教学，支持教学，维护教学秩序。其次，也要求教育主管部门和学校领导把工作中心和重点放在教学上，围绕着提高教学质量来全面规划和安排学校的其他工作，为教学活动的开展、为提高教学质量提供多方面的保障。应当指出：学校工作以教学为主不等于教学唯一，教学就是一切。首先，教学能使学生较为便捷地获得全面发展所需要的文化科学知识和技能，为其身心发展提供良好的条件，但教学又容易脱离生活实践，为学生身心发展所提供的天地也有一定的局限性。这就需要把教学与课外活动、生产劳动等教育活动结合起来。其次，学校是一个多项工作、多个部门和多种人员相互关系组合的整体，除教学工作外，还有许多其他方面的工作。没有这些方面工作的密切配合，教学工作的正常发展及其质量就会受影响。因此为了保证以教学为主，还必须树立全局观念，做到教学为主、全面安排学校的各项工作。

第二节 教学的基本规律

教学规律是教学现象和过程中客观存在的、必然的、本质的、稳定的联系。对教学规律的认识必须强调两点：其一是必然性。只要有教学现象和过程存在，就有教学规律存在。规律性的联系是必然的，不是或然的。其二是客观性。规律是不以人们的主观意志为转移的，既不能人为地制定和创造，也不能人为地废除和消灭。本节所要阐述的是教学过程中的三条基本规律，即教学相长性规律、教学发展性规律、教学教育性规律。之所以称其为基本规律，是因为它们揭示的教与学、知识与智力、知识与品德的联系不但具有必然性和客观性，而且是对教学过程的性质、方向和结果具有决定作用的本质联系。认识并驾驭教学的基本规律，是提高教学质量的根本保证。

一、教学相长性规律

教与学、教师与学生，这是贯穿整个教学过程中的最基本的一对关系。教与学各以对方的存在为自身存在的前提，二者相互依存、相互作用，有着极其复杂的关系。但最本质的、最有决定意义的关系是“相长”，即相互促进，其含义就是通过教学，不但学生得到进步，教师自己也得到提高。“相长”是对教学双方关系的客观要求和必然规定，教学中的教与学双方一定是相长的，不相长的教学不是真正意义上的教学。

1. 教长学

第一，教的真正含义乃是使学生真正的学。教的出发点和归宿是学生的学，有教无学（管教不管学）、教学脱节都不是真正意义上的教学。在实践中，教师把学生的学置之脑外，不管学生愿不愿学，学得进学不进，只是一味地教，为教而教，这种教的价值丧失殆尽。教学中的教与学是同一事物（过程）的两个不同侧面。两者虽可从逻辑上严格区分，实质上却是一个统一体。

第二，教的根本目的是促进学生的学。教的立足点是使学生学得更好、更多、更深、更有意义。教师闻道在先，术业有专攻，客观上也能够做到这一点。如果教师的教不是促进学生的学，而是阻碍学生的学，那么这种教也不能成为真正意义上的教。在实践中，教阻碍学有两种表现：其一是显性的，教师不得要领、冷漠无情、枯燥乏味的教，使学生的学大倒胃口，从而失去学的兴趣和热情；其二是隐性的，教师照本宣科地讲授学生自己通过阅读也能看懂的课本知识，这种教剥夺了学生学（独立学习）的机会，从而阻碍学生学习能力和学习积极性的发展。阻碍学生学的所谓的教是糟糕透顶、误人子弟的。

2. 学长教

第一，学的存在规定了教的存在。没有学生，也就没有教师；没有学生的学，也就无需教师的教。学生学多少，教师教多少；学生怎么学，教师怎么教。学对教的这种内在规定性既是被动的，又是主动的；既是对教的限制，又是对教的促进。一位名师说得好："学生是教我学会教书的先生。"一位特级教师说得更具体："学习好的学生是提高我业务能力的老师，学习差的学生是提高我教学法的老师。"

第二，教育者必先受教育。德国教育家第斯多惠说得好："谁要是自己还没有发展、培养和教育好，他就不能发展、培养和教育别人。"① 为教学生，教师必先教自己，以促进学生的学为落脚点，教师自身的教与学在教学中也是同步发展的。一位语文教师对此是这样举例说明的：为教好鲁迅小说《药》，首先必须博览、研读与《药》有关的研究资料及鲁迅其他作品，以增强对鲁迅作品的感悟；其次还得搜集研究名师处理本课的教学经验或方法，把它当作自己教学的借鉴，这样一课一课地"教"，一课一课地"学"，天长日久，日积月累，就能使自己成为语文教学所需要的"杂家"和"专家"。学高为

① 张焕庭：《西方资产阶级教育论著选》，人民教育出版社1964年版，第340页。

师，身正为范。要想学生好学，必须先生好学（陶行知）。把学生造成一种什么样的人，自己就应当是这种人。

就教长学与学长教的关系而言，两者也是辩证统一的。教长学是基本的，也是第一位的，但就教学相长性规律本身而言，我们要特别强调学长教，这是因为，没有学长教，教长学不能持久，教的活动和水平就会停滞，最终必然影响教长学。所以，教长学，学长教都是教学相长的应有之义。

二、教学发展性规律

教学发展性规律揭示的是知识与智力之间的内在联系。从获取知识的角度来看，这种联系表现在：无论是前人探索知识还是后人学习知识，都必须付出一定的智力劳动。知识是人的智力劳动的产物，任何知识都蕴涵着一定的智力价值，都能给人的智力发展以一定的积极影响，这便是知识内容的智力属性。知识的智力价值是传授知识与发展智力相统一的理论基础，它表现在以下两个过程当中：

1. 知识的智力价值的产生过程

知识的智力价值的产生过程包含在知识的生产过程（探索过程、创造过程）之中，知识是人类从实践活动中得来的、对客观事物及其运动和变化发展规律的正确反映。这种反映是人类智慧的结晶，它是通过众多的头脑长期的、反复的、曲折的、深入的思维，并且最后是通过人类的一些最杰出头脑的悉心研究和思维才产生出来的。任何知识（真理）不仅反映着事物的客观规律，而且闪烁着人类智慧的光芒。知识生产对于智力活动的依赖性，使得任何知识本身都必然凝集着一定的智力因素。从这个因素上讲，知识本身就是智力因素的一种表现形态。

2. 知识的智力价值的体现过程

知识的智力价值的体现过程包含在知识的学习过程中。由于知识传递的简捷特征，后人学习新知识不可能也不必要重蹈前人生产新知识所走过的老路。两者在智力劳动的量上没有必然的联系和一定的比例。但是，凝集在知识内的那些智力却是和知识的学习密切相关的。这就意味着学生学习知识必须付出同样性质的智力劳动，正如布鲁纳所要求的那样：学生应该像历史学家那样学习研究历史，像数学家那样学习思考数学。为了获得真知，学生的思维必须卷入知识的原生产过程。孔子早就指出："学而不思则罔，思而不学则殆。"学习知识的过程，同样也是智力活动的过程。从知识内容本身的角度来说，它是知识的智力价值的展开过程；从知识学习者的角度来说，它是智力得到发展的过程。从两者结合来说，就是把人类（科学家）的智慧转化为学生的智慧。这样，学习知识，一方面有助于充实和丰富学生的知识体系，另一方面也有助于促进学生智力的发展。

三、教学教育性规律

在西方有句名言："教学永远具有教育性。""永远具有"这四个字讲得非常深刻。它的含义是，教学具有教育性，这不是一种暂时的特殊的偶然现象，而是一条规律。正如著名教育学家赫尔巴特所说："我想不到有任何'无教学的教育'，正如相反方面，我不承认有任何'无教育的教学'。"在我们看来，这条规律解释的是教学过程中教书与育人两个侧面之间的内在的必然的联系。

教书为什么必然育人，其内在机制是什么？

1. 书能育人

书是知识的象征，"知识就是道德"，知识是科学性和思想性的统一。知识本身就有教育性，就有育人的作用。正如著名教育家叶圣陶先生所说："一切的知识的根本就是道德，若不在德行上扎根，纵有知识，并无是处。"就知识（真理）的来源而论，没有人的情感，就不可能有对真理的追求。大科学家爱因斯坦也说过："科学只能由那些全心全意追求真理和向往理解事物的人来创造……我不能设想一位真正的科学家会没有这种深挚的信仰。"真正的作家都是用生命写作的。所以，书包含着科学家、思想家、文学家崇尚、尊重、热爱、追求真理和热爱生活、追求人生幸福美满的道德情感，有人称之为书魂，这是书能育人的根本依托。就知识（真理）的功能而论，正如卢梭所说："向头脑中灌输真理，只是为了保证不在心中装填谬误。"一位作家也说过："阅读前贤睿智的作品，是清洗心中污垢的一种手段极好的方法，每读一本书就像按响了一次门铃，去访问那里卓越的思想和丰厚的人生体验。"读书求知能够充实人生，克服无知和偏见，完善道德人格。而一个人的无知会造成精神的空虚、思想的偏见和人格的堕落。这是书能育人的落脚点。

2. 教书的人能育人

教师的劳动有其特殊性，教师在引导学生认识周围世界的同时，他自己也作为周围世界的一个重要成分（活的形象）出现在学生面前，参与到学生的认识过程之中。正如苏联教育家加里宁所说："要知道，教育者影响受教育者的不仅是所教的某些知识，而且还有他的行动、生活方式以及对日常现实的态度。"这是因为教学不仅是知识的输出，也是教师内心世界的展现，教师在教学过程中所自然流露的思想、品德、风貌、学识、才能、作风、言谈举止、待人接物无不潜移默化地影响、感染和熏陶学生的心灵。

从学生角度说，学生有向师性（像花草树木倾向于阳光那样倾向于教师）。许多研究都表明，从幼儿园儿童到大学生都有模仿教师的倾向。所以，无论教师是否意识到，事实上教师的言谈行为、为人处世的态度都被学生视为榜样，被学生竭力模仿。第斯多惠说得好："教师本人是学校里最重要的表率，是直观的最有教益的模范，是学生活生生的榜样。"总之，教师对学生思想品德的影响是客观和必然的。

3. 教书的活动能育人

就形式而言，教学是以班集体的形式进行的，学生在教学活动中要与教师和同学发生各种关系。这种种关系中包含有道德的因素，如对师长的尊敬，对同学的友爱，遵守纪律和对集体的荣誉感等等。这里要特别强调"集体"的作用。学生在共同的学习过程中，彼此交往，互相激励，互相鼓舞，形成着集体主义的上进心与责任感，并培养着良好的班集体。一个良好的班集体一旦形成，就会像熔炉一样对每一个成员美好品质的形成，起着不可估量的陶冶和塑造的作用。就过程而言，教学过程中学生的学习是一种辛勤而严谨的脑力劳动，它对培养学生的科学态度、钻研精神、勤奋作风等良好品质具有重要意义。学生在上课、复习、作业、考试等方面的表现，不仅反映了他们的学习动机、态度，而且与学生的作风、品德也是分不开的。在教学过程中，教师不断对学生提出学习、纪律的要求，并对其进行不断的督促、检查和管理，既是完成教学任务的保证，又是对学生进行思想教育、培养学生良好行为的过程。总之，学生思想品德在教学活动中的形成或发展的客观实在性是不容置疑的。

教学过程中的几种必然联系

在教学过程中，它内部的各种因素相互依存、相互作用，形成了一些稳定的、必然的联系。这也是教学规律性的体现。其中主要的几种联系如下：

1. 间接经验和直接经验的必然联系

(1) 学生认识的主要任务是学习间接经验

(2) 学习间接经验必须以学生个人的直接经验为基础

(3) 防止忽视系统知识传授或直接经验积累的偏向

2. 掌握知识和发展智力的必然联系

(1) 智力的发展依赖于知识的掌握，知识的掌握又依赖于智力的发展

(2) 引导学生自觉地掌握知识和运用知识才能有效地发展他们的智力

(3) 防止单抓知识教学或只重能力发展的片面性

3. 掌握知识和提高思想的必然联系

(1) 学生思想的提高以知识为基础

(2) 引导学生对所学知识产生积极的态度才能使他们的思想得到提高

(3) 学生思想的提高又推动他们积极地学习知识

4. 智力活动与非智力活动的必然联系

(1) 非智力活动依赖于智力活动，并积极作用于智力活动

(2) 按教学需要调节学生的非智力活动才能有成效地进行智力活动、完成教学任务

5. 教师的主导作用与学生的主动性的必然联系

(1) 发挥教师的主导作用是简捷有效地学习知识、发展身心的必要条件

(2) 调动学生的学习主动性是教师有效地教学的一个主要因素

(3) 防止忽视学生积极性和忽视教师主导作用的偏向

节选自：王道俊、王汉澜：《教育学》，人民教育出版社1989年版，第206—217页。

第三节 教学的基本原则

如前所述，教学规律在教学过程中是自然而然发生作用的。教学原则则是教学过程中必须刻意遵循的基本要求，它意味着实施原则的有意性和自觉性，这是因为教学原则不仅是根据教学规律提出来的，而且是根据教育目的提出来的。所以教育学一般把教学原则定义为根据教育目的、反映教学规律而制定的指导教学工作的基本要求。根据我们的教育目的，遵循上述三条基本规律，必须贯彻以下六条基本原则。

一、教师主导性与学生主体性相结合的原则

这条原则的含义是：在教学中，教起主导作用，学居主体地位，教的主导和学的主体两者必须有机统一起来，即学是以教为主导的学，教是以学为主体地位的教。试想，如果教不是起主导作用，那么所谓的教要么是灌输，要么是放任，前者以教代学，后者放弃教的职责（无教），两者都不能做到教长学。施教之功，贵在引导，教师唯有在“导”上下功夫，才能真正实现教长学。同样，如果学生不是居主体地位，不是作为一种活生生的力量参与到教学中来，而是消极被动的客体，在教学中只是唯命是从地任凭教师随意捏塑，那么这种学不能长教。教为主导、学为主体二者还必须有机统一起来，否则就会陷于教师中心论或学生中心论的泥坑，从而把两者割裂开来，教学就不是相长而是相消。

教学中的教师主导性体现在：（1）导向性。“教师之所以起主导作用，按通常的讲法，是因为教师受党和国家的委托，‘闻道’在先，而且受过专门的教育训练，教学方向、内容、方法……他都已掌握；而学生尚未‘闻道’，特别是中、小学生，正在发展成长时期，知识和经验都不丰富，智力和体力还不成熟，他们不可能掌握教学方向、内容、方法等。好比探险、行军到一个新的地方，一开始总是向导如何领路便如何走，是正向还是偏向，是顺利还是困难，是迅捷还

是曲折，都主要决定于向导。”① （2）民主性。教师首先应树立社会主义人道精神，尊重、爱护每一个学生，绝不讽刺、挖苦、辱骂、训斥任何学生。其次应尊重学生对教学影响的选择权。具体来说，要善于倾听学生的意见和要求，不断调整改进教学；要允许学生在教学过程中插话、提问题，对于学生的独立见解，应给予充分的肯定和表扬；要让学生参与对教学的决策，师生如有不同意见，应采用讨论、商量的办法来达成一致，而不是听凭教师独断专行。（3）启发性。主导作用能否发挥的关键在于是否真正地实施启发式教学。启发式教学的精髓在于“启”和“导”，具体来说：一是启动。教师的启，重在发展和激发学生的内在动机，为此，要求教学内容和形式能引起学生浓厚的学习兴趣和学习热情，使学生在迫切要求的心理状态下进行学习。二是导法。教师要引导学生掌握学习本学科和本节课内容的方法，同时要把自己的教学思路以及提出问题、分析问题和解决问题的方法和过程解剖给学生，从而把教法转化为学法，让学生真正学会学习。

教学中学生的主体性反映在：（1）能动性。人是有能动性的，人类认识从来就不是消极反映外来的刺激，积极能动的反映是人类认识的特性。这一本质特征会在各种形式的认识中体现出来，学生的认识也不例外。教学中学生的能动性也就是学生在认识活动中表现出来的一种自觉、积极和主动的特性。但是，能动性不是与生俱来的，学生的能动性有赖于教师的培养（即学生有受动性的一面），当然外因只有通过内因起作用。教师要善于不断创造具有激发性的教学情境，去诱导学生的主体意识，促进学生能动性的发展。（2）独立性。独立性是学生主体地位的核心特征。学习只能是学生自己的事，是学生的自我活动，任何人都无法代替。离开了自我活动，就无所谓学生自身的认识和发展。因而，自我活动是区分教学过程中学生是否处于主体地位的根本标志。但是学生在教学中也存在依赖性的一面，这就要求教师要做好依赖向独立转化的工作。教学活动中凡属在教师组织下，学生能够通过动手、动眼、动口，特别是动脑而独立完成的一切教学活动，都要尽可能创造条件，给予必要的时间和空间，诱导学生进行独立学习和自我活动。（3）创造性。学生学习的创造性是学生

① 王策三：《教学论稿》，人民教育出版社1985年版，第379页。

主体性的最高表现，它表现为学生在学习这一特殊的实践活动中，具有探究新知、追求新的活动方式和新的活动成果的内在需求和意向。创造是人类的本质，但是，模仿也是人类的天性，教学活动中学生对教师的思维和风格总是有意或无意地进行模仿。从模仿到创造有个过程，可以说模仿是走向创造的第一步，模仿创造是走向自我创造的关键。这就要求教师的教首先有创造性，其次要引导学生从模仿创造走向自我创造。教师要十分爱惜、保护、鼓励学生的独特性和创造性。

据上所述，学生的主体地位，是以教师主导作用为条件的主体地位。教师的主导作用，是以学生主体地位为归宿的主导作用。只有科学地认识并在实践中正确处理学生为主体和教师为主导的辩证关系，才能真正实现教学相长。也可以说，教学相长内在地规定和要求教为主导、学为主体以及两者的有机结合。

二、教学与研究相结合的原则

这条原则的含义是：教师在教学过程中同时注重研究创造，把教学实践和教学研究两个方面有机统一起来——教学实践出“题目”，教学研究作“文章”，在两者之间形成一种积极的同步反馈效应。这是更高层次的教学相长。可以说，教与研结合也是教学相长的应有意义。对教师而言：教是输出，研是输入，研是层次最高的一种学习。教而不研则浅，一味埋头教书，只输出而没有输入，教学水平就会停滞不前，这是导致课堂教学质量平庸或低劣的根本原因之一。反之，研而不教则空，所谓研而不教是指教师脱离教学需要，为研究而研究，这种研究由于理论脱离实际而显得空洞，它对教师提高教学水平和课堂教学质量毫无益处。所以，教师一定要把教与研有机结合起来。

1. 强化教学与研究相结合的意识，把研究作为提高教学水平的得力支撑点

教学研究是一个学习、反思、钻研、探索、创造的过程，它有助于教师掌握教育教学规律，更新教育教学观念，提高教育教学理论水平。总之，教学研究是教师教学水平的提高过程，是教师高层次的业务进修。一位中学校长很有见地地指出：“教育研究过程是教师的教育水平的提高过程，写一篇教育论文，要阅读很多东西，钻研理论，总结实践经验，这本身就是教师高层次的业务进修。”而业务水平提高了，能力增强了，教师教书育人就会有高屋建瓴之势，收事半功倍之效。有些教师，由于缺乏研究意识，总认为工作太忙，没有时间搞研究，怕影响上课。实际上这既是一种托词又是一种短视。实践证明，如果教师的实践活动仅仅限于完成教材任务，忙忙碌碌地应付繁杂的日常琐事，从青丝到白发，也不会搞出什么名堂，教师个人素质也只能一般。

2. 强化结合教学选择课题的敏感，把教学作为研究的有力领域

对教师来说，教学是研究的龙头。在教育教学过程中充满着各种矛盾，并且在教育教学过程中会经常出现一些新情况、新问题，这些矛盾和问题是教师研究选题的源泉。不仅课题的提出要立足于实践，而且课题研究的全过程都应该立足于实践并紧紧追踪实践过程来进行。能深入实践，才能高于实践。脱离实践的“纯思辨”的或面壁虚构的所谓研究，绝不是一种有价值的研究。总之，教师应该成为研究的有心人，教学应该成为教师研究的沃土。我们认为，当前中小学教师开展教学研究的条件和环境还有待改善，但是他们却有着理论工作者望尘莫及的实践机会，教师要善于发挥自己的优势，努力做到把教学过程研究化。

3. 强化教学与研究的互反馈，善于把教学研究的成果运用于教学实践

教师搞教学研究，一般来说，总会直接或间接地对教学产生一定的积极的影响。但是，要把教学与研究结合得好，还要自觉强化二者之间的互反馈。把教学实践中的问题上升到教学研究的课题上来，这是教学对研究的反馈；把教学研究的成果运用于教学实践，这是又一个反馈。第一个反馈是教对研的促进，第二个反馈是研对教的促进。研究来自实践，最终又必须回到实践。教师不能把研究成果束之高阁，而应积极地用研究成果指导实践，增强工作中的自觉性，减少盲目性，促进教学工作的科学化。实际上，教师的研究成果对教学还有一种隐性的影响，它突出表现为教师知名度的作用。学生一旦知道自己的老师研究成果丰硕、学术造诣很深，在同行里大名鼎鼎或小有名气，便会肃然起敬，对教师产生依赖、悦纳和效仿心理。这是教师教育教学有效性的前提。

总之，教学和研究必须有机结合，同步发展，教师既要把研究作为提高教学水平的有效途径，又要把教学作为开展科学研究的有力领域，更要在两者之间形成一种互动的良性循环。这是教学相长的最高境界。

三、充分展开思维过程的原则

在教学中展开思维首先指展开学生的思维，它包括：

1. 引导学生通过展开充分的思维来获得知识，了解结论的来龙去脉

在教学中，教师要努力创设条件和设置各种问题情境，让学生充分参与到学习活动中去，即参与到概念、判断、推理的形成过程，法则、定律、性质的推导过程，问题的解决过程中来，展示如何经历学习的全部过程，并对过程的每一环节进行剖析。实践证明，这种让学生充分经历学习过程的教学，不仅是学生主动获得真知的过程，也是学生思维品质和思维能力真正有效发展的过程。而传统教学让学生生吞活剥地背概念、背性质、背公式，把形成结论的生动过程变成了单调刻板的条文背诵，这样做显然是没有什么好结果的。

2. 暴露学生学习过程中的困难、障碍、错误和疑问

一般说来，学生在独立学习过程中必然要碰到各种各样的疑难，这些疑难既是学习的障碍，又是学习的动力。古人云："学源自疑，小疑则小进，大疑则大进。"但是，对于这些疑难的解答，教师不能越俎代庖，只是简单地把结论告诉学生，而应该引导学生自己分析、自己解决。值得强调的是，学生学习过程中的有些疑难是带有很强的主观性的，也是深层次的，常常连学生自己也是意识模糊、说不清楚的。这就要求教师想学生所想，设身处地探明学生疑在哪里，然后在课堂上巧妙地把它们"挖"出来，暴露出来，加以研究和解决。这不仅对学生解决当时疑难有积极意义，而且对培养学生思维能力也有深远影响。

我们认为，学生的学习和科学家的探索在本质上是一样的，都是一个发现矛盾、分析矛盾、解决矛盾的过程。这个过程势所必然地要遇到各种各样的疑难、困难和障碍。一些优秀教师甚至主张，即使新旧知识的相互同化是可以顺畅进行的，教师也应该"人为"地设置点"障碍"，使学生在获取新知识时，出现点"问题"，从而把问题真正弄清楚。

总之，教师一定要让学生有机会暴露自己在思维过程中所必然要碰到的各种疑问、困难、障碍，同时要给予时间加以解决，切不可贪图方便，舍不得时间，而以讲解乃至直接的灌输代替引导和启迪，那样会导致学生以听讲代替思维，其结果是听起来好像什么都明白，事后自己动手做起来却什么都不明白。

3. 寻找学生思维的闪光点（创造性思维的火花）

学生在展开充分的独立的思考过程中，常常能提出许多创造性的见解，这些见解如能得到及时的赞扬和鼓励，学生就会感受到莫大的成功感和自豪感。这些积极情感反过来又会增强学生的自我意识和自信心，从而进一步激发他们的创造性。从这个角度来说，展开思维实际上也就是提供给学生一种自我探索、自我思考、自我创造、自我表现和自我实现的机会，从而充分展现学生的聪明才智，并把学生个人的聪明才智转化为全班集体的智慧。

教学中除展开学生的思维外，还要展开教材的思维。我们知道，教材的编写因为要受到书面形式等的限制，总有一定的局限性。这种局限性突出表现在：当教材以定型化、规范化的形式把学科知识内容固定下来时，它必然省略了隐含在其中的有丰富内容的思维过程。这样就带来一个矛盾，即内容上包含着深刻的思维和丰富的智慧，而形式上是简单、呆板、现成的结论、现成的论证。这也就是说，以书本（教材）形式出现的知识，它的思维和智力价值是潜在的。这就要求教师在传授教材知识内容时，不能只停留在对教材表面的结论和说明的表述上，而是要深入进去，挖掘和揭示这些表面结论和说明的产生与形成的思维过程，并在教学中引导学生的思维深入到知识的发现或再发现的过程中去。如数学中的公式是怎样被提出来的，又是怎样加以证明的；语文中每篇课文的中心思想，作者是怎样体现的，作者为什么要选择这些材料来表达中心思想，作者在课文中为什么要用这个词，而不用其他同义词。这些在教材中往往不容易直接看到，但它们常常又是创造性思维的典范，是学生最需吸收的精神养料。

展开思维必然也包括展开教师自己的思维。其一，展开教师自己独立钻研教材和分析、解决问题的过程，使学生不仅理解讲授的内容，也要掌握教师讲授的思路以及分析问题解决问题的方法和途径。其二，展现教师自己的真知灼见和广博见识，使学生得到比教材多得多的东西。遗憾的是，现在不少教师喜欢吃现成饭，既缺乏独立钻研和批判创新的精神，也缺乏像蚕、蜂那样“食桑而吐丝”、“采花而酿蜜”的韧劲，这样的教学无异于录像重播，根本就谈不上什么思维过程。

就教师思维、教材思维、学生思维三者的关系而言，教师思维是关键，缺乏智慧的教师根本就无法展开教材和学生的思维；教材思维是凭借和手段，它是学生思维发展的主要源泉；学生思维是出发点和归宿，教师思维和教材思维都是为学生思维服务的。在实际教学活动中，教师思维、教材思维、学生思维三者往往是相互交叉、相互包含的，当三者融为一体时，教学的思维场最强烈，思维活动和水平就达到了最高境界，此时知识与智力就完全达到了同步发展。

四、注重揭示知识整体联系的原则

这一原则要求：

1. 应把学科知识看作一个有机的整体，以突出学科知识间的内在联系

之所以强调整体，是因为整体功能大于各要素功能之和，而这恰恰又是由整体内部各个要素间的有机联系所决定的。知识间的这种内在联系是客观存在的，它反映在科学知识本身的逻辑关系以及人类认识科学知识的序列之中，教材（教学内容）必须以一种有利于学生学习的方式再现这种联系。对此，我们可以从静态和动态两个方面加以进一步理解：在静态方面，学科知识应该形成经纬交织、融会贯通的网络，这样能够帮助学生在头脑中将知识“竖成线，横成片”，或“由点构成线，由线构成面”，从而形成由点、线、面筑成的立体式的整体知识结构网络。这样，不但有助于记忆（在信息的任何组织中，如果信息嵌进了一个业已组成的认知结构之中，而减少了材料的极度复杂性，那就会使那类材料易于恢复——布鲁纳），而且会使学变得容易。在动态方面，学科知识应该形成一个自我再生力强的开放系统，以充分挖掘学科知识结构区别于科学知识结构的特有功能。为此教材教法必须合理地设置孕伏关系，使前后内容互相蕴涵自然推演，在思想上为学生提供一个由已知到未知的通路。这样，有利于学生形成一个具有生命力的处于运动中的思维网络，从而不仅深刻领会各个概念的实质，也掌握了蕴涵在各个概念相互关系中的各科推理模式。

2. 应使学科知识形成金字塔形的结构，以突出学科中核心基本概念

学科知识要素之间不仅具有平行的并列关系，而且具有上下纵横、互相交错的从属关系。为此，教材（教学内容）必须依照各概念自身的抽象性、包摄性和概括性程度，把学科知识要素组成一个具有等级性和层次性的金字塔形的结构。处于金字塔顶端的即是学科领域中的核心基本概念（这是教学重点的实质所在），也称它为主干知识。这些核心基本概念越是抽象，它的包摄性、概括性就越强，它所起的统帅、整合和组织辅助知识（处于金字塔下端的知识）的作用就越大。奥苏伯尔把主干知识称为"上位观念"（或所谓"先行组织者"）。他认为学生一旦掌握这些观念，便会顺利地进行有意义的同化学习。布鲁纳则把主干知识称为"一般观念"（或基本原理）。他认为，一般观念可作认识往后所接触到的具体知识的基础，具体知识可以当作一般观念的特殊事例来处理，心理学上把这种现象称为"原理或态度的迁移"。布鲁纳强调，"这种类型的迁移应该是教育过程的核心——用基本的和一般的观念来不断扩展和加深知识"。① 它要求教师在一门课程教学进程中，应反复地回到这些基本观念，以这些观念为基础，直至学生掌握了与这些观念相伴随的完全体系为止。实践证明，强调学科核心基本观念的教学有助于克服传统教材教法的平铺直叙的模式，培养学生以纲带目、以简驭繁的能力。

总之，智慧不是别的，而是一种组织得很好的知识体系。我们一定要从整体联系的高度，来设计教学内容，看待和处理所教和所学的知识。在平时的细节教学中，对任何具体的知识内容的设计和教学，都不仅要了解其本身的规定和含义，而且要以整体观念为指导，瞻前顾后，随时把它与其他内容联系起来去理解和掌握，弄清其来龙去脉，从而帮助学生形成一个网络清晰、融会贯通的整体知识结构。现代认知心理学告诉我们，认知结构是知识和智力统一发展的中介和产物。如果教师提供的知识内容是零散的、杂乱无章的，则不仅不能发展智力，反而会扼杀智力。

---

① ［美］布鲁纳著，邵瑞珍等译：《布鲁纳教育论著选》，人民教育出版社 1989 年版，第 36 页。

五、言传身教统一的原则

所谓言传，就是教师通过有声语言对学生进行的教育和影响。所谓身教，则是教师以自己的形象和行为对学生的教育、影响和感染作用。教师的语言是有声的行动，而教师的行动则是无声的语言。在言传身教中，要特别注意言行一致、表里如一，要求学生做到的，教师应当首先做到；要求学生遵循的，教师决不能违反。只有这样，才能以身教来支持言传，以身教来印证言传，以身教来充实言传，以身教来落实言传。没有身教的言传缺乏力量，不会有持久的效果，甚至只有反作用。同样，没有言传的身教也缺乏感召力和舆论宣传的效果。总之，言传和身教相统一，这是教书育人的前提和保证。

言传与身教相统一，要求教师应有高尚的人格。俄国著名教育家乌申斯基曾经指出："任何章程和任何纲领，任何人为的管理机构，无论它们设想得多么精巧，都不能代替人格在教育事业中的作用。"他甚至断言："教育中一切都应基于教师的人格。"① 这是因为教师劳动最重要的工具是教师本人，包括他所具备的全部思想、品德、情感、知识和才能。教书育人对教师人格的要求，是非常高的。概括起来是三个字：真、爱、严。

1. 真

陶行知先生有句名言："千教万教教人求真，千学万学学做真人。"美国心理学家曾调查指出：学生们对教师评价最高的性格品质是"真诚"。正如美国教育家登特所说："对一个教师来说，在我看来有一点是必不可少的，就是在知识和道德两方面都要表里如一，诚实坦率。"实践证明，一个教师若能真诚地对待学生，坦率地表达自己的真实思想、情感，承认自己的缺点和不足，做到言行一致，表里如一，学生就会向教师敞开心灵的大门，这样教师对学生的影响才会畅通无阻地流向学生的心田，教书育人才能奏效。相反，如果教师老是在学生面前戴假面具，表现出表里不一的"双重人格"，那么，学生潜意识里就会抵制教师的正面教育，在这种情况下，教书育人就不可能有积极效果了。

---

① ［俄］乌申斯基：《人是教育的对象》，科学出版社 1959 年版，第 16 页。

2. 爱

苏霍姆林斯基曾经指出:“教育教学的全部奥秘也就在于如何爱护学生。”热爱学生是教师最宝贵的人格品质。高尚纯洁的爱,是教师和学生心灵之间的一条通道,是开启学生心智的钥匙,是用以照亮人们心灵的火焰。有了它,教师才能赢得学生的信赖,使学生乐于接受教诲,收到良好的教育效果。相反,如果教师不爱自己的学生,学生怀着愤懑的心情来上课,在这种情况下,不论教师设计的教学过程多么符合学生的认识过程,学生也不会主动参加到教师领导的教学过程中来,更不会用心来接受教师的影响。一位教师说得好:“教师爱学生,师生感情好,老师表扬,学生认为是鼓励;老师批评,学生认为是爱护。表扬和批评在融洽的师生感情中能成为前进的动力。如果师生关系紧张,表扬,学生认为是哄人;批评,学生认为是整人。在这里,批评和表扬就成了教育的障碍。”所以,有了真正的爱生之情,教育才是有效的。

3. 严

加里宁说:“教师每天仿佛都蹲在一面镜子里,外面有几百双精细的、富于敏感的、善于窥视出教师优点和缺点的孩子的眼睛,在不断地盯着他。世界上没有任何人受这样严格的监督,也没有任何人能给年轻的心灵予以如此深远的影响。”① 教师无时无刻不受教育、教学对象的监督,也无时无刻不以自己的行为潜在地、有力地影响着自己的教育对象。因此,他比从事其他职业的人更应严于自律,使自己的一言一行合乎于道德规范和职业规范。我国古代有“慎独”一说。“慎独”对于教师而说,就是教师在独处无人注意的时候,对自己的行为仍要严格要求,注意检点自己,使自己的行为符合道德规范。通俗地说,就是教师时时、处处、事事都要严格要求自己、自我约束,不管有人监督,还是无人监督,都要表里如一,言行一致,特别要从小处着眼,不放过自己每一点有损教师形象的言行。教师在道德修养中要切记“防微杜渐”、“扶正祛邪”,要做到生命不止,修身不止,终身以求,持之以恒。教书育人的根本是以人育人,其他育人都以此为基础和依托。言传与身教统一原则的实质是要求教师在做人上起表率作用,在人格上发挥典范作用。如果教师不能以自身的人格力量来

① [苏] 加里宁:《论共产主义教育和教学》,人民教育出版社 1979 年版,第 165 页。

熏陶和感染学生，那么不论他对学科中的思想性进行了多么深入的挖掘和精辟的分析，讲了多少做人的道理，其教育效果都是苍白无力的。

六、教书与育人统一的原则

培养学生的思想品质确有多种途径，而通过教书对学生进行品德教育则是教师的工作特点。教书与育人统一的原则正是从这个角度提出来的，对教师来说，教书与育人两者必须兼顾，没有教书，就谈不上育人。教好书是基础，教好书是育人的必要条件。如果教师的教书不被学生所欣赏，那么，教师从学生那里得到的只是蔑视、非议，“育人”就成了一句空话。正如马卡连柯所说：“……假如你的工作总是一事无成，总是失败，假如处处都可以看出你不懂业务，……那么，除了受蔑视之外，你永远不配得到什么。”① 因此，教师育人关键在于教好书。教师如果在传授知识、启迪智慧方面没有过人之处，那么在育人方面往往也难有所成。不仅如此，教书中育人一定离不开书。这是因为，学科教学中的德育渗透不是凭空的，需要一定的附着物，或知识点，或训练点的选择，其本身都必须有丰富的内涵，能起到牵一发而动全身的作用。所以最要紧的是教师对教材的钻研和把握：不仅要在深入挖掘教材内在因素的基础上把握教材的总体，而且要在把握总体的同时，善于把握每个章节、段落、定理、公式、定义等。教学时对教材掌握得越全面、越深刻、越细致，就越容易把握教学内容的精髓和个性；对教材精髓和个性把握越准、越深，知识训练点就越明朗、越显露，德育的渗透点就越容易找得准，所渗透的德育内容也越容易同学科本身的内容融为一体。这样教书与育人才能和谐统一起来。

脱离教书的所谓育人，或者与教书割裂开来的所谓育人，只能把学科教学中的品德教育引入歧途，滑向种种“误区”。以语文学科为例，这种种误区表现在：（1）架空分析。就是弃置课文于一旁，不是从语言文字内容中去挖掘丰富的思想蕴涵，而是从课文中抽出一些政治道理空讲一番，直接灌输。（2）穿靴戴帽。上课开始先来一个简短的政治小段，课结束时再拖一个冗长的政治尾巴，是语文教学穿

① ［苏］马卡连柯：《论共产主义教育》，人民教育出版社 1979 年版，第 322 页。

靴戴帽的主要表现。（3）生硬联系。有的教师热衷于借助课文中的人和事进行借题发挥，对照、检查、批评班级学生，把语文课搞成班会的变种。（4）人为拔高。表现为对一般描写自然风光、生活情趣的文章，望文生义，穿凿附会，无限上纲；对当代人物的评价溢美、批评绝对化，不能实事求是地分析；对历史人物、历史事件的评论违背历史唯物主义观点，往往用今天的标准苛求古人。上述语文教学德育种种“误区”，在其他学科也存在。它从根本上背离了教书与育人统一的原则，其结果是导致教书与育人两败俱伤。

教书育人的特点是在传授知识的过程中进行品德教育，不教书而“育人”，是专门的思想政治工作者的工作特点。教师则是在教书中育人，对教师来说，育人的关键在于教好书，教师唯有真正吃透教材这本书，找准知识传授、能力培养与思想教育的结合点，教书育人才有水到渠成的效果。教书与育人统一的原则决定了那些不善于驾驭教材、不善于表达、教学效果不佳，经常在教学中昏昏然，使学生如坠云雾，不得要领的教师，不可能完成教书育人的任务。

当然，我们强调教好书的重要性，并非就是指“教好了知识技能自然就进行了思想教育”。教材中的德育因素是客观存在的，但它不可能自发地形成对学生的德育影响，教师必须增强教书育人的有意性和自觉性，否则，也就不存在教书与育人相结合的问题了。

教学原则

1. 科学性与思想性统一原则
2. 理论联系实际原则
3. 直观性原则
4. 启发性原则
5. 循序渐进原则
6. 巩固性原则
7. 可接受性原则
8. 因材施教原则

节选自：王道俊、王汉澜：《教育学》，人民教育出版社 1989 年版，第 221—240 页。

第四节　新课程的教学观

观念是行动的灵魂，教学观念对教学起着指导和统率的作用，确立新的教学观念，是教学改革的首要任务。教学观念不转变，教学改革无从谈起；教学观念一转变，许多困难迎刃而解。新课程的教学改革要求我们首先确立起与新课程相适应的体现素质教育精神的教学观念。

一、教学不只是课程传递和执行的过程，更是课程创生与开发的过程

本次教学改革是在课程改革的背景下进行的，是对课程改革的呼应。所以，教学与课程的关系是本次教学改革首先必须摆正和处理好的一对关系。在这对关系中，课程是矛盾的主要方面，课程观是主导因素。课程观决定教学观，并因此决定教学改革的深度、广度。但是，课程究竟是教学的“枷锁”还是“跳板”？是教学的“控制者”还是“促进者”？在传统的教学论概念系统中，课程被理解为规范性的教学内容，而这种规范性的教学内容是按学科编制的，故课程又被界定为学科或各门学科的总和。这就意味着，课程只是政府和学科专家关注的事，教师无权也无须思考课程问题，教师的任务只是教学。课程和教学成为两个彼此分离的领域，课程是学校教育的实体或内容，它规定学校“教什么”，教学是学校教育的过程或手段，它规定学校“怎么教”；课程是教学的方向、目标或计划，是在教学过程之前和教学情境之外预先规定的，教学的过程就是忠实而有效传递课程的过程，而不应当对课程作出任何调整和变革；教师只是既定课程的阐述者和传递者，学生只是既定课程的接受者和吸收者。这就是传统课程所倡导的教学观。课程是“专制”的一方，课程成为一种指令、规定，教材成为圣经，而教学则成为被控制、被支配的一方，课程与教学走向二元对立，二者机械地、单向地、线性地发生关系。这样，课程不断走向孤立、走向封闭、走向萎缩，走向难、繁、偏、旧，而教学也不断变得死板、机械、沉闷，这种背景下的所谓教学改革只能是打外围战，“戴着镣铐跳舞”，师生的生命力、主体性不可能得到充分发挥。总之，这种改革最多只能在方法上、形式上做文章，而不

可能有实质性的突破。

当课程由“专制”走向民主，由封闭走向开放，由专家研制走向教师开发，由学科内容走向学生经验的时候，课程就不只是“文本课程”（教学计划、教学大纲、教科书等文件），而更是“体验课程”（被教师与学生实实在在地体验到、感受到、领悟到、思考到的课程）。这意味着，课程的内容和意义在本质上并不是对所有人都相同的，在特定的教育情境中，每一位教师和学生对给定的内容都有其自身的理解，对给定内容的意义都有其自身的解读，从而对给定的内容不断进行变革与创新，以使给定的内容不断转化为“自己的课程”。因此，教师和学生不是外在于课程的，而是课程的有机构成部分，是课程的创造者和主体，他们共同参与课程开发的过程。这样，教学就不只是课程传递和执行的过程，更是课程创生与开发的过程。这就是新课程所倡导的教学观。教学过程因此成为课程内容持续生成与转化、课程意义不断建构与提升的过程。这样，教学与课程相互转化、相互促进，彼此有机融为一体。课程也由此变成一种动态的、生长性的“生态系统”和完整文化，这意味着课程观的重大变革。在这种背景下，教学改革才能真正进入教育的内核，成为课程改革与发展的能动力量，成为教师与学生追寻主体性、获得解放与自由的过程。这正是新一轮课程改革所呼唤的教学改革！这是从课程层面上给教学带来的一种“解放”，这种“解放”将使教学过程真正成为师生富有个性化的创造过程。

案例1　这样的课是“成功”的吗？①

几年前，有一个美国教育考察团到我国某地考察中学的科学教育，在当地一所重点中学的课堂里，他们听了一位特级物理教师执教的公开课。这位教师开始上课时即制定了非常明确的目标，过程根据目标展开，非常流畅。无论是教师的语言表达与问题设计，还是学生的回答，无不称得上是十分精当和非常精彩；特别是学生那对答如流的表现，以及教师对课堂时间分秒不差的

① 教育部基础教育司、教育部师范教育组织编写：《新课程的教学实施》，高等教育出版社2004年版，第104页。

准确把握，令陪同听课的一些领导和教师都非常自豪，心中美滋滋的。按照我们的评课标准，这节课无疑是一堂高效的、非常成功的公开课。但是，课结束之后，美国考察团的成员们却流露出疑惑的神情。他们坦率地提出：既然学生对教师提出的所有问题都能准确无误地回答，那么学生上这堂课还有什么意义呢？……

案例2　走向生成①

在"嗟来之食"教学的课堂上，全班学生几乎每个人都提出了一个自己的问题，如有的学生提出："为什么会发生饥荒？""为什么饿汉那么穷，财主却那么有钱有物？""饿汉为什么说他情愿饿死，也不吃财主给他的食物？"等等。在这些问题中，大部分同学都选择了第三题进行讨论。

在讨论中，学生探讨了多种可能性。有一个学生回答"因为他很有骨气，很有尊严"。教师非常敏锐地抓住这个机会，利用学生的话进行引导："对！他很有骨气，很有尊严。可是他已经快要饿死了，你赞成他这样做吗？"新的问题立即又使学生的认识产生了分化。有的学生明确赞成，有的学生强烈反对。在他们分别阐述了自己的理由之后，教师又引导学生提升出了一个与此关联又蕴涵哲学意味的问题，即"生命和尊严到底哪一个更重要？"

在激烈的辩论中，有的学生认为生命比尊严更重要，"因为没有生命就什么也没有了"；有的学生觉得，尊严比生命更重要，"因为没有尊严会被人看不起"；还有的学生语出惊人，说生命和尊严同样重要，"因为没有生命就没有尊严，而没有尊严生命就没有意义。生命和尊严的关系就像一个人的手心和手背一样"……

二、教学不只是教师教学生学的过程，更是师生交往、积极互动、共同发展的过程

教与学的关系问题是教学过程的本质问题，同时也是教学论中的

① 郅庭瑾：《"多元智能理论"对课堂教学改革的启示》，《中小学管理》2002年第5期。

重大理论问题。教学是教师的教与学生的学的统一，这种统一的实质是交往、互动。基于此，新课程把教学过程看成是师生交往、积极互动、共同发展的过程。没有交往、没有互动，就不存在或不发生教学，那些只有教学的形式表现而无实质性交往的“教学”是假教学。把教学本质定位为交往，是对教学过程的正本清源，是对传统教学观点的重大突破。

在传统的教学中，教师负责教，学生负责学，教学就是教师对学生单向的“培养”活动，它表现为：一是以教为中心，学围绕教转。教师是知识的占有者，所以教师是课程的主宰者，所谓教学就是教师将自己拥有的知识传授给学生。教学关系成为：我讲，你听；我问，你答；我写，你抄；我给，你收。在这样的课堂上，“双边活动”变成了“单边活动”，教代替了学，学生是被教会，而不是自己学会，更不用说会学了。二是以教为基础，先教后学。学生只能跟着教师学，复制教师讲授的内容。先教后学，教了再学，教多少、学多少，怎么教、怎么学，不教不学。教支配、控制学，学无条件地服从于教，教学由共同体变成了单一体，学生的独立性、独立品格丧失了，教也走向了其反面，最终成为“遏制学的力量”。教师越教，学生越不会学、越不爱学。总之，传统教学只是教与学两方面的机械叠加。

新课程强调，教学是教师与学生的交往、互动，师生双方相互交流、相互沟通、相互启发、相互补充，在这个过程中教师与学生分享彼此的思考、经验和知识，交流彼此的情感、体验与观念，丰富教学内容，求得新的发现，从而达到共识、共享、共进，实现教学相长和共同发展。交往昭示着教学不是教师教、学生学的机械相加，传统的严格意义上的教师教和学生学，将不断让位于师生互教互学，彼此将形成一个真正的“学习共同体”。在这个共同体当中，教师不再仅仅去教，也通过对话被教，学生在被教的同时，也同时在教。对教学而言，交往意味着人人参与，意味着平等对话，意味着合作性意义建构，它不仅是一种认识活动过程，更是一种人与人之间平等的精神交流。对学生而言，交往意味着主体性凸显，个性的表现，创造性的解放。对教师而言，交往意味着上课不仅是传授知识，更是一起分享理解；上课不是单向的付出，而是生命活动、专业成长和自我实现的过程。交往还意味着教师角色定位的转换：教师由教学中的主角转向“平等中的首席”，从传统的知识传授者转向现代学生发展的促进者。

可以说，创设基于师生交往的互动、互惠的教学关系，是教学改革的一项重要内容。

三、教学重结论更要重过程

结论与过程的关系是教学过程中一对十分重要的关系，与这一关系相关的还有学习与思考、学会与会学、知识与智力、继承与创新等关系。从学科本身来讲，过程体现该学科的探究过程与探究方法，结论表征该学科的探究结果（概念原理的体系）。二者是相互作用、相互依存、相互转化的关系。什么样的探究过程和方法论必然对应着什么样的探究结论或结果，概念原理体系的获得依赖于特定的探究过程和方法论。如果说，概念原理体系是学科的“肌体”，那么探究过程和探究方法就是学科的“灵魂”。两者有机结合才能体现一门学科的整体内涵和思想。当然，不同学科的概念原理体系不同，其探究过程和方法论也存在区别。但无论对哪一门学科而言，学科的探究过程和方法论都具有重要的教育价值，学科的概念原理体系只有和相应的探究过程及方法论结合起来，才能有助于学生形成一个既有肌体又有灵魂的活的学科知识结构，才能使学生的理智过程和精神世界获得实质性的发展与提升。

从教学角度来讲，所谓教学的结论，即教学所要达到的目的或所需获得的结果；所谓教学的过程，即达到教学目的或获得所需结论而必须经历的活动程序。毋庸置疑，教学的重要目的之一，就是使学生理解和掌握正确的结论，所以必须重结论。但是，如果不经过学生一系列的质疑、判断、比较、选择，以及相应的分析、综合、概括等认识活动，即没有多样化的思维过程和认知方式，没有多种观点的碰撞、论争和比较，则结论就难以获得，也难以被真正理解和巩固。更重要的是，没有以多样性、丰富性为前提的教学过程，学生的创新精神和创新思维就不可能培养起来。所以，不仅要重结论，更要重过程。基于此，新课程把过程、方法本身作为课程目标的重要组成部分，从而从课程目标的高度突出了过程、方法的地位。

重结论、轻过程的教学只是一种形式上走捷径的教学，它把形成结论的生动过程变成了单调刻板的条文背诵，从源头上剥离了知识与智力的内在联系。重结论、轻过程的教学排斥了学生的思考和个性，把教学过程庸俗化到无需智慧努力，只需听讲和记忆就能掌握知识的那种程度，于是便有了掌握知识却不思考知识、诘问知识、评判知识、创新知识的“好学生”。这实际上是对学生智慧的扼杀和对学生个性的摧残。重结论、轻过程，从学习的角度讲，也即重学会、轻会学。学会，重在接受知识，积累知识，以提高解决当前问题的能力，是一种适应性学习；会学，重在掌握方法，主动探求知识，目的在于发现新知识、新信息以及提出新问题，是一种创新性学习。进入知识经济时代，学生在学校获得的知识到社会上已远远不够用，人们只有不断地更新知识，才能跟上时代的步伐。因此，让学生从学会到会学，就显得尤为重要和迫切。

现代教育心理学研究指出，学生的学习过程不仅是一个接受知识的过程，也是一个发现问题、分析问题、解决问题的过程。这个过程一方面是暴露学生各种疑问、困难、障碍和矛盾，另一方面也是展示学生聪明才智、独特个性、创新成果的过程。正因为如此，新课程强调过程，强调学生探索新知的经历和获得新知的体验。当然，强调探索过程，意味着学生要面临问题和困惑、挫折和失败，同时也意味着学生可能花了很多时间和精力结果表面上却一无所获。但是，这却是一个人的学习、生存、生长、发展、创造所必须经历的过程，也是一个人的能力、智慧发展的内在要求，它是一种不可量化的“长效”、一种难以言说的丰厚回报，而眼前耗费的时间和精力应该说是值得付出的。

“蝴蝶”的启示

有人发现已裂开一条缝的茧中的蝴蝶正在痛苦地挣扎，他于心不忍，便拿起剪子把茧剪开，帮助蝴蝶脱茧而出。可是这只蝴蝶却因身体臃肿，翅膀干瘪，根本飞不起来，不久便死去了。蝴蝶必先在痛苦中挣扎，直到把翅膀练强壮了，再破茧而出，才能飞得起来，省去了过程看似为其免除了痛苦，但结果却是适得其反。学生的学习不也是这样吗？夸美纽斯指斥中世纪学校“变成了儿童恐怖的场所，变成了他们才智的屠宰场”；恩格斯批评英国的爱北斐特中学虽然经费充足，但由于它“流行着一种非常可怕的背书制度，这种制度半年时间就会使一个学生变成傻瓜”。毛泽东批评旧的教育“摧残人才、摧残青年”，使学生“越读越蠢”，指的都是这种情况。

四、教学关注学科更要关注人

中小学教学是分学科进行的，学科教学的重心在学科还是在人？关注学科还是关注人？这反映了两种不同的教育价值观。过分关注学科，过分强调学科的独立性和重要性，是学科本位论的反映。学科本位论把学科凌驾于教育之上，凌驾于人之上，学科成为中心，成为目的，学校教育、课程教学成为促进学科发展、培养学科后备人才的手段。这种只见学科不见人的教育观从根本上背离了基础教育，特别是义务教育的基本性质和使命。从实践层面讲，以学科为本位的教学是一种“目中无人”的教学，它突出表现在以下两方面：

一是重认知轻情感。以学科为本位的教学，把生动的、复杂的教学活动囿于固定、狭窄的认知主义的框框之中，只注重学生对学科知识的记忆、理解和掌握，而不关注学生在教学活动中的情绪生活和情感体验。教学的非情感化是传统教学的一大缺陷。

二是重教书轻育人。以学科为本位的教学把教书和育人割裂开来，以教书为天职，以完成学科知识传授和能力培养为己任，忽视学生在教学活动中的道德生活和人格养成，从而使教学过程不能成为学生道德提升和人格发展的过程。总之，以学科为本位的教学在强化和突出学科知识的同时，从根本上失去了对人的生命存在及其发展的整体关怀，从而使学生成为被肢解的人，甚至是被窒息的人。

改革教学必须进行价值本位的转移，即由以学科为本位转向以人的发展为本位。学科本位论的错误不在学科本身，而在于指导思想。学科教学依然要体现和重视学科知识的特点，遵循学科发展的规律，但是，学科教学一定要以人的发展为本，服从、服务于人的全面健康发展。

关注人是新课程的核心理念——“一切为了每一位学生的发展”在教学中的具体体现，它意味着：

第一，关注每一位学生。每一位学生都是生动活泼的人、发展的人、有尊严的人，在教师的课堂教学理念中，包括每一位学生在内的全体学生都是自己应该关注的对象，关注的实质是尊重、关心、牵挂，关注本身就是最好的教育。

第二，关注学生的情绪生活和情感体验。教学过程应该成为学生一种愉悦的情绪生活和积极的情感体验。学生在课堂上是兴高采烈还是冷漠呆滞，是其乐融融还是愁眉苦脸？伴随着学科知识的获得，学生对学科学习的态度是越来越积极还是越来越消极？学生对学科学习的信心是越来越强还是越来越弱？这一切必须为我们教师所关注，这种关注同时还要求我们教师必须用心施教。用心施教体现着教师对本职的热爱，对学生的关切，体现着教师热切的情感。

第三，关注学生的道德生活和人格养成。课堂不仅是学科知识传递的殿堂，更是人性养育的圣殿。课堂教学潜藏着丰富的道德因素，“教学永远具有教育性”，这是教学活动的一条基本规律。教师不仅要充分挖掘和展示教学中的各种道德因素，还要积极关注和引导学生在教学活动中的各种道德表现和道德发展，从而使教学过程成为学生一种高尚的道德生活和丰富的人生体验，这样，学科知识增长的过程同时也就成为人格的健全与发展的过程，伴随着学科知识的获得，学生变得越来越有爱心，越来越有同情心，越来越有责任感，越来越有教养。当然，这也要求教师一定要加强自身修养，不断完善自己。

这番警世之言告诉了我们什么？

一位从纳粹集中营中逃脱的幸存者，战后做了一所中学的校长。每当一位新老师来到学校，他都会交给那位老师一封信，信中这样写道：“亲爱的老师，我是一名纳粹集中营中的幸存者，我亲眼看到了人类不应当见到的情境：毒气室由学有专长的工程师建造，儿童被学识渊博的医生毒死，幼儿被训练有素的护士杀害，妇女和婴儿被受过高中或大学教育的士兵枪杀。看到这一切，我疑惑了：教育究竟是为了什么？我的请求是：请你帮助学生成长为具有人性的人。你们的努力绝不应当被用于创造学识渊博的怪物，多才多艺的变态狂，受过高等教育的屠夫。只有在使我们孩子具有人性的情况下，读写算的能力才有其价值……”

第二章　教学的基本方法

教学方法包括教法和学法，却不是教法和学法的简单相加，而是两者的有机统一。教法和学法具有一定的对应关系，总的来说是，学法决定教法，教法制约、影响学法。

第一节　教学方法的分类

现代教学方法范畴是个由许多具体方法构成的多维度、具有不同层次结构的开放系统。正因为如此，我们才特别强调教学方法分类的重要性。否则，教学方法的改革将无从入手，可以说科学分类是教学方法改革的逻辑起点。

关于教学方法分类，首先要明确的问题是，教学方法的实质是什么？或者说，教学方法旨在解决什么问题？毛泽东曾经讲过这么一段话："我们不但要提出任务，而且要解决完成任务的方法问题。我们的任务是过河，但是没有桥或没有船就不能过。不解决桥或船的问题，过河就是一句空话。不解决方法问题，任务也只是瞎说一顿。"①显然，毛泽东把方法比喻成桥和船，这个比喻十分贴切。就其实质而言，教学方法就是实现教学任务、达到教学目的的桥梁。从个体认识论来说，教学任务是解决知识内化问题，通俗地说，就是知识怎么由外在进入内在、由书本跑进学生头脑。而内化的途径便是教学方法。根据皮亚杰的认知建构论思想，知识内化的途径有同化和顺应两条。与同化和顺应两种基本途径相对应，奥苏伯尔把学生的学习方式分为接受学习和发现学习。接受学习和发现学习的划分为我们科学地进行教学方法分类奠定了心理学基础。

属于接受学习的教学方法，依其层次高低可分为：讲授法—读书指导法—自学法。这类教学方法的共性是教学内容以定论形式直接呈

① 《毛泽东选集》第1卷，人民出版社1991年版，第139页。

现给学生，学生进行学习的心理机制或途径是同化，学生是知识的接受者。属于发现学习的教学方法，依其层次高低可分为：发现法—独立探究法—研究法。这类教学方法的共性是教学内容以问题形式间接呈现给学生，学生进行学习的心理机制或途径是顺应，学生是知识的发现者。我们简要说明如下：

知识直接呈现（直接法以知识为中心）：讲授法—读书指导法—自学法

知识间接呈现（间接法以问题为中心）：发现法—独立探究法—研究法

在直接法体系中，知识的载体是语言，讲授法是通过口头语言来呈现知识，读书指导法和自学法则是通过书面语言来呈现知识。在讲授法中，教师既讲知识，又讲方法；在读书指导法中，教师只讲方法（方法指导），不讲知识（书要学生自已读）；在自学法中，教师既不讲知识也不讲方法，主要由学生独立学习。当然，学生独立学习也离不开教师的必要帮助，只是帮助的性质较之于讲授法和读书指导法有所不同而已。从教学过程角度来看，从讲授法到自学法的过程也就是一个从教到学的转化过程，或者说是教法向学法的转化过程。所谓教师的主导作用，最主要最根本的也就在于促进和完成这一转化，为此，对教师的主导作用不能狭隘理解，不能把它看成一种恒定不变的东西；而是要从整体上和发展上，认识到它是一种不断变化、不断走向“反面”并最终要被“否定”的东西，从而真正实现“教是为了不需要教”的目的。

在间接法体系中，知识的载体是问题，问题、方法、结论是间接法体系的三个基本要素。在发现法中，将问题、方法告诉学生但不告诉结论；在独立探究法中，将问题告诉学生但不告诉方法和结论；在研究法中，问题、方法和结论都不告诉学生，让他们自行提出问题，自行寻找解决问题的方法或设计实验，最后找到问题的答案，得到结论。显然从发现法到研究法也是一个教师主导作用不断减弱，学生主体地位不断增强的过程，最终培养出具有很高研究能力的人才。

从培养能力角度来说，在直接法体系当中，讲授法主要培养学生的理解能力和记忆能力，学生首先必须听懂老师讲的知识，然后还得把它记下来，记忆和理解是一切学习活动的基础；读书指导法主要培养学生的阅读能力和思考能力，阅读和思考是同一过程的两个侧面，两者是相辅相成的；自学法主要培养学生的自学能力，即独立获取知识的能力。在间接法体系当中，发现法主要培养学生的发现力，独立探究法主要培养学生的探究力，研究法主要培养学生的创造力。

就各种教学方法的关系而言，讲授法和发现法是最为基本的力法，是所有希望有所作为的教师应掌握的教学方法基本功。在教学方法改革探索中，教师尤其是青年教师不必急于求成，急于去模仿他人的教学方法，而应该首先扎扎实实地在理论上和实践上熟悉、掌握乃至精通讲授法和发现法。读书指导法和独立探究法是当前教学方法改革的着力点。在讲授法和发现法中，学生是依赖教师的，学生从依赖走向独立的标志是学会阅读（自能读书）和独立探究，教师的教要着重在引导上下工夫，要着重在提出问题上下工夫。自学法和研究法是教学方法改革的努力方向，“教是为了不需要教”，培养学生独立获取知识能力和创新能力是教学的最高境界。这便是当前我们进行教学方法改革的基本思路。

第二节　直接型教学方法

直接型教学法包括讲授法、读书指导法和自学法三种。

一、讲授法

所谓讲授法，是指教师通过口头语言直接向学生系统连贯地传授知识的方法。从教师教的角度来说，讲授法是一种传授型的教学手段；从学生学的角度来说，讲授法是一种接受型的学习方式。

1. 讲授法的功能

（1）讲授法有利于大幅度提高课堂教学的效果和效率。讲授法具有两个特殊的优点，即通俗性和直接性。教师的讲授能使深奥、抽象的课本知识变成具体形象、浅显通俗的东西，从而排除学生对知识的神秘感和畏难情绪，使学习真正成为可能和轻松的事情；讲授法采取定论的形式（而不是问题的形式或其他形式）直接向学生传递知识，避免了认识过程中的许多不必要的曲折和困难，这比学生自己去摸索知识可少走不少弯路。所以，讲授法在传授知识方面具有无法取代的简捷和高效两大优点，这也就是讲授法长盛不衰的根本原因。在现行的班级授课制里，采用讲授法能有效地保证绝大部分学生在短时间内学到人类花费漫长时间积累起来的知识和技能。奥苏伯尔说得对："学生获取大量整体的学科知识，主要是通过有意义接受学习、设计适当的教材和讲授教学实现的。"

（2）讲授法有利于帮助学生全面、深刻、准确地掌握教材，促进学生学科能力全面发展。教材作为学生学习学科知识体系的一个蓝本，不仅汇集着系统的学科知识，而且蕴藏着许多其他有价值的内容，如学科的思想观点、思维方法以及情感因素。但是，由于教材的编写要受到书面形式等因素的限制，对学生来说，不仅知识本身不好读懂，其所潜藏的内涵更是不易发现。而教师由于闻道在先，术业有专攻，能够比较全面、准确地领会教材编写意图，吃透教材，挖掘教材的深邃内涵。所以，正是借助教师的系统讲授和透辟分析，学生才得以比较深刻准确地掌握教材，从而不仅学到学科的系统知识，还领会和掌握了蕴涵在学科知识体系中的学科思想观点、思维方法和情感因素。这样，学生的学科能力也就得到了全面提高。

（3）讲授法有利于充分发挥教师自身的主导作用，使学生得到比教材多得多的东西。任何真正有效的讲授都必定是融进了教师自身的学识、修养、情感，流露出教师内心的真、善、美。所以，讲授对教师来说，不仅是知识方法的输出，也是内心世界的展现。它潜移默化地影响着、感染着、熏陶着学生的心灵。可以说，它是学生认识人生、认识世界的一面镜子，也是学生精神财富的重要源泉。

（4）讲授法是其他方法的基础。从教的角度来看，任何方法都离不开教师的"讲"，其他各种方法在运用时都必须与讲授相结合，只有这样，这些方法才能充分发挥其价值。所以，可以认为，讲授是其他方法的工具，教师只有讲得好，这些方法的有效运用才有了前提。从学的角度来看，接受法也是学生学习的一种最基本的方法，其他各种学习方法的掌握大多是建立在接受法的基础上。学生只有学会了"听讲"，才有可能潜移默化地或自觉系统地把教师的教法内化为自已的学法，从而真正地学会学习，掌握各种方法。

2. 讲授法的具体方式及其要求

（1）讲述及其要求

讲述的方式有叙述式和描述式两种。前者语言简洁明快，朴实无华；后者语言细腻形象，生动有趣。采用讲述法要求教师对教材原文进行必要的删、增、改，即删去与讲授任务无关的内容，增加必须补充或更新的内容，把教材语言、教案语言改成讲述语言：变繁为简，变深为浅，变抽象为具体，变呆板为生动，变书面语言为口头语言，变一般交际语言为学科讲述语言。口头语言不像书面语言那样可以多次阅读、反复思索，它诉诸听觉，稍纵即逝。因此，讲述要保证说话明白、通俗易懂。一方面，要从语音上保证学生听得清；另一方面，要从语义上保证学生听得懂。

讲述不仅要做到通俗易懂，还要力求生动有趣。当然，讲述的通俗化不是庸俗化，不能进行无聊的戏谑逗趣。讲述任何学科知识都要使用该学科的专业术语，这是因为学科知识在学科范围内有其确切的含义，用专业术语讲述才能准确地传递信息，不致产生歧义和出现错误，即使是幽默风趣的讲述也应服从和服务于教学目的与教学内容，避免与专业术语相矛盾，做到真善美统一，而不是荒唐失真、轻薄失态、分量失度。

(2) 讲解及其要求

讲解与讲述不同。讲解不是讲事而是讲理，侧重于发展学生的抽象思维能力，其主要任务是使学生理解课文内容，培养学生分析问题和解决问题的能力。讲解常有三种方式：一是解说式，用来讲解无需定量分析的理论知识，在文科教学中运用较多；二是解析式，解释和分析规律（定律）、原理（定理）、法则（公式）等，在理科教学中运用较多；三是解答式，解答教材中的例题、思考题、练习题和生产生活中的实际问题。

讲解的特点是思考性强，从教学内容角度来讲，它要求：第一，要把知识关系讲清，要清晰有序地勾勒出本门学科的横断面和纵行图，使学生掌握的不是零碎的散乱的知识，而是整体性结构性的知识，这样才能保证思维畅通；第二，要挖掘和揭示知识所蕴涵的思想方法观点，使学生在掌握知识的同时，也相应地形成学科的思想观点，并掌握学科的思维方法。

从教师角度来讲，它要求教师既讲知识，又讲思维方法和思想观点，同时把自己的教学思路以及提出问题、分析问题和解决问题的过程自觉地有意识地解剖给学生看，使学生理解教学过程，从而既获得知识，又掌握了获得知识的思维方法。从学生角度来讲，它要求学生积极主动地听，而不是盲目被动地接受，要在思考中聆听，聆听中思考，把听与思有机结合起来，使思维处于积极活动状态，争取做到当堂听，当堂思考，当堂消化。此外，学生在听课时，不仅要跟着教师的思路走又要经常自己设疑问给自己，对一些问题进行超前思考，试作判断，试下结论，看看与教师说的是否一致，并自行分析对与不对的原因，这样会大大提高听的主动性，长此以往，必然会极大提高独立思考能力和创造性思维能力。

（3）讲读及其要求

讲读是以讲导读，以读助讲，边讲边读，主要用于语文和外语教学，有时也用于其他课程的教学。讲读中的“讲”有五种方式：一是范读评点式。范读一段，评点一段。二是词句串讲式。范读时板书重点词句，读完后再把板书的词句串联起来讲授。三是讨论归纳式。读到容易引起学生思考和容易激发学生探究的地方，提出讨论题，学生发言后，教师作小结。四是比较对照式。读完课文后，将文中的人与人、事与事、物与物进行比较，在同中求异或异中求同的过程中讲授知识，开展教育。五是辐射聚合式。把讲读的课文向已学过的文体相同、主题相近、写法相似的课文“辐射”，再将其聚合成知识规律。

讲读中的读包括教师读和学生读两种方式：教师读要根据课文内容，用不同的语调、语气、语速、重音和停顿表达不同的情感，同时充分运用自己的面部、手势和体态表情。表情有力则能引起学生的注意，调节学生情绪的紧张度，排除学生的不良情绪，发挥移情作用，实现师生情感共鸣。这样就能以情动人，激发学生的学习兴趣。学生读有预习性的默读和朗读，体验性的重点朗读和表情朗读，鉴赏性的齐声读、分组读和扮角色读等。学生的读也要求其对课文进行情感体验，身入角色，心入其境，这样就会感受到读书其乐无穷，从而习得基本的学习原理，形成良好的学习态度，进而迁移到其他学习活动中去，终生受益。

（4）讲演及其要求

讲演是指教师用自己的语言对教学内容作较长时间的系统分析、论证，并作结论的一种讲授方式，主要适用于中学高年级及高等学校。讲演主要有专题讲座和系统复习两种具体方式。

专题讲座一般是教师（专家）就学科领域的某一重要问题（内容）全面系统地阐述自己的观点和见解，使学生能从广阔的背景深入地理解有关内容。专题讲座的要求：一是针对性，针对学生感兴趣的热点问题或学科教学内容的重难点、争议性问题；二是研究性，教师对所讲专题有专门的研究，有自己的创造性的研究成果。另外，专题讲座带有演讲色彩，要求教师具备一定的演说才能，才能使讲座富有感染力。

系统复习包括单元复习、章复习以及学期末、毕业前的总复习。复习最忌"炒冷饭"。复习要在概括中求升华、求发展，既要单维度地概括，发展学生的求同思维；又要多维度地概括，发展学生的求异思维。如果只有前者就会形成思维定势，压抑学生的创造潜能。而后者可以弥补其不足，培养学生的创新能力和应变能力。概括有浓缩式和综合式两种形式，浓缩式概括的特点是提纲挈领，以简驭繁；综合式概括的要求是总揽教材全局，交叉综合知识。总之，系统复习要求教师要努力通过概括来突出重点，固化基点，攻破难点，澄清疑点，以点带面，多面一体，从而帮助学生形成概念体系，掌握学科基本结构，把学科知识有序化。总之，讲授法包括多种方式，各种方式的应用都要根据其特点，发挥其优势，从而达到理想的教学效果：正所谓，讲授有法，但无定法，妙在变化，重在得法。

二、读书指导法

1. 读书指导法的意义

读书指导法是教师指导学生通过阅读教科书、参考书和课外读物以获取知识、培养独立阅读能力的教学方法。我们知道，读书是学生获得新知识的主要手段，是发展学生智力的重要途径。苏霍姆林斯基在所著《给教师的建议》（下）一书中说：必须教会少年阅读！他研究指出：为什么有些学生在童年时期聪明伶俐，理解力强，勤学好问，而到了少年时期，却变得智力下降，对知识的态度冷淡，头脑不灵活了呢？原因就是他们不会阅读。总之，读书、阅读，对学生的发展是至关重要的。作为一种教学方法，读书指导法主要适用于学生已经进入能相对独立学习的阶段，其特点和标志就是学生基本能够自己阅读教材，大略明白所要学习的内容，但不一定理解得确切、全面、透彻，也不一定能够抓住要领，并且常常会感到学习上有许多困难。同时，他们还没有掌握一套自学的方法和养成自学的习惯。因此，他们还不能独立地进行阅读和学习，需要教师一课一课或一章一节地指导和帮助。可以说，读书指导法 = 学生读书 + 教师指导，其中，学生读书是基础和核心，教师指导是关键和前提。

2. 要教学生学会阅读

（1）要有目的地读，防止盲读

所谓盲读，就是目的不明，无的放矢，泛泛而读。一味盲目地读书，常常事倍功半，得不偿失，甚至事与愿违。读书一定要有目的。读书的主要目的是获得知识、解决问题。获得什么知识、解决什么问题，这是读书时首先必须明确的问题。只有目的明确，加强读书的针对性，读书才能收到事半功倍的功效。

（2）要有思考地读，防止死读

所谓死读，就是读的同时不开动脑筋，不作思考，不加消化。这是一种机械的、被动的、僵死的读书活动。读书而不思考，等于吃饭而不消化。在讲授法当中，我们要防止学生以听代思，在读书指导法当中，我们则要防止学生以读代思。英国历史学家黑尔普斯曾说："读书往往是回避思考的一种手段。"有些学生读书只是向课本寻找答案，并因此代替了自己的思考，这种读书浅尝辄止，只能培养思维的懒汉。死读有百害而无一利。古人云："学起于思，思源于疑。"没有思考就没有真正的学习，而思考缘于质疑。"疑"是一个契机，是一把利斧，正是这把利斧才能劈开书本这块"坚木"，从而让读者深入到书的内容中去，弄通书本的内涵和实质。

（3）要有兴致地读，防止硬读

所谓硬读，就是在没有读书兴致的时候，强迫自己读。硬读是一种机械学习，而不是有意义学习。在当前，许多学生为应付考试而读书（实际上只是背书）。这种读书是没有读到心里去的，人和书是分离的。真正的读书是一种出于内心需要的读书，在这样的读书过程中，人和书才有可能融为一体，读书才会真正成为一种精神享受。只有用心读书，才有真正意义上的乐读。

（4）要勤于动手，防止"懒"读

所谓"懒"读，就是不动手的读书方法。读书时记读书笔记是十分必要的，这对巩固记忆，理清思路有很大助益。教师要教会学生选用适宜的读书笔记形式，或索引式、抄录式、引语式，或批注式、补白式、摘要式，或剪报式、札记式、日记式等，还要教会学生在书上做记号，画重点，提问题，谈见解，写眉批、旁批、尾批等。俗语说得好，好记性不如烂笔头。读书一定要养成眼到、心到、手到“三到”相结合的习惯。

3. 读书指导法的实际应用

应用读书指导法进行教学的方式是：首先让学生预习（读书），然后根据学生预习（读书）中提出的和存在的问题进行教学。著名教学论专家江山野先生强调指出：当学生已经能够自己阅读教材和自己思考的时候，就要先让他们自己去阅读和思考，这应该作为一条规则，而不是一种可以采用也可以不采用的方式。当然，这时只靠学生自己读书和思考还不能解决全部问题，所以，采取首先让学生预习的教学方式，要抓住几个重要环节：

一是教师在布置预习时，一定要对学生提出明确具体的要求。

二是一定要对学生的预习进行检查，这一方面是为了防止自流；另一方面，更重要的是为了确切地了解学生的学习能力和他们对教材的掌握已达到什么样的程度。这既是一个展示学生独立学习能力和肯定他们独立学习成果的过程，也是一个发现和集中学生预习中存在的问题的过程。

三是一定要针对学生预习中提出的和存在的问题进行教学。否则，虽然让学生预习了，但并不管学生预习情况如何，教师仍然只是按照自己老一套的办法来讲，那就失去了让学生预习的主要意义，失去了教学的针对性。而没有针对性的教学就是一般化的教学；一般化的教学是不能引起学生的注意和兴趣，取得良好的教学效果的。

四是进行针对性教学时，在解决问题的过程中，一定要继续发挥学生的学习能力。凡是他们自己能够解决的问题，就要让他们自己去解决。

以上环节也可以说就是这种教学方式的“规定性”要求，但这些规定性的要求本身又有很大的灵活性和伸缩性。这种灵活性和伸缩性既能发挥教师的创造性，又能不断发展学生独立学习的能力。①

---

① 江山野：《论教学过程和教学方式》，《教育研究》1983 年第 10 期。

三、自学法

1. 自学法的意义

就一般意义上讲，自学就是学习者的独立学习，而学校教学条件下的自学，则是教师指导下的学生的独立学习，这种教学方法主要适用于学生已基本上能独立学习的阶段。在这一阶段，在教师指导或帮助下，学生已经进入能基本独立地阅读指定的教材和参考书，并且基本上能掌握所要学习的内容和解答课本的问题。但是，学生还会遇到一些疑难问题和出现一些缺点错误，需要教师的指导、提醒和纠正。同时，他们还不能自己制订整个的学习计划，自己选定学习的材料和途径，因此也就不能完全独立地进行系统的学习。自学法区别于读书指导法的特点还在于，它将自学作为学生获取知识的主要手段，其基本含义是：在量的方面，将大部分教学时间用于学生的独立学习活动；在质的方面，学生知识的获得和合理的智能结构的形成主要是依靠学生自己独立的学习活动，而不是依赖于教师。自学法的核心是培养学生自学能力。自学能力是能力中具有主动性、独立性的部分，它不是单一的能力而是多层次的综合能力。所以自学能力是“以独立性为核心多种优化的心理机能参与的主动掌握知识获取技能的多层次的综合能力”。自学能力的突出点是：（1）阅读、学习的自觉性；（2）概括、思维的独立性；（3）自我管理和自我控制的习惯性。

2. 自学一门课程的前提和关键

学生自学一门课程的前提和关键在于掌握以下三个基本因素：

一是基本语言，包括基本符号、基本术语和基本的语言结构。实际上，一门课程的基本语言也就是这门课程的基本概念和这些概念之间的逻辑关系的表现。只有掌握了一门课程的基本语言，才能谈得上有自学这门课程的能力。

二是基本思路。学生不论学习哪一门课程都必须通过思维，要思维，就有一个思路问题，即想什么和怎样想或往哪里想的问题。掌握了一门课程的基本思路，也就是“入了门”，会自学这门课程了。

三是基本结构。一门课程的基本结构指的是各章节内容之间的有机联系。掌握了一门课程的基本结构，就从整体上抓住了学习这门课程的线索，知道该怎样前进，自学起来就可以驾轻就熟。

3. 自学法的实际应用

当前，在我们的学校中采用自学法的很少，主要原因有三：第一，是从根本上就没有把培养和发展学生独立学习的能力当作教学的重要目标；或者是虽然口头上说培养和发展学生的独立学习能力，却没有落实到教学实践中去。第二，是对学生独立学习的能力估计不足。教师不相信学生具有独立学习的潜能，因此，也不给学生独立学习的时间和帮助，以致学生独立学习的能力不断萎缩。第三，是习惯不易打破。不少教师习惯于传统的“教师讲、学生听”的教学，对让学生自学常常持怀疑态度。所以，采用自学法，首先要在转变观念上下功夫。教师应该相信，当学生已经具有基本独立的学习能力时，把学习主动权进一步交给他们，同时把学好一门课程的责任也交给他们，他们的学习精神要比在课堂上听许多不需要再听的讲解会振奋得多，他们在学习上要花费的心力和所得到的收获也会远比被动听讲大得多。其次要努力解决好“统一和不统一”的矛盾问题。教师要从每个学生的实际出发，做到该统一的统一，不一定统一的可以不统一。例如，学生可以统一按照课程表的规定在课堂上自学；也可以有的在课堂上自学，有的在阅览室等地自学。学习进度，可以统一规定一些阶段性的时限，也可以不限；但中间要有检查，最后要统一进行成绩考核。教师指导，有时可以把学生学习中存在的共性问题集中起来统一指导，平时则随时进行个别指导。第三要循序渐进地进行。开始时可把自学作为教学过程的一个重要环节，之后可在某些章节或一两个单元应用自学的方法，最后是在某门学科的全程教学过程中应用自学的方法。①

第三节　间接型教学方法

间接型教学法包括发现法、独立探究法、研究法三种。

一、发现法

发现法，即发现教学法，包括教师教学指导和学生发现学习两个

① 江山野：《论教学过程和教学方式》，《教育研究》1983 年第 10 期。

有机组成部分。其中教师教学指导是关键，学生发现学习是核心。

1. 发现学习的形式和实质

发现教学法的主要特点是不把学习的主要内容提供给学生，而是由学生独立发现，然后内化。换言之，在发现学习中，学生的优先任务是有所发现。那么，什么叫发现呢？从形式来说，发现学习中的发现指的是再发现，它不是“科学家致力于日趋尖端的研究领域所作出的发现”，而是“在校儿童凭自己的力量所作出的发现”，它不是原原本本地沿着科学家的再发现过程进行的，而是将原发现过程从课程角度加以再编制。它的特点是：（1）缩短：将原发现的冗长过程予以剪辑，变成短途径；（2）平坡：原发现的过程，其坡度（难度）较大，所以加以平易化，使其变成对学生稍有难度，而仍有学习的可能；（3）精简：削减的作用，乃使学生在分歧上能运用选择的思考，此种思考，是发现教学方法最注重的根本作用。经过这样的再编制，发现学习过程就不是沿着“原发现的文化史的路线”进行，而是学生以“小科学家”的身份在教师帮助下迅速有效地主动探索未知的过程。至于发现法的具体形式，正如布鲁纳所说：“发现包括着用自己的头脑亲自获得知识的一切形式。”一般来说，只要是教材中尚未讲到的，学生自己探索和发现的，对学生来说是前所未有的有价值的新东西（包括新知识、新方法和新经验），都可以看作是发现。当然，也不能把发现的外延随意扩大化，发现一定是要有新的成分（过程也罢，结论也罢），它能对学生智力尤其是创造力的发展起到积极的促进作用。

就实质来说，按照布鲁纳的观点，发现学习中的再发现与科学家的原发现是一致的，“都不过是把现象重新组织或转换，使人能超越现象再进行组织，从而获得新的领悟而已”。的确，发现学习中的发现常常是以“领悟”、“顿悟”的形式表现出来的。所谓领悟，布鲁纳也称之为“直觉”，“直觉是指没有明显地依靠个人技巧的分析器官而掌握问题或情境的意义、重要性或结构性的行为”。这也就是说，在发现学习中，学习采用的是直觉思维，而这种思维在其实际运行过程中又总是与发散思维和创造思维结合在一起的。实际上，也只有这样，发现才能成功。所以，发现学习过程中学生的思维必须具备以下三个特性：（1）整体性。直觉思维倾向于从整体上对问题进行结论性判断，并总是以跳跃的形式（顿悟的形式）径直指向最后的结论。正因为如此，一个人往往通过直觉对一些问题获得解决，而这些问题如果借助于分析思维将无法解决，或者充其量也只能慢慢解决。但是，由于直觉思维的运行过程没有依据明确的逻辑规则，而是带有一定程度的猜测性和预见性，所以“直觉的正确或错误最后取决于通常的证明法，而不是取决于直觉本身”。（2）灵活性。发散思维的突出特点是它的灵活性，灵活性指学生思考问题时善于根据事物的发展变化以及事物的不同联系侧面，多向进行，表现为思维起点灵活，思维过程灵活，一个问题往往能想出好几种解决方案或答案。思维的灵活性能使学生摆脱原有的思路，克服消极的思维定势，从而易于形成新的结合，把他所熟悉的概念、规律、形象纳入新的关系之中，从新的角度提出解决问题的方案。一般来说，思维越灵活，求异的范围就越广，多解的可能性也就越大。（3）独创性。创造思维的独创性是思维在独特地、新颖地解决问题过程中表现出来的智力品质。任何创造、发明、发现活动，都是与创造思维的独创性联系在一起的。创造思维的独创性有两个方面的含义：其一是独特性，即具有个性特点，它表现为独立地操纵条件，进行新颖的组合、分析，找出新异的层次和交接点等，从而使思维在出发点、方向、过程及结果等方面都带有各自的特点。其二是新颖性，这种思维活动具有探新的性质，表现为思考问题独辟蹊径，标新立异，使它的结果，不论是概念、规则或是假设、方案等，都包含有新的因素。

2. 发现法的实际应用

发现法是按照发现事物的“姿态”与方式来组织学生学习的，它的一般步骤是：

第一，提出让学生感兴趣的问题。由教师根据教学需要和学生想看、想知道、想做的心理状态来提出问题，或把学生置于一定情境中使之产生问题，再由学生自己去发现。

第二，提出解决问题的各种可能的假设和答案。教师帮助学生把问题分解为若干需要回答的疑点，激起学生的探究要求，明确发现的目标。但问题既要适合其已有的知识，又要经过学生的努力才能解决。

第三，树立假说。根据所要发现的目标，提出解决问题的各种可能假设或答案，引导学生的思考方向，推测各种答案。

第四，引导学生用分析、思维去证明结论，对假设和答案从理论上和实践上加以检验、补充，甚至修改，最后解决问题。

发现学习的主要类型有：

（1）归纳发现。所谓“归纳发现”，即选取并考察某研究对象的若干特例，研究诸特例的共性，从而对该研究对象作出一般性的判断。“归纳发现”亦可称之为“由特殊到一般的发现”。在教学中，对某些内容如能恰到好处地应用归纳发现法展开教学，有利于学生沿着问题形成与发现的轨迹把握其内在的本质。

（2）类比发现。所谓“类比发现”，即由研究对象A联想到与它类似的某个对象B，根据B具有（或不具有）某种性质的事实，推断研究对象A也具有（或不具有）某种相同或类似的性质。“类比发现”亦称之为“由此及彼的发现”。运用类比发现法组织教学，诱导学生发现各种概念之间、新旧知识之间的区别与联系，有助于缩短思维结构和认知结构之间的差距，加速认知结构发展的进程。

（3）试错发现。所谓“试错发现”，即通过尝试，发现错误，不断地吸取教训，检索、修正，最终获得新的发现。大量事实表明：“错误”中往往孕育着与“正确”同样丰富的发现和创造因素，不成功的尝试对于取得进一步的成就可以像成功的尝试一样重要，科学总是在崎岖之途上和不断纠正错误的过程中进行的。因此，在教学中企图完全避免错误是没有必要的，相反在某些情况下，甚至需要有意识地让学生专门进行“尝试错误”的教学活动。这样一方面可能充分暴露学生思维的薄弱环节，有利于教师对症下药；另一方面可以使学生发现某些方法、技巧引进的必要性和新知识产生的必然性。

（4）直觉发现。所谓“直觉发现”，即对一个问题，仅依据感知作出的猜想、判断。教学实践表明：对于一个已经达到一定认知水平的中小学生来说，直觉是可以产生也是可以培养的，为了培养学生的直觉发现能力，教师应着力培养其敏锐的观察能力和机智的判断能力，以丰富他们的经验和想象能力，为直觉提供充实的资源。在教学中应注意捕捉偶然，把握直觉的触发时机。此外，教师还必须有宽心和耐心，不要总是苛求学生言必有据，对学生中的朦胧直觉要给予赞扬，并帮助其补上逻辑推理过程。①

① 崔世根：《数学教学中的发现法初探》，《中学数学》1993年第7期。

二、独立探究法与研究法

独立探究法是学生根据教师提供的问题，独立探索（即教师只提供问题而没有进行方法上的指导），自行解决问题的一种方法。独立探究法的核心是学生独立探索。学生独立探索的意义很大。这是因为在独立探索中，第一，知识得到应用，分析问题能力和解决问题能力也得到培养；第二，探索本身蕴涵着用新的方法和新的途径进行科学探究的因素，有利于科学方法和创新精神的培养；第三，探索是学生自己通过劳动自行解决问题和获取新知识，可以培养学习的情感、坚忍不拔的意志、顽强奋斗的毅力等。独立探究法作为一种完整的教学方法，主要适用于活动课程、选修课程以及必修课程的提高教学。

比独立探究法更进一步的是研究法，研究法亦称发明法或创造法。在研究法当中，学生的主体性和创造性得到了更进一步的发挥，不仅问题是由学生独立产生的（有发明创造的价值），且问题的解决即发现也带有一定程度的原发现。中小学生具有无限的聪明才智和发明创造能力。现在许多学校开展小制作、小发明、小创造的研究实践，不少学生产生了许多构思新颖且有实用价值的作品（产品），有的还在国际上获奖。这是研究法在教学中的具体体现。当然，作为教学方法的研究法与科学研究的研究法还是有很大的不同的，这是由教学与科研的不同性质和任务决定的。科研是对人类未知领域由不知到知的过程，它是以人类未知领域作为认识对象的，而教学则是个体对人类已知领域由不知到知并积累自身经验的过程，是以人类已知领域作为认识对象的；科研的任务在于认识的发展，而教学的直接任务则在于认识的继承和传递，同时又为认识的发展提供条件，教学虽然也需要直接经验的积累，但主要是依靠间接经验。所以，作为教学方法的研究法，它更多的是强调研究的精神。

研究法、独立探究法和发现法同属于间接教学法，其共同特点是知识是以问题的形式呈现的，结论（问题的答案）一定是在学生自己的思维阵痛中产生的；它们的不同特点，我们可简要列表比较如下：

三种间接型教学法的比较

方法	特点	主要智力成分
发现法	告诉学生问题、方法，但不告诉结论	发现力。发现力是认识客观事物、获得知识的基本能力。发现可以分解为直觉和专注，直觉是没有意识介入的，容易发现那偶然的、突发的、新异的现象，而专注则伴随着思维活动。发现主要靠观察，它的最佳品质是敏捷、正确、深刻、完整
独立探究法	告诉学生问题，但不告诉方法和结论	探究力。探究力主要是指心智活动的分析综合能力。个体通过分析，认识事物的各种属性，了解其各个侧面；通过综合，把握事物的本质特征及其整体观念。这种心智的分析和综合过程构成探究活动。探究能力取决于概括和抽象的水平
研究法	问题、方法和结论都不告诉学生，让学生自行提出问题，自行寻找解决问题的方法或设计实验，最后找到问题的答案，得出结论	创造力。创造力是指人们根据一定的目的，运用一切已知信息，产生出某种新颖、独特、有社会或个人价值的产品的能力。创造力的核心因素是求异思维和创造想象

此外，独立探究法和研究法中的问题与发现法中的问题也不大一样。前者更具有开放性，并具有以下主要特点：(1) 非常规性。即问题的内容不是教材内容的翻版，而是有意义的延伸和超越；解答也不能依赖模仿，而需要较多的创造性。(2) 情景性。即给出的问题往往不是纯教学化的“已知”“求解”模式，而是一种情景，一种客观现实中存在的矛盾和疑问，它的解答需要克服更大的困难。(3) 开放性。即所给问题不一定有解、答案不必唯一，条件还可以冗余，它注重的是探究的思维价值，而不是结论的正确与否。

第四节 直观实践性教学法

上述对直接型和间接型教学法的分类，主要局限于“语言文字”范畴。在中小学教学中，直观性和实践性的教学方法也是常用的重要的方法。

一、直观性教学方法

这是一类通过实物或教具进行演示和组织学生教学性参观等，使学生利用各种感官直接感知客观事物或现象而获得知识、形成技能和发展能力的方法。这种教学方法以直接感知为主要形式，其特点是生动形象，具体真实，学生视听结合，记忆深刻。它主要包括演示法和参观法。

1. 演示法

（1）演示法的含义和类型。演示法是教师配合讲授或谈话，通过展示实物、教具或进行示范性实验而使学生在观察中获取知识的方法。演示的种类很多，按演示教具分，有实物、标本、模型、照片、图画、幻灯、录像、教学电影以及具体实验的演示等；按演示对象分，有单个物体或现象的演示，有事物发展全过程的演示。

（2）科学应用演示法的基本要求。演示前，教师要根据教材内容确定演示目的，选好演示教具，作好演示准备。

演示时，教师要使全班学生都能清楚地观察到演示活动，促使学生综合运用各种感官去充分感知学习对象，以形成正确的观念和表象。此外，演示时教师要配以讲解，引导学生全神贯注于演示对象的主要特征和重要方面。

演示后，教师要指导学生把观察到的现象同书本知识联系起来，及时地根据观察结果得出明确结论。

2. 参观法

（1）参观法的含义和类型。参观法是教师紧密配合教学，组织学生到校外一定场所进行直接观察、访问、调查来获得知识或验证知识的方法。参观的类型主要有 4 种：感知性参观，是使学生获取必要的感性材料，为学习新课奠定基础而组织的参观；并行性参观，是在学习某一课题的过程中，为便于学生理解、丰富和记忆知识而组织的参观；验证性参观，是在某一课题结束后，为了用事实来检验和论证学生已学的知识而组织的参观；总结性参观，是在讲完某一课题后，组织学生结合所学的内容，到现场为得出结论或验证结论而进行的参观。

（2）科学应用参观法的基本要求。参观前，教师要实事求是地根据教学要求和现实条件，确定参观的目的、时间、对象、地点以及参观的重点内容，并在校内外作好充分准备。

参观时，教师要根据不同的参观类型提出不同的具体要求，组织学生全面看，细心听，主动问，认真记。

参观后，教师要根据教学要求和参观计划，指导学生座谈收获，整理材料，找出问题，写出报告，及时总结。

二、实践性教学法

这是一类在教师指导下，学生通过练习、实验和实习等实际活动，学习、巩固和完善知识、技能与技巧的方法。这类方法以学生的实践活动为基本特征，学生在学习过程中手脑并用，学以致用。它主要包括练习法、实验法和实习法。

1. 练习法

（1）练习法的含义和类型。练习法是学生根据教师的布置和指导，通过课堂及课外作业，有意识地反复完成某一活动，借以巩固知识、形成技能技巧的方法。练习的类型和方式多种多样。按练习的任务分，有说话练习、解题练习、绘画制图练习、作文和创作练习、文体技能技巧的练习等；按练习的形式分，有口头和书面练习、问答和操作练习、课内和课外练习等；按练习的方法分，有重复练习、变换练习、循环练习、综合练习等；按练习的特点分，有模仿性练习、训练性练习和创造性练习等。

（2）科学应用练习法的基本要求。练习要有明确的目的与具体的要求，要有周到的计划与恰当的步骤，要有恰当的分量与适当的难度，要有科学的时距与有效的方法，要有正确的态度与良好的习惯，要有及时的检查与认真的总结。

2. 实验法

（1）实验法的含义和类型。实验法是学生在教师的指导下，按照预定的要求，利用指定的设备，采用特定方法进行独立操作，并在观察研究中获取直接经验、培养技能技巧的方法。实验的类型主要有 3 种：学习理论之前进行的感知性实验，学习理论之后进行的验证性实验，寻找问题答案的探索性实验。

（2）科学应用实验法的基本要求。实验前，教师要认真准备并全面检查有关的仪器、材料和用具等，向学生讲明实验的目的、要求及其所依据的科学原理和操作过程中的注意事项，并划分好实验小组，必要时应进行示范实验。

实验中，教师应注意巡回检查，具体指导，确保实验程序科学，操作规范，结论正确。对后进生要进行个别帮助，发现偏差及时纠正，教育学生注意安全。

实验后，教师应指定学生报告实验的进程和结果，然后由教师作出简短的概括和小结，指导学生认真写好实验报告。

3. 实习法

（1）实习法的含义和类型。实习法是教师指导学生根据教学要求，在校内外一定场所从事实际工作，在实践中综合运用理论从而掌握知识、形成技能技巧的方法，又称实习作业法。实习法种类繁多，形式各异。按场所分，有课堂教学实习、校内外工厂实习、农场和试验园地实习等；按学科分，有数学课的测量实习、理化课的技术实习、生物课的植物栽培和动物饲养实习、地理课的地形和地貌测绘实习等。

（2）科学应用实习法的基本要求。实习前，教师要向学生讲清有关的理论知识、实习任务与操作规程，落实实习场所，备妥实习用具，分好实习小组。

实习中，教师要加强具体指导，作好操作示范，把握实习进程，检查实习效果，及时查漏补缺。

实习后，教师要指导学生写出实习总结，评定实习成绩，开好总结大会，并为每名学生写出公正、客观的评语。

第三章 课堂教学

课堂是学校中最为平常、最为常见、最为细小的细胞，教师每天都在课堂中生活，学生的学习时光大多在课堂上度过。课堂教学是实现教学目的、完成教学任务、促进学生发展的最主要的途径，也是体现教师生命价值和促进自身专业成长的最主要的舞台。本章从备课、上课、听课和评课几个环节和方面阐述课堂教学的理论和实践。

第一节 备课

备课是上课的先决条件。备好课不一定能上好课，但备课不到位、不充分，课堂教学的质量就无从保障。备课的主要工作有：

一、研读课标

“基于标准”是新课程背景下教学的一个核心特征，或者说，新课程背景下的教学就是一种基于标准的教学。基于标准的教学，要求教师必须准确理解、全面掌握课程标准，并在教学的全过程中体现课程标准：教学目标的确定、教学内容的开发与选择、教学方法和手段的运用、学习机会的安排、评估的设计与实施，所有这些方面都应当在课程标准的指引下进行。失去标准意识，教学就会失之随意。所以，对教师而言，最重要的素养是关于标准的素养，最重要的能力是落实课程标准的能力。备课作为课堂教学的第一环节，首先就得研读课标，使自己的教学有方向、有目标。那么，作为一名教师，怎样研读课标呢？我们认为，要从以下几个方面着力：

1. 读“前言”，把握基本方向

各学科课程标准都在第一部分的“前言”中，规定了“课程性质与地位”，提出了该学科的新理念，这是课程标准的灵魂。如语文课程标准在“前言”中写道，“语文是最重要的交际工具，是人类文化的重要组成部分。工具性与人文性的统一，是语文课程的基本特点”。“前言”中还提出了四大“基本理念”，即“全面提高学生的语文素养”，“正确把握语文教育的特点”，“积极倡导自主、合作、探究的学习方式”，“努力建设开放而有活力的语文课程”，这是语文教学改革的方向和途径。

2. 读“目标”，确立目标意识

课程标准的第二部分“课程目标”，阐述了各门学科在知识与技能、过程与方法、情感态度与价值观等方面共同而又各具特点的课程总目标和学段目标；课程标准的第三部分“内容标准”是该门学科课程目标的内容化、具体化、操作化。这些目标直接指导着教师的学科教学，确保学科教学的方向，教师必须熟读熟记。教学中，无论是教材内容的取舍和处理，还是校内外课程资源的开发和利用，都必须基于目标。当然，教师在备课时，要根据教材和具体教学内容的特点、性质对“课程目标”和“内容标准”进行转换，使其变成课时目标，同时要重视各课时目标的内在联系和递进关联，确保通过一节一节的教学最终实现总的目标。

3. 读“实施建议”，提高操作能力

课程标准的“实施建议”部分，分别就教与学、教材编写、评价、课程资源开发与利用提出具体建议。这些建议聚焦课程实施的重点、难点和关键点，是行动的航标、教学的指南，教师可从中吸取教学行动的智慧和力量。

“磨刀不误砍柴工。”教师研读课程标准就是“磨刀”，是把力气用在刀刃上，可惜，一些老师并没有意识到、没有重视它，只顾埋头“砍柴”，而忽视了“磨刀”。“练武不练功，到头一场空。”教师不读课程标准，就如练武之人不练功。

著名特级教师于永正谈备课①

《语文课程标准》出台以前，我的备课本的扉页上都写着语文教学大纲对所教年段的教学要求。《语文课程标准》颁布以后，我就把课程标准中各年段的教学目标复印下来，贴在备课本的首页上。它是我的教学指南。课标中有总的教学目标，叫“总目标”，还有分解后的各教学年段的目标，叫“阶段目标”。

① 于永正：《备课断想》，《福建教育》2007 年第 2 期。

教学必须有目标，目标就是要达到的目的，也就是要完成的任务。

动笔写教案之前，我还要看看课文后的学习要求。课文后的学习要求，一般地说，就是那一课的教学目标。这些目标达到了，这课的教学任务就基本完成了。

有些不尽如人意的“题目”，我会做些微调，但多数是照办的。

课程标准我经常翻看，“温故而知新”。比如看到要“指导学生正确地理解和运用祖国的语文，丰富语言的积累，培养语感，发展思维”这些话，就会使我更坚定不移地在教学中引导学生去读、背、写，而不至于偏离语文教学的大目标。看到“培养学生广泛的阅读兴趣，扩大阅读面，增加阅读量，提倡少做题，多读书，好读书，读好书，读整本的书”这些话，我就会坚决地把“练习册”丢在一边，努力在培养阅读兴趣和学习习惯上下功夫，备课时就会认真思考：怎样教出情趣，教出灵性，培养出能力？看到课标中关于“综合性学习”的论述，我就会更积极地思考、设计这类有利于学生发展的作业，等等。

课标是教学的“圭臬”，是依据，要常看。常看常新。

二、钻研教材

“这法那法，读不懂教材就没法；千教万教，教不好教材就白教。”钻研教材是备课的核心工作，钻研教材包括理解教材和分析教材。

理解教材的最基本要求是：（1）教师对教材内容不仅知其然，而且知其所以然，即教师掌握的是真知，是含有智慧的成分；（2）教师对教材内容理解透彻，融会贯通，内化为自己的知识，真正做到“使其言皆若出于吾之口，使其意皆若出于吾之心”。理解教材的高层次要求是：（1）深刻。深刻者，一针见血、入木三分。只有理解深刻，才能揭示教材的本质，挖掘出教材的精髓内涵。（2）独到。独到者，独具慧眼也。教师对教材有真知灼见，便能够于平凡中见新奇，发人之所未发，见人之所未见。

分析教材的工作，就其角度而言，包括：（1）编者的角度。教材是编者根据学科课程标准的要求，以及学科教学规律和学生的认识发展规律而精心编写的。站在编者的角度上分析教材，理解教材编排体系，理解编写意图，这样才能居高临下地把握教材。（2）学生的角度。教材既是教本，又是学本。教师应设身处地站在学生的角度上分析教材，教材中哪些地方让人感兴趣？哪些地方难理解？哪些地方最感人？哪些背景不了解？这样就会比较准确地把握教材的兴趣点、疑难点、动情点、背景介绍点，从而提高课堂教学的针对性。（3）作者的角度。从作者的角度分析教材，要求教师要像数学家那样思考数学，像历史学家那样思考历史。就语文而言，要求教师以作者身份潜心文中，自我设问：倘若我写此文，目的是什么？是以哪些材料、运用什么写法达到其目的？希望读者从文章中了解什么？如此分析教材，就会在写作目的的确定、材料的选择、详略的安排、词句的锤炼、标点的运用等方面对教材有个深入的把握。（4）教者的角度。教师是教学的组织者和领导者，教师要努力协调编者、作者与学生三者的关系，力求发挥教材最大的教学效应。

分析教材的工作，就其内容而言，主要包括：分析教材的地位作用、知识结构和特征，所涉及的技能、方法和能力，所包含的情感、态度和价值观，教学要求以及重难点和关键点。其中，分析教材的地位和作用，就是分析这段教材在全局中的地位和作用以及这段教材对后续学习的影响，这段教材对形成学生认识结构、训练技能和发展能力、培养品德的作用。分析知识结构和特征，一是分析结构关系，即这段教材和前后教材知识的关系，来龙去脉，层次脉络；二是分析类型特征，即分析这段教材所包含的知识类型（陈述性知识、程序性知识或策略性知识）。分析教材所涉及的技能、方法和能力以及所包含的情感、态度和价值观，一方面指分析这段教材内在地包含哪些思维价值和品德价值；另一方面指分析通过这段教材的教学，要着力训练和培养学生的哪些素质。分析教学要求，就是确定这段教材的教学目的，一方面必须按课程标准、教科书和学生的实际情况确定每课时的教学要求，另一方面又要有发展观点，即同样的内容在不同教学阶段其要求是不断提高的。分析重难点和关键点，要求明确这段教材的重难点和关键点在哪里，为什么等。

三、了解学生

教为了学，学是教的起点和落脚点。美国著名教育心理学家奥苏伯尔说："如果我不得不把所有教育心理学还原为一句话的话，我将会说，影响学习的最重要因素是了解学生已经知道了什么，根据学生原有的知识状况进行教学。"教学实践证明，只有切合学生实际的教学，才能充分地促进学生的发展。所以，了解学生是备课的关键工作。

就一节课而言，教师在备课时应认真考虑以下这些问题：（1）学生是否已经具备了学习新知识所必需的知识和技能；（2）通过预习，学生是否已经了解了课文中的有关内容，有多少人了解？了解了多少？达到什么程度？（3）哪些知识是重点、难点，需要教师在课堂上点拨和引导？（4）哪些内容会引发学生的兴趣和思维，成为课堂的兴奋点？唯其如此，才能使备课具有针对性，从而使教师的教有效地促进学生的学！

案例：《圆的周长》①

公开课上，学生讨论了测量圆周长的方法后，教师给学生提供了直径不同的圆硬纸片。"我们知道正方形的周长是边长的4倍，那么圆的周长与直径是否也存在一定的倍数关系呢？请分组测量圆片，填好实验报告单。"这时，居然有很多学生小声说："我知道，圆的周长是直径的3倍多一点。""我知道圆的周长是直径的3.14倍。"……

学生的小声议论，使教师精心预设的各个精妙的教学环节落空了。上课的这位教师有些不自然了：是吗，有些同学真聪明！现在请同学们小组合作，测量圆的周长与直径，看看圆的周长与直径到底有怎样的关系，填好实验报告单，然后汇报交流。

而另一位教师则是这样处理的，"请知道周长与直径关系的同学举一下手。"全班竟有半数学生举起了手。

"你们是怎么知道的呢？"

"从书上看来的。"

"那么大家知道书上的这个结论是怎么得出的吗？"

"不知道"。

① 范强：《在生成中建构学生的认识结构》，《新课程教学案例》2005年第5期。

这时教师及时肯定："大家说的结论是正确的，你们能提前预习，非常好！可是却不知道这个规律是如何得出的。想不想自己动手设计几个方案，来验证结论？""想！"同学们异口同声地大声回答。"接下来，可以几个人组成学习小组合作验证，看哪个小组能最先证明圆的周长是直径的 3 倍多一点。"教师适时地参与学生的讨论、交流、验证，在此基础上，组织学生逐步概括出圆周长的计算公式。

显然，前一教师的备课缺乏针对性，后一教师的备课具有针对性。

从教学实际来看，教师了解学生的内容应包括了解学生的知识基础、认知能力、学习态度、思想特点和个性特征等。教师了解学生的途径主要有从心理学中了解、从日常接触中了解、从学生作业考试中了解、从预习反馈和课堂表现中了解等。

四、设计教案

教案是以课时为单位设计的具体教学计划或方案。设计教案是备课的落脚点。钻研教材好比研读原著，设计教案就像写好剧本。剧本是拍戏的根本依据，教案也是上课的直接依据。正如剧本不同于原著一样，教案也不是教科书内容的简单移植。

值得强调的是，教案不同于讲稿，教案是一种方案，是一种设计。教师基于研读课标、钻研教材和了解学生之上的教学设计主要包括：（1）思路设计。它要求教师遵循逻辑的原则，以把握教材思路为前提，以学生的有意义学习过程（内在机制）为根本，对教学内容进行恰当的再加工、再处理，编制出切实可行的教学程序，创造出清新有致、引人入胜的教学思路。从语文角度看，这种教学的思路，有时顺乎作者著文的思路，有时也悖逆于作者写作的思路，有时甚至可以从中间开花，然后向两端延伸。思路规定一节课的起点、发展过程和终点。（2）活动设计。教学思路要通过教学活动来展开，教学活动既包括教的活动也包括学的活动。活动设计要求教师遵循教为主导、学为主体的原则，对课堂中学生的内隐思维和外显表现进行预先安排，以保证课堂能够真正地在展开学生的思维活动中进行，使学生的大脑始终处于积极的思维活动中，从而真正实现知识与能力的和谐统一发展。

教案按篇幅可分为详细教案和简要教案。详细教案，指的是对课堂教学全过程所有环节、所有要素、所有活动、所有内容都进行设计和安排的教案，年轻教师特别是新教师备课时常常需要写详案；简要教案，指的是对课堂教学活动的主要流程和关键内容进行设计和安排的教案，这种教案不再将教学活动的各个环节和内容设计都描述出来，有经验老师备课时一般只需要写简案。教案按呈现形态也可分为有形教案和无形教案。有形教案即动手写出来的文字教案（显性教案），无形教案即在教师头脑中设计和储存的教案（隐性教案）。如果说备课主要是动脑的过程，那么教案也就不是只指文字教案，甚至可以说隐性教案是主要的，显性教案是次要的。问题是，隐性教案是看不见、摸不着的，从教学管理的角度来说，它无从考查和评价，这样也就自然而然地受到忽视、冷落，甚至不被承认，于是备课就等同于写教案（文字教案）。这是传统教学及其管理存在的一个突出问题。我们认为，教案是教师创造性劳动的结晶，每个教师都要努力形成和撰写富有个性的有效的教案。

第二节 上课

备课是为上课服务的，上好课是教师最重要的职责。

一、好课的标准

要上好课，首先要明确“什么样的课才算是一节好课”的问题。以新课程的角度看，好课要特别强调以下两点：

1. 指向三维目标

三维目标是新课程的“独创”，是新课程推进素质教育的根本体现，它使素质教育在课堂教学中的落实有了重要的抓手和坚实的操作性基础。新课程强调三维目标的有机统一，只有实现三维目标整合的教学才能促进学生的和谐发展，缺乏任一维度目标的教学都会使发展受损。从学生学习的角度来说，知识与技能维度的目标立足于让学生学会，过程与方法维度的目标立足于让学生会学，情感、态度与价值观难度的目标立足于让学生乐学，新课程背景下的学习应是学会、会学、乐学的统一。

2. 以学生为学习主体

学生是课堂的主人，学生学习的权力和主动性应得到充分的尊重和体现，学生独立学习的时间和空间应得到切实的保证，学生的个性化见解和创造性思考应得到普遍的赞赏和分享。学生在课堂上富有朝气，充满自信，乐于思索，勇于表达，积极互动，活灵活现，课堂才会充满了生命活力，呈现出生气勃勃的精神状态。

基于此，我们认为，在课堂重构中，要突出以下四个基本观点：①

第一，课堂不是教师表演的舞台，而是师生之间交往、互动的舞台。

第二，课堂不是对学生进行训练的场所，而是引导学生发展的场所。

第三，课堂不只是传授知识的场所，而且更应该是探究知识的场所。

第四，课堂不是教师教学行为模式化运作的场所，而是教师教育智慧充分展现的场所。

当然，不同学者因其视角不同对好课及其标准的定位也不一样。

叶澜教授认为，一堂好课没有绝对的标准，但有一些基本的要求。大致表现在五个方面：

(1) 有意义，即扎实。(教师讲的学生都知道，何必再上课)。

(2) 有效率，即充实。(课堂上学生都应该有事情做)。

(3) 生成性，即丰实。(上课不能完全预先设计)。

(4) 常态性，即平实。(哪怕部长听课，也要“目中无人”)。

(5) 有待完善，即真实。(只要是真实的就会有缺憾)。

朱永新教授认为以下六条可作参照：

一是参与度：理想的课堂，学生在教学过程中能做到全员参与(不是个别尖子学生的参与)、全程参与（不是暂时片刻的参与）和有效参与（不是形式主义的参与）。

二是亲合度：理想的课堂，师生之间有愉快的情感沟通与智慧交流。

---

① 郑金洲主编：《基于新课程的课堂教学改革》，福建教育出版社 2003 年版，第 1—3 页。

三是自由度：理想的课堂充满着自由轻松的氛围。

四是整合度：理想的课堂，切忌过度的“分析主义”，把完整的知识支离为鸡零狗碎。

五是练习度：理想的课堂，不在于它的有条不紊，不在于它的流畅顺达，而在于它是否真正地让学生练习和实践，让学生在课堂上动脑、动手、动口，通过观察、模仿、体验，在互动中学习，在活动中学习。

六是延展度：理想的课堂，能够在知识整合的基础上向广度与深度延展，从课堂教学向社会生活延伸，为学生的进一步探究留下空间。

上好课的基本要求

1. 目标明确　教学目的目标既是课堂教学的出发点，也是教学活动的归宿。确定教学目的目标，一要注意适合性，既体现课程标准或教学大纲的要求，又切合学生的实际。二要注意全面性，达到认知、技能和情感目标的统一。具体地说，教学目的目标包括学生应掌握的知识、技能，应发展的能力和应该形成的思想品德。教学目的目标，不仅教师要明确，而且应使学生了解它，以便教学活动能在教学目的目标指导下有序地进行。

2. 内容正确　这是圆满完成教学任务的重要保障。正确的教学内容应该体现科学性与思想性的统一。科学性就是要准确无误地传授教学内容，突出教学材料或课本的重点、难点，注意知识的系统化，把传授知识与发展能力相结合。思想性就是要体现“文”与“道”的统一，把知识教学与启迪思想、陶冶情操结合起来。

3. 方法恰当　根据教学目的目标，遵循学生认识发展的规律，以启发式为教学指导思想，灵活选用教学方式和方法，以充分调动学生积极性，做到书本知识与直接经验相结合，传授知识与发展智力相结合，教书与育人相结合，统一要求与因材施教相结合。

4. 教学组织严密　教学组织要严密，一方面要使教与学密切配合，教师不仅要注意教，还要指导和组织学生进行学习，保持教学活动的有序性，避免课堂秩序混乱，教学脱节。另一方面，教学活动要结构紧凑，科学地分配时间，以达到教学的高效率。

5. 教学效果优异　教学成功与否最终要看教学效果，看教学是否达到教学目标，实现了认知、技能和情感目标的统一，能否最大限度促进学生的和谐发展。这可以从教学过程中学生的反应、作业的质量、学习成绩和学生的行为表现中体现出来。

节选自：黄甫全、王本陆主编：《现代教学论学程》，教育科学出版社 2003 年版，第 376—377 页。

二、有效课堂的要素和环节

创设和生成有价值的情境和问题是有效课堂的前提，学生独立的阅读和思维是有效课堂的基础，师生间的互动和教师的正确引导是有效课堂的核心，必要的练习和及时反馈是有效课堂的关键。

1. 情境与问题

德国一位学者有过一句精辟的比喻：将 15 克盐放在你的面前，无论如何你难以下咽；但当将 15 克盐放入一碗美味可口的汤中，你就在享用佳肴时，将 15 克盐全部吸收了。情境之于知识，犹如汤之于盐。盐需溶入汤中，才能被吸收；知识需要融入情境之中，才能显示出活力和美感，才能被学生理解和掌握。

知识是人类从实践活动中得来的，是对事物及其运动和变化发展规律的反映。教学情境就是以直观方式再现书本知识所表征的实际事物及其相关背景。显然，教学情境所提供的是学生认识过程中的形象与抽象、实际与理论、感性与理性以及旧知与新知的关系和矛盾。创设情境反映了学生认知规律的一个重要方面：直观可以使抽象的知识具体化、形象化，有助于学生感性认识的形成，并促进理性认识的发展。特别是在小学阶段，学生形象思维占优势，教师更应该注重创设情境。如在教学面积单位时，为了让学生初步建立 1 平方米、1 平方分米、1 平方厘米的概念，就可以让学生说说生活中哪些物体表面的大小约为 1 平方米、l 平方分米、1 平方厘米。通过观察、比较、判断，学生基本上知道了一张饭桌面的大小约为 1 平方米，一个小学生的手掌面的大小约 1 平方分米，一个小学生大拇指的指甲面大约为 1 平方厘米。将面积单位与学生比较熟悉的物体进行比较，使学生对这三种面积单位有了深刻的认识。① 这只是情境的一个维度：“境”，它是学生进行有意义学习的认知背景，情境的另一个维度是“情”。

教师必须用情感激发学生的学习心向，这是有意义学习的情感前提。正如有学者所指出的，从血管里流出来的是血，从山泉里流出来的是水，从一位充满爱心的教师的教学里，涌腾出来的是一股股极大的感染力。在教学中，如果教师上课冷漠，那么学生听课也必然冷漠；教师无激情讲课，学生必然无激情听课；教师无真情讲课，学生必然无真情听课。没有激情，课堂教学就像一潭死水；没有真情，师生即使面对面，也犹如背对背。只有激情和真情才会在师生间产生一种互相感染的效应，从而不断激发学生学习的热情，唤起学生的求知欲，诱发学生进入教材的欲望。总之，创设情境既要为学生的学习提供认知停靠点，又要激发学生的学习心向。这是情境的两大功能，也是促进学生有意义学习的两个先决条件。

教学情境有多种类型、形式，其中特别要强调的是问题情境和问题意识。问题意识会激发学生强烈的学习愿望，从而注意力高度集中，积极主动地投入学习；问题意识还可以激发学生勇于探索、创造和追求真理的科学精神。没有强烈的问题意识，就不可能激发学生认识的冲动性和思维的活跃性，更不可能激发学生的求异思维和创造思维。总之，问题意识是学生进行学习的重要心理因素。

2. 阅读与思维

阅读是学生获得知识、发展能力、提升精神的重要途径，无论什么学科的教学，都应该把学生的阅读置于中心位置。在课堂中强调阅读有两方面的含义：一方面，要让学生通过独立阅读解决现有发展区问题。著名教学论专家江山野先生强调指出，当学生已经能够自己阅读教材和自己思考的时候，就要先让他们自己去阅读和思考，这应该作为一条规则，而不是一种可以采用也可以不采用的方式，这是体现学生主体性的基础。另一方面，要把教学建立在学生阅读的基础上，着力解决最近发展区的问题。这是因为单靠学生独立阅读，还不能解决全部问题，这些问题既是教学的出发点又是教学的着力点。可以说，针对学生阅读中提出和存在的问题进行教学，也是教学的一条重要规则。

“学而不思则罔，思而不学则殆。”学生的阅读必须伴随着思维，

① 洪玲：《数学教学生活化的思考》，《江西教育》2003 年第 9 期。

思维是阅读过程最主要的心理活动。没有思维的阅读叫死读，这是一种机械的、被动的、僵死的读书活动。读书而不思考，等于吃饭而不消化。为此，教师要努力使教学过程成为“猜想、惊讶、困惑，感到棘手；紧张地深思、期待、寻找理由和证明的过程”（苏霍姆林斯基语）。

3. 互动与引导

新课程的课堂教学一方面要尊重并发挥学生的主体精神，鼓励并创造条件让学生独立阅读、自主思考去获得知识、提高认识并个性化地解读文本；另一方面，要在这个基础上，通过师生之间、生生之间的对话、提问、比照、分享观点、合作反馈等方式来促进学生对于知识的深层理解和全面理解，帮助学生不断克服由于自身认识局限性所导致的主观性偏差，引导学生的思维往辩证、深刻、合理方向发展。

在师生交往互动中，教师实质上就是一个引导者。现在在某些教学实践中确实存在着忽视教师作用的唯（学生）自主化的倾向，这是一种典型的只“赋权”而不“增能”的不负责教学行为，它看似充分体现了学生的主体性，但实际上因为教师作用的丧失，学生主体性的发挥受到其自身水平的限制，致使他们的认知水平仍在原有的水平上徘徊。在这样的课堂上，展现的是学生肤浅表层的甚至是虚假的主体性（假性主体），失却的却是教师价值引导、智慧启迪、思维点拨等神圣的职责，这是导致课堂低效或无效的根本原因。要使课堂教学变得有效，关键在于既要真正提升学生的主体性，又要努力发挥好教师引领的作用。教学过程是学生自主建构和教师价值引领相统一的过程。就算学生具备了一定的自主学习能力，教师的引领仍然是必要的。“当学生遇到疑难时，教师要引导他们去想；当学生的思路狭窄时，教师要启发他们拓宽；当学生迷途时，教师要把他们引上正路；当学生无路时，教师要引导他们铺路架桥；当学生‘山重水复疑无路’时，教师要引导他们步入‘柳暗花明又一村’的佳境。”一位语文教育专家也建议教师在课堂上“该出手时就出手”：当学生读得提不起精神的时候，老师应该调动学生读的欲望和兴趣；当学生读得印象浅薄、形象模糊的时候，老师要引领学生读得充分、读得细腻；当学生读不出文本的理趣、情味的时候，老师得点拨学生的思路、启迪学生的智慧、激活学生的想象。教师的正确引领是保证学生学习方向性和有效性的重要前提。

4. 练习与反馈

学生在课堂上的学习既包括学也包括习。课堂练习是学生课堂独立活动中的一项重要活动，它一方面能使学生将刚刚理解的知识加以应用，在应用中加深对新知识的理解；另一方面，能即时暴露学生对新知识理解应用上的不足，以使师生双方及时订正、改正错误和不足。总之，练习与反馈是课堂教学的重要环节，是提高课堂教学质量的重要保证。

为此，教师一定要把课堂练习与反馈看作是课堂教学的有机组成部分，确立课堂练习与反馈的意识。课堂练习与反馈作为一个教学环节，一般安排在课堂教学结束前；作为一种教学活动和要素，它可以穿插在课堂教学的全过程。当前，对于练习与反馈存在认识和实施上的偏差：有的教师不重视练习与反馈，把课堂教学窄化为传统意义的教学甚至教师的讲授，认为只有自己多讲，学生才能多学，课堂才能提高教学效益，作业是课后的事情，所以在教案设计中根本就不安排练习和反馈活动。有的教师虽然意识到练习与反馈的重要性，但在课堂教学结构上不体现，无法保证这一环节的实施时间。通常是刚尝试练习就下课铃响，造成当堂练习与反馈的安排落空。

显然，上述四个要素（环节）不是截然分开的，而是相互联系、相互渗透的，我们必须以整体的观点，深刻地领会和把握各个要素（环节）的精神实质和有机联系，并加以认真贯彻和创造性落实，唯其如此，才能全面地提升课堂教学的有效性。

第三节　听课与评课

听课、评课既是教学的基本环节，又是教研的基本形式，是提高教学水平和教学质量以及促进教师成长的重要途径。

一、听课的要点

许多优秀教师都是“听课听出来的”。著名的特级教师于漪说：“我的特级教师是听课听出来的。”特级教师窦桂梅说：“几年来我听了校内外教师的1 000 多节课……”当然听课也是有学问的，要使听课富有成效，必须做到以下几个要点：

1. 认真准备

“凡事预则立，不预则废。”如同要先备课后上课一样，要先备课后听课。你准备越充分，就像自己上课一样去准备要听的课、像自己上课一样去预想教与学可能出现的问题以及应对问题的办法后再去听课，那么，执教者的优劣高下成败得失就一目了然了。比如，事先了解所听课的年级、课题、开课目的等，然后读课程标准、课题、教参以及相关资料，再想一想“假如我上这课，我会怎么做”、“假如在我的课堂，可能会遇到什么问题”、“我期待听到哪方面的精彩表现”等等，经过这样一番精心准备，再走进别人的课堂，你想想是不是“一切尽在不言中”。努力付出未必就有丰厚回报，这是常识，但是，丰厚回报必须努力付出，“天上不会掉馅饼”，这也是常识。听课前不准备、听课中不记录、听课后不思考，这种听课就没有任何意义了。

2. 仔细观察

听课时要仔细观察，观察老师的言行举止、神情体态、演算板书；观察学生的应对反应、神情状态、交往习惯等等。当然这些都是表面的现象，我们还要学会“看穿”这些现象，洞悉现象背后的本质。如，从老师的言行举止、神情体态等看出教师的教学态度——是否准备充分、认真负责、尊重信任；教学能力——教材组织是否科学、教学语言是否生动、教学活动是否适当；教学机智——生成是否捕捉、策略是否有效、处理是否灵活等。从学生的应对反应、神情状态等看出学生的参与状态——是否全员参与、全程参与、主动参与；交往状态——是否多向交往、合作交往、和谐交往，情绪状态——是否积极主动、愉快有效；思维状态——是否主动思考、深层思考、多向思考等。为了观察得更清楚、更细致，特别是能够观察到学生的表情、眼神，有的老师听课时，习惯在不妨碍学生视线的前提下尽量靠前坐。

3. 详细记录

详细记录的前提是专心倾听。听课关键在一个“听”字。听，首先是态度问题，你抱着学习的态度来听课，就自然会用心听、安心听、虚心听，就自然会听出门道、听出味道，反之，你抱着应付的态度来听课，就自然心不在焉，视而不见、听而不闻，那还会有什么收获、有什么心得呢！其次是技术问题，即边听边记、快速笔记。“用钢笔录像”，一般地要记录教学主要过程、精彩对话、意外生成、练习设计、板书作业，还有自己即兴点评或瞬间碰撞的思维“火花”等等。这种“用钢笔录像”是需要记录的速度和敏感度的。换句话说，听课者的记录速度越快、教育思想敏感度越高，“录像”就越全面、越真切、越细致，当然，记录也就越有价值，而这种速度和敏感度只能在听课实践和学习实践中练就。

4. 整理反思

课堂记录的速度总是有限的，总会有遗漏，这就需要课后及时地回忆补充。如果有录像或录音更好。在第一时间补充、整理，尽可能“还原”课堂，然后详细分析、认真思考，找寻执教者教学设计、教学活动等背后的理论依据、思想观念，剖析其优劣得失成败，优者得者成者借鉴之，劣者失者败者避免之。这样，“他山之石”才“可以攻玉”、他人的经验和教训才会转化为听课教师自己的素质和智慧。如果每听一课，都能认真准备、仔细观察、详细记录、整理反思，这样听课，就能非常有效地促进教师专业成长，提高课堂教学能力。

自己听自己的课

有一种听课的方式：教师不妨听听自己的课。

这种做法是，把录音机或摄像机带进课堂，把自己的课记录下来，然后自己听，自己看，自己分析，并请他人指教，来个教后琢磨。这是老师尽快提高教学水平的一种好方法。

听自己的课，一可以听自己的教学语言中的问题。如是否语调呆板、层次紊乱，抓不住要点？是否语速过快，使人无暇思索？是否声嘶力竭干喊，如同噪音……而后进行一番“琢磨”，必有提高。二听驾驭课堂能力，一节课时间分配是否合理，是前松后紧，还是前紧后松？做一点定量、定性分析，就能把握它们的科学性。

听自己的课，是对自己教学工作的一种反思，一种自我监督。认真回顾一节课的得与失，及时发现教学中成功的地方和该纠正的问题，这会使自己的教学能力很快得到提高。

听自己的课还应和自己的教案结合起来，一边听录音，一边查看教案，看教案的设计是不是合理的，是不是好用。好，好在什么地方，不好，存在问题是什么，这样可以对教案再做一番修改，这本身就是一种总结提高。

听自己的课，在修改的基础上再重上，再录下来，反复听，看修改后的效果如何，这样反复就会使自己有较大的提高。

参见：孙晋彩：《不妨听听自己的课》，中国教育报2007年5月18日第6版。

听完课，就要评课。评课是互相学习、相互切磋、共同进步的重要途径。

二、评课的要点

有人把老师上课比作“画龙”，把评课比作“点睛”，“龙”因“睛”而腾飞，很形象，同时道出了评课的重要性。“外行看热闹，内行看门道”，一节课往往因专业的评课而精彩，上课者因专业的评课而茅塞顿开，听课者因专业的评课而豁然开朗。那么，怎样才能让评课出彩，起到“点睛”的作用？

1. 倾听执教者反思

在开展评课前，一定要认真倾听执教者的发言，了解执教者的设计思路和课后反思，然后与所观察和记录的课堂历程以及听课思考进行比照，可能会产生新的认识——或修正、或补充、或完善、或提升原来的认识，使自己的思考更客观、全面、深刻。为此，在评课前，一定要请执教者说课或者反思，有时也可提出一些问题，如，“上完课后，你感到最满意的或最不满意的是什么？其原因是什么？”“你认为哪些目标达成得好、哪些目标达成得差？其原因是什么？”“课前你最担心的是什么？想过解决的办法吗？”“这节课，最感困惑的问题是什么？”“如果让你再上一次，你会作哪些调整或改进”等等，让执教者思考、回答。著名教育心理学家奥苏伯尔提出有效教学必须建立在“充分了解学生”的基础上，其实有效评课也应该建立在充分了解执教者的基础上，仅仅靠课堂观察是不够的。

2. 平等对话，相互启发

课堂教学是复杂的心智活动，有时是“当局者迷，旁观者清”，有时是“当局者清，旁观者迷”。评课，就是“当局者”与“旁观者”充分地、自由地、坦诚地沟通、协商、交流、碰撞，是思想相识、心灵相遇、智慧相通的过程。执教者与评议者始终处在平等对话、学术自由的环境中，是有效评课的基本保证。

具体来说，在评议时，应做到以下几点：第一，不管谁发言，都得认真听，做必要的记录。第二，边听边思考，与自己的意见一致的，就无须重复；与自己意见相左的，待发言完再提出来商量；与自己意见一致但表述不完整的，待发言完再补充。第三，有理有据地表达自己的观点，引发思考。第四，适时地请执教者作补充、说明，或者征求执教者的意见。第五，组织者要适时地挑起话题，穿针引线，总结推进，等等。

3. 就课论理，有理有据

评课评课，就课而评，评而出理，理而有据。“理”就是理论、理念，“据”就是依据、事例。评课时，要以事例为依据，或先描述事例，再道出隐含在事例背后的理论或理念；或反过来，先说理论或理念，再描述事例，这样有理有据，才能让人信服，避免空发议论、堆砌概念、滥贴标签，什么“我学到了很多”（既然“学到了很多”就说出一二来啊）、什么“体现新课程理念”（什么地方体现什么新理念，得说出来啊）、什么“真实、扎实、朴实”（怎么“真实”、哪里“扎实”、何谓“朴实”，道明一二啊），等等。

余文森教授的评课观

评课的时候，一定要冲破传统和世俗的观念，千万不要搞形式主义，要注重实效，实事求是，既要把优点说够，给人以鼓舞；又要把问题说透，给人以启迪。同时还要避免话语霸权，提倡学术对话，尤其是注意对不同思想观点的宽容、鼓励与支持。要形成一种新的听课、评课文化。第一，要实事求是，说真话，是优点就说优点，是缺点就说缺点。第二，严格要求，严是爱。第三，学术自由，注重争论。

参见：余文森：《探索以校为本的教学研究》，华东师范大学出版社2005年版。

对于教师来说，听课、评课与备课、上课一样，是家常便饭。就像家常便饭的质量决定人的生活质量一样，听课、评课和备课、上课的质量决定教师的工作质量（实质是生活质量）。家常便饭质量高生活质量就高、家常便饭质量低生活质量就低，这是常识。会生活懂生活的人总是想方设法提高家常便饭的质量，使其营养丰富又色香味俱全。同样，会生活懂生活的教师总是想方设法提高听课、评课和备课、上课的质量，使教师生活变得有声有色、有滋有味、有情有趣、有智有慧，实现幸福教师人生的理想。

分析与思考

1. 怎样理解教学与课程的关系?
2. 谈谈你对教学相长规律的认识。
3. 遵循教学发展性规律应坚持哪些教学原则?
4. 阐述教书育人的时代意义。
5. 如何理解讲授法和发现法是最基本的方法?
6. 为什么说自学法和研究法是教学方法改革发展的方向?
7. 以所学学科为载体，阐述新课程三维目标的统一。
8. 简论教学过程中封闭与开放、预设与生成的关系。
9. 你认为一节好课的标准是什么?

主要参考文献

1. 朱慕菊主编:《走进新课程》(第四章)，北京师范大学出版社 2002 年版。

2. 余文森、吴刚平著:《新课程的深化与反思》(第 2 专题)，首都师范大学出版社 2004 年版。

3. 教育部基础教育司、师范教育司组织编写:《新课程的教学实施》，高等教育出版社 2004 年版。

4. 陈时见主编:《课程与教学理论和课程与教学改革》(主题四)，广西师范大学出版社 1999 年版。

5. 余文森著:《当代课堂教学改革的理论与实践》，福建教育出版社 1998 年版。

6. 全国十二所重点师范大学联合编写:《教育学基础》(第七章)，教育科学出版社 2002 年版。

7. 丁家永编著:《现代教育心理》(第九章)，广东高等教育出版社 2004 年版。

8. 王道俊、王汉澜主编:《教育学》(第七章、第八章、第九章)，人民教育出版社 1999 年版。

9. 余文森主编:《有效备课、上课、听课、评课》，福建教育出版社 2008 年版。

10. 余文森主编：《有效教学的案例与故事》，福建教育出版社 2008 年版。

11. 余文森：《确立与新课程相适应的教学观念》，《教育研究》2002 年第 4 期。

12. 和学新：《教学策略的概念、结构及其运用》，《教育研究》2000 年第 12 期。

第6单元

评价观——旨在促进发展的评价观

教育评价是对教育活动的效果和价值作出判断的过程，对教育活动具有明显的导向作用。不同的教育评价观对教育活动必然产生不同的影响。随着课程改革的不断深入，教育评价已经成为制约我国素质教育纵深发展的主要瓶颈，也是课程改革备受关注的焦点所在。要促进学生全面和富有个性的发展，就必须树立与新课改理念相适应的、旨在促进发展的教育评价观。

第一章　教育评价的认识

教育评价的基础和核心是价值判断和价值引领。我们应当在价值层面上理解教育评价，把握教育评价改革发展的趋势和当前教育评价改革的重点，并进行现实反思。

第一节　教育评价的意义

教育评价的内涵是什么？它与传统考试有什么联系和区别？当前教育评价呈现出怎样的发展趋势？这是本书要探讨的问题。

一、核心要素与基本内涵

要研究教育评价，开展教育评价改革，首先必须对教育评价这一概念的含义有个基本的认识。我们可用下列简式来表述教育评价的含义：教育评价＝客观描述＋价值判断＋增值探索，其核心要素及基本内涵如下：

1. 客观描述

客观描述是对评价对象的实然状况进行的描述，它是评价的第一要素，也是前提要素。任何评价都应建立在客观描述的基础之上。客观描述可分为定性描述和定量描述两种。定性描述是对事物质的方面的分析与研究，定量描述是对事物量的方面的分析与研究；定性描述是定量描述的基础，定量描述是定性描述的精确化。两者的主要区别在于：

（1）资料来源不同。评价离不开其得以依托和展开的评价对象的资料。定性描述把要评价的教育活动的自然情境作为资料的直接源泉；定量描述则把采用诸如测验、量表、问卷、调查等手段获取的数据作为评价的主要资料来源。

（2）资料性质不同。定性描述所收集的资料信息都是描述性的，如文字、图片、现场记录等，细枝末节的“趣闻轶事”都被视为有价值而予以收录；定量描述收集的则主要是有关数量的一些资料，诸如数据、分数等。

(3) 关注重点不同。定性描述不仅仅关注教育活动的结果，更关注活动发生的背景和过程，认为结果也只能在其相关背景和过程之中才能得到真正的理解；而定量描述则对测量所得数据及其数据显示出的变化更感兴趣，认为评价只有建立在这种性质的资料上才可信。

(4) 评价者的素质要求不同。定性描述是一种主观性较强的评价方式，评价者的直觉、参与程度、移情理解水平对评价的结论产生着重要影响，因此，定性描述对评价者的个人素质有着较高的要求；而定量描述主要运用测试工具进行，只要测试工具准确可靠，评价者操作正确，就能产生相对客观的测试结果，对评价者的素质相对来说没有特别的要求。

任何事物都是质和量的统一体，不存在无质的量，也不存在无量的质。因此，要想对被评价事物做出全面、客观的评价，定性描述和定量描述必须结合使用、相互补充，这样才可以使客观描述不仅"客观"，而且"全面"、"准确"。正是基于这样的追求，新课程评价不仅重视传统的定量描述手段，如利用考试成绩对学生做出评价，也突出了定性描述在评价中的价值和作用，如对学生进行成长记录或档案袋评价就是本次课程改革在教育评价上的突破。关注学生的成长，全面、准确地描述学生的成长历程，也是发展性学生评价的灵魂。

2. 价值判断

价值判断是在客观描述的基础上，根据评价者的需要和愿望对客观事物作出评判，它是客观性与主体性相统一的活动。所谓客观性，就是说它是在客观地描述对象的基础上进行的；所谓主体性，就是说评价的结论又与评价者本身对事物"应该怎样"的认识有关，反映了评价者的主体需要和愿望。

价值判断是教育评价的本质属性，这里涉及两方面的价值问题，一方面是对教育价值的认识问题，另一方面是评价者本身的价值观问题。

所谓教育价值就是指教育作为社会系统中的一种客体，对社会主体和个体主体的发展需要的一定满足（适合、一致、促进等）。当我们把教育作为一种活动来理解时，它的价值主要表现为对受教育者身心发展需要的满足，这种价值是教育的个人价值，也即教育的本体价值，它是教育的最基本的价值。当我们把教育作为一种社会现象来理解时，它的价值主要表现为对社会其他系统的发展需要的满足，这种价值是教育的社会价值。二者的关系十分复杂，但从根本上说，教育的本体价值是基础，教育的社会价值是教育的本体价值的社会表现或外化；教育的本体价值是“源”，教育的社会价值是“流”。

实际上，对于教育价值的分类除了个人价值与社会价值外，还有精神价值与物质价值、科学价值与人文价值、认知价值与情意价值、效率价值与公平价值、目的价值与工具价值等类型。应该说，每一种教育价值取向都有它的合理性，在教育评价中各种价值取向应该保持一种“合理的张力”。在以人为本的当今社会，教育的本体和人文价值应受到充分的重视，这包括教育在满足个体独特的发展需求、启迪智慧、涵养德性、强健身心、提升精神境界等方面的价值。可以说，新课程的培养目标正是在“以人为本”的基本理念下各种教育价值的有机整合和全面体现。

教育价值是价值判断的外在依据，评价者本身的价值观则是价值判断的内在依据。教师的价值观是教师心中的标杆，也是教师教育活动的灵魂，对学生的评价都是由此出发的。这种价值观常常是以内隐的方式存在的，难以被直接观察到，但对学生评价的影响却是巨大的。新课改意味着教师评价观的转型，因此，教师价值观的重建也是课程改革的重要要求。

3. 增值探索

教育评价的本质在于价值判断，但教育评价的目的却不在判断本身，价值判断的归宿是增值探索。教育评价的增值作用主要表现在以下几个方面：

（1）激励作用。教育评价具有激发学生学习动机的作用。教育评价能使学生明确学习目标，了解教师期望，从而激发学生的学习动机。研究表明，在一定的条件下，经常进行记录成绩的测验，并加以评价，对学生的学习有较大的促进作用。而不进行评价或很少评价，学生的学习动机就会受到一定程度的抑制，难以持续保持应有的学习动力。

（2）调节作用。教育评价是有组织地提供调节教育活动所需要的信息的过程，它使教师能够根据学生反馈的信息对原来的教育教学设计作出必要的、适当的、及时的调整，从而有效地控制信息的转换过程，使得教育教学系统保持着动态平衡，以取得最优的教育教学效果。

（3）诊断作用。诊断作用表现为教育评价能够诊断学生在学习和发展上存在的问题和困难。如同医生看病一样，教育评价能够帮助教师发现学生的学习困难所在，找到学生学习困难的原因，从而为教师采取有效的补救措施提供有益信息。

（4）管理作用。教育评价可对学生的学业成绩进行鉴定和分析，在决定学生升留级、分班编组、选择教程乃至指导职业定向中都发挥着重要的作用。教育评价还可为社会了解教育提供可靠的信息，是学校向家长汇报和解释学生学习状况的依据。此外，社会各方面选拔人才、各级学校决定新生的录取，也同样离不开教育评价。

（5）发展作用。教育评价对学生发展的促进作用，不只是表现在激发学生的学习动机方面，它对学生个性品质和自我意识的发展也有重要影响。积极性的肯定评价能使学生从肯定的方面看待自己，增强自信心，提高自我意识。否定或负面的评价，其影响作用较为复杂，但在一定条件下也可起到从反向激励学生的作用。这也进一步说明，教育评价的恰当与否对学生的发展而言至关重要。

二、现代教育评价的发展趋势

教育评价的意义和作用已经为当今世界各国所充分意识，这一领域的理论研究和实践推进都出现了空前的繁荣局面，呈现了新的气象，世界教育评价的发展也因此进入了一个崭新的时代。从国际角度看，现代教育评价的发展出现了以下几个方面的趋势或特点：

1. 在指导思想与根本目的上，致力于促进学生个性的全面发展和弘扬学生的主动精神

传统的教育评价观注重知识掌握的维度，片面追求量化评估，较为单一片面，忽略了知识以外的其他人类价值；现代教育评价则强调将富有个性的人本身作为评价对象，包括知识、能力、创造力、兴趣、爱好、情感、态度、意志、品格等方面，并通过评价实现受教育者全面和富有个性的发展。

传统的教育评价较为机械，常以外在的所谓客观尺度来衡量个性各异的人。这种评价忽略了学生全面和富有个性的发展，使评价对象

失去了自己的个性存在空间；现代教育评价则主张从每个学生发展的内在需要和实际状况出发，评价他们各自的发展进程，并通过评价使他们迈向更为远大的目标。

传统的教育评价的强制性和贬损性特征造成了对学生人格的践踏，激化了师生间的冲突与对抗，也让学生产生了焦虑、抵触情绪和消极情感；现代教育评价的民主性和激励性，则充分体现了对学生人格的尊重、能力的信任、发展的关心。所以，现代教育评价有助于弘扬学生人格的主动精神，并使学生享受到成功的欢乐、进步的喜悦。

传统教育评价由教师独揽，学生只是被动的评价客体，没有评价的主动权和积极性，这种评价只能造成学生对教师的依赖；现代教育评价则主张让学生成为教育评价的积极参与者，并主张通过学生的自我评价发展学生的评价能力。“只有能够对自己的活动作出正确评价的人，学会并善于分析自己的活动的人，才能称得上独立、自主的人。”①

2. 在评价功能上，注重发挥评价的教育功能

教育评价的功能是多种多样的，但从根本上说是两大功能：教育功能和管理功能。所谓教育功能是指通过教育评价，激发学生学习积极性，提高教育质量，促进学生个性的全面发展；所谓管理功能是指用教育评价鉴定质量、区别优劣、选拔淘汰。在教育评价发展的早期阶段，人们强调的是评价的管理功能，评价主要被用来鉴定、区分儿童，其目的是选拔适合教育教学模式的学生。现代教育评价则越来越重视评价的诊断、反馈、改进、激励、强化等教育功能，其目的是创造适合学生发展的教育教学模式。

充分发挥评价的教育功能，以教育评价促进、改善教育教学，是世界各国教育评价改革发展的一个共同趋势。

当然，在现时代，评价的管理功能依然是社会和教育发展不可或缺的，但是我们必须牢固树立的观念是：教育功能才是教育评价的根本，管理功能只有建立在教育功能的基础上，才能产生积极的作用，否则将对人才培养起消极作用。

3. 在评价的类型上，现代教育评价注重实施形成性评价

传统教育评价注重实施终结性评价，这种评价是在教育结束后进行的，往往被排除于教育整体的有机联系之外，其结果是导致师生不

① 杜殿坤、朱佩荣主编：《苏联关于教育思想的论争》，教育科学出版社 1988 年版，第 13 页。

能内控和调节教学和学习过程，不能有效反馈信息，这样教育活动就失去了主动调控的机制。现代教育评价则注重实施形成性评价，这种评价是在教育过程中进行的，它是教育过程的有机组成部分。通过实施形成性评价，教育的信息能够得到及时的反馈，教育活动能够得到及时的调节和改进，教育效果能够得到及时的强化和矫正，从而使教育目的的实现、教育质量的提高得到控制和保证。总之，形成性评价的参与使教育过程成为按照教育目的方向有效运转并能够自我调控和纠正的系统工程。

实际上，评价的教育功能也正是通过形成性评价来实现的。所以形成性评价除了完善教育过程之外，更重要的是它还体现出一种教育精神，从而使教育评价真正具有了教育教学的本性，真正成为了一种教育教学活动。

4. 在评价方法上，现代教育评价注重采用绝对评价法

上世纪 80 年代以前，西方各国多采用相对评价法对学生学业成绩进行评定，按照正态分布律对学生进行人为的划等、分类和排队。正如布卢姆所指出的："这种划分的结果是，使一些学生确认他们是有能力的、良好的、合乎要求的；同时使一些学生认为他们能力不足，是差的、不合乎要求的。这种不断贴标签的做法对个人的教育不可能带来益处，它对于许多学生的自我观念则可能具有不利的影响。身体上（以及法律上）被学校体系束缚了 10 年或 12 年，并在此期间反复得到消极的等级，这必然对人格与性格发展产生严重的不利影响。"①

实际上，相对评价法和正态分布律是建立在传统的选拔教育观的基础上的。这种教育观的立足点是这样的一种假设：随着学生沿着教育的阶梯上升，具备必要的天赋才能或习得的技能与态度，从而成功地越过更高的阶梯的人将会越来越少。近一二十年来，这种选拔教育观受到了一种新的教育观，即发展教育观的批判和否定。发展教育观的主要代表布卢姆认为：与"为了选拔的目的而使用学校的观点十分不同的见解是：教育的基本功能是使个人获得发展。根据这种见解，学校的中心任务是：发展能使学生在一个复杂社会中有效地生活的那些特性。其基本假设是：通过教育手段能够发展英才"。与这种发展教育观相适应，教育评价的目的不再是把学生按照考试分数进行分等与

① ［美］布卢姆等：《教育评价》，邱渊等译，华东师范大学出版社 1987 年版，第 4 页。

分类，而是为了“获得和处理用以确定学生水平和教育有效性的证据”。这也便是现代教育评价为什么注重采用绝对评价法的客观背景。

第二节 传统考试评价存在的问题与反思

考试评价是教育评价中的一种最常用的评价方式。这种评价方式能够使学生较为客观、有效地展现自己的知识与技能，在对学生的学业评价乃至教育工作者的专业评价中都有着十分重要的作用，是任何其他评价方式都难以替代的。不过，考试评价作为一种传统的教育评价手段，在实践中出现了被滥用的状况。尤其在我国 2001 年课程改革之前，考试总是与分数联系在一起，过于频繁的考试竞争已经使教育教学偏离了其应有的价值内涵。即使在课程改革已经推进多年的今天，这一问题仍然没有得到有效解决，考试依然还是凌驾于学校系统之上的“指挥系统”，成为了与学习者相对抗的异化力量，学生考试压力过大仍然是我国基础教育领域目前十分突出的问题。

> 考试是一把双刃剑，优质的考试是催生人才的助产婆，劣质的考试是扼杀学生智慧的刽子手。优质的考试把孩子们引向乐学的天堂，他们在这里常欢乐，常惊奇，主动地探索，健康地成长；劣质的考试则把孩子们推入苦难的地狱，他们在这里常悲哀，常恐惧，被动地接受，灵气在萎缩。

传统的基于考试分数的评价是以强制性的方式施加给学生的，对分数的滥用和不当解释经常会对学生的个性和人格造成伤害，从而导致现实中屡见不鲜的师生冲突和对抗现象。这是传统考试和评分制度的重要缺陷之一。传统的考试和评分制度的弊端主要表现在以下四个方面：第一，用分数表示学习成绩，而分数又不能全面、准确地反映学习的质量、水平（学力），导致学生被片面评价。第二，考试的内容和方法不从教学的实际出发，不为教学服务，而是为考而教，考试被绝对化了。第三，考试的基本功能——反馈作用被严重地削弱，教育评价也因之而丧失了增值功能。第四，滥用考试分数，以考试成绩为依据进行不必要的名次等第排序，人为地制造了不良竞争，损害了学生的尊严，贬低了人的价值。

一名“差等生”的心声①

在一些老师眼里，成绩好的学生就是优等生，成绩差的就是差等生。

为什么有些同学能在老师面前大胆和老师谈笑风生？而你不能，大多数学生都会脱口而出——“因为他们学习成绩好，而你不好。”

老师，来听一听差等生的心声吧——

老师啊，您可听见，我们差生发自内心的呼喊。老师拉一下我们吧，莫将我们抛在一边！

作为一个差生，本身的压力就够大了：在家里，父母看到不景气的成绩，自然笑容难于挂在脸上；在学校，同学之间，免不了要受到冷落、嘲笑。如果老师不管不问，那么我们差生的处境可就更惨了。

有人说：“分分分，学生的命根。”这话一点也不假。考试成绩出来了，看吧，那长长的成绩榜上，好、中、差层次分明，把好、中、差分别以红、黄、黑三种颜色加以区别，并在中、差交接处还空上空格，如同楚汉鸿沟，以示等级差别。如此表示，优等生看见了，自然会点头微笑，可是我们差生心中唯有耻辱和悲伤。

无论大考、中考、末考，老师啊！你曾给那些优等生多少炽热的希望，使那些优等生趾高气扬，高高在上，挤得我们差生几乎无立足之地。老师啊，您的关心、帮助为何不给我们一点？只要在我们为难的时候，送给我们片刻的鼓励目光，我们也会增添无穷力量。我们的成绩虽差，并非我们以前就是这样，并非我们天生就是朽木。

老师啊，您给那些优等生增开“小灶”多次，唯恐他们吃不饱，却为何不能多给我们一点精神食粮？老师呀，请把您的琼浆玉液平分给每一个同学吧！

① 廖飞萍：《一名“差等生”的心声》，《海峡教育报》2004 年 2 月 19 日第 10 版。

现实中，考试评价出现的诸多问题有各方面的原因，但就教育评价观而言，根源乃在于分数崇拜。分数是常用的评定学生学业成绩的指标，是传统教育评价中“根深蒂固”的信守之物。评分制的存在被认为是“理所当然”之事，甚至被绝对化、神圣化了，分数崇拜成了传统教育评价的“固有”现象。这种评价体系直接导致了学生将原本富有生气的学习演变成了目标单一的分数追求。

那么，考试和分数是怎样把教育引向歧途的呢？由于考试没有也不可能将完整的有个性的人当作自己的对象，只能片面地强调学生对知识的掌握和运用，分数也就因此排除了知识以外的其他一切人类价值。不仅如此，分数还被当作一种外在的绝对尺度与受教育者的知识能力建立了正比关系，从而获得了脱离教育过程和性质之外的巨大的社会意义，这样也就不可避免地给整个教育带来灾难。母亲由于孩子分数不高而将他打死，孩子由于分数未达到父母的要求遭到批评时而弑杀父母，这样时时见诸报端的事件的发生并非偶然。总之，以分数为本位的应试，使作为教育的对象和主体的人被淹没在了考试之中。人的潜能、个性、创造力这些本应最受关注和珍惜的评价指标或要素被彻底遗忘了。

正因为如此，传统的考试和评分制度受到了人们的强烈批评，其中最极端的是苏联合作教育学家阿莫纳什维利的“取消分数”的主张。他在《学校没有分数行吗?》一书中指出，分数是片面的评价结果，具有很大的危害性。阿氏所批判的分数，是指传统教学体系中的分数。这种分数脱离了教育过程，失去了教学本性，而且由于传统教学的严重缺陷又使这种分数获得了被扭曲了的社会意义，成为学生的命根子。这样就不可避免地给整个教育教学带来灾难。

阿莫纳什维利把以分数评价学生的弊端具体概括为七个方面：(1) 分数本身不产生反馈与矫正，不利于学生完善和巩固知识、技能与技巧。(2) 分数是分等的工具，不利于形成和发展学生的个性。(3) 分数使学生产生焦虑与压力，不利于心理健康。(4) 分数导致偶像崇拜，不利于培养学生的认知兴趣。(5) 分数使学生产生不良习惯，不利于培养良好的道德品质和精神风貌。(6) 分数容易引起师生间的对立与冲突，不利于师生关系的和谐。(7) 分数使学生产生依赖心理，不利于形成独立的判断能力和自我评价能力。鉴于上述分析，阿莫纳什维利主张取消分数，推倒分数这一偶像。阿氏的主张虽然过于激烈，有矫枉过正之嫌，但就他对传统的考试和评分制度的批判来看，无疑是精彩的，不少批评一语中的，对我们全面思考考试和评分制度的意义和价值具有重要的启示作用。

显然，重要的不在于分数本身，而在于分数所赖以建立的教育教学基础。分数是学生发展的催化剂，还是教师控制教学过程的“权杖”；分数融进了教育教学过程之中，还是独立于教育教学的过程之外；分数是用来对学生的成功进行奖励和肯定，还是用来对学生的失败进行惩罚和否定；等等。分数观不同，分数所产生作用的性质就截然不同。那么，我们应该树立什么样的分数观呢？

世界大多数教育评价专家认为，对传统分数观的批评，不应该导致对分数采取轻率和虚无主义的取消态度。正如布卢姆所指出的，尽管有批评家的反对，给学生评分仍是教育的一个很重要的部分，而且在可预见的将来无疑会继续如此。分数是促进教师工作和学生学习的一种强有力的手段。

我们赞成苏联教育家沙塔洛夫的观点：每一个分数都应该成为一种动力，应该引导学生正面的反响，否则分数就失去了它的教育意义。使每个分数都具有教育意义，都成为学生前进的一种动力，这便是现代崭新的分数观，也是我们对分数所应采取的唯一正确的态度。

我们认为，考试评价是教育评价的重要方式之一，学校、社会乃至学生本人都需要借助考试分数对学习和教学状况作出判断，为改进教学和必要的甄别提供依据。但学校不应将考试和分数作为评价学生的唯一或全部的手段，也不应当过于频繁和无条件地使用这一手段。针对阿莫纳什维利的主张，我们强调两点：第一，取消分数并不意味着取消评价，取消的仅仅是“形式主义的数字记分法”，取而代之的则是实质性评价。它不是简单地评个分数了事，而是按照标准和计划严格监视教学过程的每一步骤。第二，重要的不是取消分数，而是转变传统的基于分数的评价观和建立在这一评价观基础上的传统教学体系。

在有意识地为考试评价确定其必要的使用前提的同时，应注重建立一种非分数的、注重评价对象质性特征的新的评价系统，这一评价系统的灵魂和价值取向的特征是热爱、信任和尊重学生。教师应在友爱的、相互信任和尊重学生的良好气氛中组织教学评价，在评价过程中确保不侮辱学生的人格，不损害学生的尊严，充分肯定学生的优点和进步，使评价对学生的成长具有激励和帮助的作用；对学生的不足与错误，除批评教育外，教师也应反思自我，勇于承担责任，设法补救学生的过失；集体的评价要以互助互爱、团结向上为基础。总之，新的评价体系要充分体现教育之爱，使评价本身也获得巨大的教育力量。

发展性学生评价案例

“优点单”

年轻的初中女教师海伦发现自己所在的班里有不少学生学习很吃力，有一些学生因此而有些灰心。为了帮助这些学生增强信心，她想了一条“妙计”：让每个学生用纸写下其他同学的优点，然后海伦分别抄下大家写给每个人的优点，再把这份“优点单”发给学生自己。同学们看到“优点单”上写的自己的优点，一个个惊喜万分，那些信心不足的同学很快恢复了信心，学习成绩都有了明显提高。若干年后，海伦与这个班的学生们一起参加本班一个在战争中死去的学生马克的葬礼，死者的父亲从其遗物中拿出一张曾经打开、折合过许多次的两张笔记本纸，海伦一眼就认出了这是马克的“优点单”！这时，其他同学也都从自己的贴身口袋里拿出了自己的“优点单”。大家说：我们都保留着这份“优点单”，随时随地都带着它。它在我们遇到困难的时候可以让我们想到自己的闪光点，从而增强自信心。

作者：李佳

第三节 促进学生全面发展的评价体系

教育评价不仅要关注学生的学业成绩，而且要发现和发展学生多方面的潜能，了解学生发展中的需求，帮助学生认识自我，建立自信。同时，应发挥评价的教育功能，促进学生在原有水平上的发展。为此，应建立促进学生全面发展的评价体系，这一体系由日常教育评价、校内学业考试和毕业考试三个系统构成。

一、日常教育评价：以真实性为基础，高扬人文性

日常性教育评价本质上是一种教育行为（过程），只是这种行为

含有评判和价值引领的成分。我们称其为评价，但这种评价并不依照科学的标准和程序来进行，而是以隐性方式渗透在课堂教学和师生交往的各种活动之中，所以被称为教育教学中的非正式评价。

1. 基本特征

(1) 贯穿教育过程始终，为教育教学服务，是教育教学的内在组成部分。

(2) 为促进学生发展而进行（高扬人性，把学生切实作为一个精神的生命体，应承担培养人的精神力量的责任）。

从一次学生座谈说起①

在一次有关高中学生评价的调研活动中，我们在某校找了 20 名来自高一和高二年级的学生开展座谈。座谈的内容之一就是高中学生对教师的非正式评价的认识。以下是经过整理的座谈记录：

同学甲：我的班主任十分注重激励我们。她教我们语文，每天她上课前都轮流找学生到前面演讲。快轮到我了，我的心里很怕。我从上小学到中学很少登台演讲，怕出丑。于是，有一天，我跟老师商量，能不能不让我上去。老师没有批评我，也没有很多话，她微笑着拍我的肩："没事，你作文写得不错，随便讲，没问题，我相信你！"就这样，我被迫第一次登台，表现一般。尽管这样，班主任在周记中表扬了我的勇气和沉着，我很受鼓舞，觉得登台亮相真的还很锻炼人。打那以后，我克服了不敢登台的心理障碍。我觉得这主要是得益于班主任的激励。

同学乙：老师在评价中激励学生，指出学生的问题，并提一些改进意见，对学生的发展是至关重要的。我在高一时学习成绩很好，可到高二的第一次大型考试就考砸了，我特失望，觉得自己可能是不行了。我的班主任在我的周记上写道："在哪跌倒，在哪爬起来。你主要是练习做得不够，多做点练习，就能举一反三，你可以做到。我期望你的努力和你成功的笑容。"我直到现

① 教育部基础教育司、教育部师范教育司组织编写：《新课程与学生评价改革》，高等教育出版社 2004 年版，第 94 页。

在都保留这份周记，它一直激励我。我现在成绩还不错，我觉得应该感谢这位老师。

同学丙：刚才几位同学都在说老师对我们的关注、评价和激励。但是也有个问题，不知大家注意到没有，就是他们可能都是班里的学习好的同学。对于班里多数学习一般或差的同学来说，有的老师对我们还是关注不够。激励或者和我们深入地交谈，帮我们找找学习上不去的原因，这些都还不够。有的老师不做班主任，上完课都见不到人。所以，我希望师生间要增进交往，这样可能会更好。

……

从学生的谈话中我们不难发现，教师的非正式评价对于学生的身心发展来说，有着十分重要的影响。学生们发出的希望教师增进与学生的交往、重视非正式评价的建议，很值得我们思考。在非正式评价中，教师把爱、欣赏和激励传递给学生，为学生提供诊断性的意见和建议，这对学生发展是至关重要的。

2. 基本要求

（1）必须体现出对学生的爱心，对他们处境的关心和帮助；

（2）必须体现人的尊严，对学生予以最大的尊重；

（3）必须体现出对人的价值的重视；

（4）必须调动学生的主观能动性，体现人的主体精神。

3. 新课程推进中的改革尝试与存在问题

（1）评价的变化：新课程关注成长过程，将评价贯穿于日常的教育教学行动中，使评价实施日常化、过程化、教育化；新课程关注个性的全面发展，所有对个性发展有意义的东西都成为评价关注的指标或要素。

（2）存在问题：真实性被淡化，人文性被神化，过多的表扬，泛化的表扬，无原则的奖励和赏识；评价泛化，没有与学生特定领域的学习和发展结合起来，使评价活动失去了其所依托的载体；评价面面俱到，搞繁琐哲学，增加了教师和学生的负担，使评价反而成为束缚学生发展的新桎梏。

“老师经常表扬我，我怕谁！”①

学生阳阳（化名），现为六年级学生，原来是所谓的后进生，上课不专心，常捣乱，作业也经常不完成，下课后与同学之间摩擦很多，老师见了个个头痛，同学对他敬而远之。他上五年级时，我是他老师，就想：应多给他鼓励，让他建立自信。所以在一年多的时间里，常常对他表扬有加，尤其是在他有进步时（哪怕这点进步在别人看来是微不足道的）。一段时间下来，效果果然明显，他对自己的行为已能有所控制，自信心也大大增强。正当我为自己的成功教育而欣喜之时，接连发生的两件事情却让我陷入深思：一是有同学向我报告，阳阳又犯错误了，和很多劝他的同学吵上了，还说：“邱老师经常表扬我的，所以这次他也不会怎么说我，我才不怕你们呢。”二是在一堂课上他屡次破坏课堂纪律，经多次“激励式”的引导无效后，我进行了批评，谁知他竟离开教室扬长而去……

反思：学生处于成长期，在学习、生活过程中出现这样那样的问题是正常的，教师应多激励、少指责。传统的评价在这方面确实存在诸多不足，我们在工作中应引以为戒。但教师过度的激励性评价会造成学生自我感觉太好，对学习、工作的困难产生低估，使激励性评价在学生心中贬值。有的学生经不起批评和挫折，稍不如意就情绪低落。所以我们认为，在开展激励性评价时，也不能忽视指正性、否定性评价的作用。如果一味地、毫无原则地对学生进行“赏识”、“激励”，而忽视给学生适度的挫折、指正，那这种评价是不负责任的、是不完整的。马卡连柯曾说：“要尽可能地尊重一个人，也要尽量多地提出坚定、明确和公开的要求。”新世纪的学生需要教师不断给予成功的激励，同时也不能忽视培养其面临挫折时的坚毅和战胜困难的勇气。当然，指正性、否定性评价要以尊重学生人格、不伤害其自信心为前提，谨慎而巧妙地使用。教师在对学生进行指正性评价时事先最好能给学生以心理准备，批评时也要讲究艺术，事后还要进行谈心。这样，即使当时学生不理解，一段时间后学生也会体会到老师的良苦用心。如上述现象发生后，

① 刘云飞：《对学生发展提倡适度评价》，《人民教育》2003年第20期，第30页

我控制了自己的情绪，进行了冷静思考，认为对阳阳这样的学生多进行激励性评价应该是正确的，但也要分场合、有层次，该批评时也要真诚地提出。事后我找他进行谈心："阳阳，老师经常表扬你是喜欢你、尊重你，但你也要学会尊重老师和同学。只有会尊重别人的人才会真正得到别人长期的尊重和喜欢……"最后他点头道："老师，我懂了。今后请你还要经常表扬我，但我管不住自己时，也希望老师能及时批评我。"

二、校内学业考试：以测量性为基础，突显教育性

校内学业考试本质上是教学考试，这种考试服从、服务于教学的需要，包括期中、期末考试及各种章节、单元达标测试等。它是一种收集反馈信息的教学手段，出发点是通过了解学生掌握知识、运用及发展情意方面的情况，评估阶段性教学目标或任务的实施绩效，为下一阶段教学提供参考依据。教学考试是学校教育的一个中间环节，起承上启下的作用，特别是对其后的教和学将产生重要的影响。它关注的对象是全体学生，那些在考试中处境不利的学生更应该成为教师关注的重点，因为这些学生的学习困难相对更大，更容易放弃学习，导致教育的失败。教学考试应该是对学生的另一种教育方式，这就要求试卷从拟题到赋分都有利于学生的应考和好学。教学考试是一种形成性考试。

1. 基本特征

（1）在一个教育阶段结束时进行，检查、评估教学质量和水平。

（2）了解学生阶段性学习成果，保证学生具备最基本的学力。

2. 基本要求

（1）命题指导思想要端正，考试内容以课程标准为依据，突出最根本、最重要的东西（杜绝繁、难、偏、旧）。

（2）试题应有一定的开放性，鼓励学生的独立思维、独立见解，避免学生只会亦步亦趋跟教师走，甚至只会按照教师规定的思路解答问题，鼓励学生具有超越书本的创新精神。

（3）考试形式要多样化，形式服从内容，内容服从目标。新课程目标的多元性必然要求考试形式多样化。

（4）注重发挥考试的反馈功能，发挥考试在促进学生学会学习

和提高教学质量上的作用。

(5) 发挥分数的正面功能，让学生通过考试分数看到自己努力的成果，哪怕是微小的成果，体验到成功的喜悦。考试应鼓励成绩优秀的尖子学生，对后进学生也要有一定的容忍度。要允许相对落后，要着眼于后进生发展的过程，鼓励他们自我超越，在达到课程基本要求的前提下鼓励他们发展自己的个性特长，而不求平均发展。要坚决摒弃利用考试分数对学生进行比较分类、挖苦奚落的做法。

(6) 废止考试管理上统得过死、师生被动的局面，把考试权还给师生。

3. 新课程推进中的期末评价与考试改革①

(1) 内容方面

新课程在培养目标、课程标准、教学理念、学习方式、师生关系等各个方面都发生了许多重要的变革，期末评价与考试的内容必须做出相应的调整，主要是改变过去只注重考核知识与技能的状况，高度重视对过去被忽视的重要方面的评价，科学、全面、合理地确定期末评价与考试的内容。

这就要求教师和研究人员认真阅读《基础教育课程改革纲要(试行)》和课程标准，深刻理解新课程的培养目标和课程目标，并全面认识各门课程的内容标准，将它作为确定期末评价与考试内容的主要依据。传统期末评价中，教师就教材而考教材的做法应当予以改变。新课程着重培养的学科共通能力（如探究能力、搜索和处理信息的能力、批判性思考的能力等)、情感态度与价值观，都要成为中小学期末评价的重要内容。

在当前的期末评价改革实践中，很多学校都试图构建一个能全面反映学生学习与发展状况的评价体系，以帮助教师从知识与技能、过程与方法、情感态度与价值观等方面全面评价学生。应该说，这种做法的初衷是好的，但在操作上应当慎重。因为构建一个既全面丰富又客观有效的评价体系本身是十分困难的，在构建的过程中还可能导致过分量化、评价过细等问题。

(2) 方法方面

① 教育部国家基础教育课程改革“建立促进教师成长和学生发展的评价体系的研究”项目组：《对新课程背景下中小学期末评价与考试改革的再认识》，《语文建设》2002 年第 8 期，第 39 页。

过去，期末评价被简单地理解为考试，而且只是纸笔形式的考试。加之考试的目的是甄别学生，给学生排队，所以难度很大，使考试成为一种既紧张又枯燥的教育活动。为了更好地发挥评价的教育功能，使期末评价与考试成为促进学生成长和教师发展的教育契机，设计和采用多样化的评价与考试方式、方法，无疑是一个很好的途径。

在实验区，教师们在期末评价与考试过程中采用了包括成长记录袋、表现性评价、情境模拟、游戏测评、展示最佳成果在内的多种方法，在方式上使用了二次评价、开卷考试、小组合作考试、研讨会等，使期末评价与考试活动生动活泼，学生们在轻松、快乐的氛围中参与了期末评价与考试，收效良好。

但必须指出的是，每一种评价与考试的方法，都有其优势与局限性，都有其适用的条件和范围。学生发展的不同侧面有不同特点和表现形式，对评价与考试的方法也有不同的要求。教师在设计期末评价与考试方案的时候，必须全面、充分地考虑评价目的、评价内容、评价对象，以及班级教学实际等，综合选择和使用各种方法。此外，期末评价与考试改革不能盲目追求方法上的新异性和多样性，或一味迎合学生的兴趣，应当保证考试能有效地考查学生是否实现学习目标，充分发挥考试的诊断与发展性功能，要在调动学生考试积极性、减轻考试负担与确保考试的信效度之间找到合适的平衡点。

（3）时间方面

传统的期末考试是在学期末这一特定时间段进行的，具体地说，就是在期末阶段，学校和教师利用统一安排的时间组织学生进行考试，以检查学生各门课程的学习情况。改革后的期末评价与考试转变成对学生在全学期学习与发展情况的整体评价，既强调结果又关注过程，力求实现终结性评价与形成性评价的有机结合，因此不可能在期末一段很短的时间内集中完成。相对而言，期末评价与考试时间点的选取，由于学生发展不同侧面具有不同的特点而表现出相当的复杂性和多样性：（1）有些发展侧面（如识字）需要在期末阶段通过考试或其他形式的集中评价予以考查，但即使如此，教师还是要把期末考试与平时情况有机地结合起来；（2）有些发展侧面（如写作）可以组织期末考试，也可以完全依据日常学习活动中有意收集的各种信息和证据做出评定；（3）有些发展侧面（如学习态度）不能进行期末考试，必须通过平时的观察、轶事记录、访谈等手段，收集相关信息，凭借教师的经验和智慧给出一个描述性的评价意见；（4）有些发展侧面（如热爱祖国）既不需要期末集中评价，也不用在平时定期考查，只要教师给予必要的非正式评价即可。

（4）结果反馈

结果呈现和反馈是期末评价与考试的重要环节。从内容上看，期末评价与考试的结果要注意定性与定量相结合。具体地说，有的评价领域（如知识掌握）可给予定量的等级评定，有的评价领域（如态度）只需给予定性的描述意见即可，有的评价领域（如问题解决能力）则需要定量和定性两种评价的结合。

从形式上看，期末评价结果的呈现与反馈既可以是书面的，也可以是口头的，理想的形式当然是书面与口头的结合，但因为口头反馈需要教师付出许多时间和精力，所以不可能面向全体学生，只要能提供给确有需要的学生即可。教师设计的期末评价结果报告单还可以有不同的版本，留给自己做教学参考的一个版本可以与提供给学生或家长的版本有所不同。一般来说，留给教师自己使用的评价结果要客观、真实地反映学生的学习情况，而提供给学生的版本要能激励和促进学生的发展，给家长的版本则要能为家庭教育和家校协同提供很好的参考意见。

无论以什么形式呈现期末评价报告，在报告单里，教师都应当在呈现结果的同时，在对学生充分了解的基础上，结合自己的观察和经验，给学生提出有针对性的发展建议，以帮助学生认识自己的优势与不足，明确改进的方向与途径，在以后的学习中争取更大的进步。

三、毕业或升学考试：以综合性（全面性）为基础，凸显导向性

毕业考试和升学考试是两种性质不同的考试，毕业考试是水平考试，升学考试是选拔考试。但是从教育和考试的流程角度来说，这两种考试又都属于终结性考试，旨在对学生进行综合的、全面的测试，只是测试的目的不同。毕业考试旨在测试学生是否达到毕业水准，它是一种目标（绝对）参照考试；升学考试旨在区分和选拔不同潜质的学生，它是一种常模（相对）参照考试。两种考试都应有助于学校进行素质教育。

国家规定，在普及九年义务教育的地区，小学毕业生全部免试就

近升入初中，也就是说小学毕业无须进行升学考试。但我们认为，各地各校应根据课程标准的要求进行毕业考试，以监控小学阶段的整体教学质量、学校办学水平以及小学生的学业水准。

初中毕业及升学考试改革的主要方向是将毕业考试与升学考试分开。通过对初中学校办学质量的评估，逐步实行由学校自行组织毕业考试。

在初中升高中的考试与招生中，要考虑学生的整体发展。要改变以升学考试科目分数简单相加作为唯一录取标准的做法。录取标准除考试成绩以外，可实行参考其他结果，探索综合评价的方法。中考命题必须依据国家课程标准，杜绝设置偏题、怪题，尽量采用形式多样的考试方式，使学生在升学考试中有展示特长和兴趣爱好的机会。

国家和省级教育行政部门应对初中升高中的考试命题和管理进行评价和指导。对不符合国家考试命题和考试管理要求的命题单位要提出改进要求，不能按要求改进的应收回命题权，或者由省级教育行政部门组织命题，或者委托本省（自治区、直辖市）其他具备命题能力的单位组织命题。

初中升高中的考试虽然是升学考试，性质上属常模参照考试，但国家规定，任何单位和个人不得以任何形式按中考成绩给地区、学校或学生排队并公布名次。

第二章　教育评价的类型与方法

教育评价的类型与方法是教育评价理论和实践的重要组成部分，学习和了解教育评价的不同类型和具体方法，有助于提升我们对教育评价的认识，并有针对性地使用。

第一节　教育评价的主要类型

从不同角度，可把教育评价分为不同的类型。当前，主要的分类有以下几种。

一、诊断性评价、形成性评价和总结性评价

根据教育评价在教学活动中的不同时间和不同作用分为诊断性评价、形成性评价和总结性评价，这是由美国教育心理学家布卢姆提出的影响较大并被广泛使用的分类法。

1. 诊断性评价

诊断性评价一般发生在教育、教学或学习的计划实施的前期阶段，重在对学生已经形成的知识、能力、情感等发展状况做出合理的评价，为计划的有效实施提供可靠的信息资源，以获取更好的效果。一般可以通过以下几个手段获取相关信息：

（1）查阅被评价者在此之前的有关成绩记录。人的发展是一个连续的整体，学习的过程和内容也都有一定事实上的连续性，因此，对学生进行诊断性评价必然需要详细了解其先期的相关成绩记录。但值得注意的是，评价者必须对提供的记录作整体分析，不应只看一个分数或一科成绩，应尽可能多地揭示分数所表达的内涵和实质，如有可能可以对形成的原因做出分析，从而提供充足的诊断信息。

（2）摸底测验。如果评价者无法从以往的成绩记录中寻求到有价值的信息，评价者可以准备一些有针对性的、合适的测验，以便了

解被评价者的发展状况。

（3）必要的学习要素调查表。主要包括学习技能、习惯、学习态度等方面的调查。评价者可以采用调查问卷、小组座谈、个别谈话等方式全面了解学生已经形成的行为习惯。必要时也可以采用智力测验量表，帮助诊断。

2. 形成性评价

形成性评价主要是在教学和学习过程中进行，一般以学习内容的一个单元为评价点，采用及时的反馈和根据学生个体的差异进行有针对性的矫正。因此，相比较于其他两种评价类型，它测试的次数较频繁，概括的水平较低，重在实施过程中依据评价所获得的信息及时调整和改善教育、教学过程及学习过程，给学生提供有效帮助，即对未达到要求的学生及时地发现问题并予以有步骤的矫正，对已经掌握的学生进行强化和鼓励，从而实现全体学生的掌握学习。形成性评价主要通过形成性测验来判断，同时也应辅之以日常的作业和评价者的观察来共同完成。形成性评价的实施一般应有以下几个步骤：

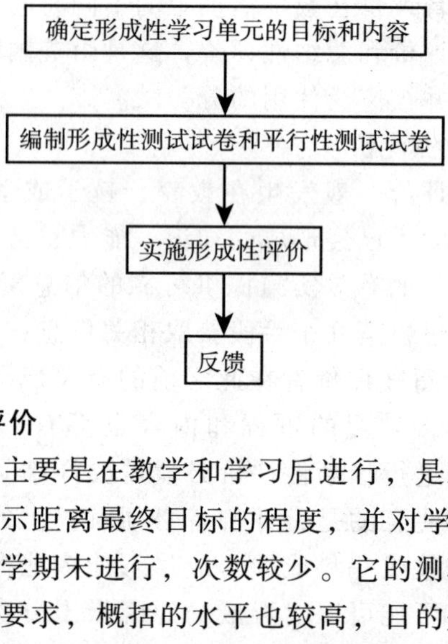

3. 总结性评价

总结性评价主要是在教学和学习后进行，是对教学和学习的全过程的检验。它表示距离最终目标的程度，并对学生进行必要的区分，一般在学期中和学期末进行，次数较少。它的测验内容和范围都要高于前两种评价的要求，概括的水平也较高，目的是鼓励学习中的竞争和优秀学生获得更大的进步。因此，总结性评价最关注的问题是测验的准确性和可靠性，即试卷的信度和效度。为满足这两个基本要求，在编制总结性测验时，一般应采用以下几个步骤：

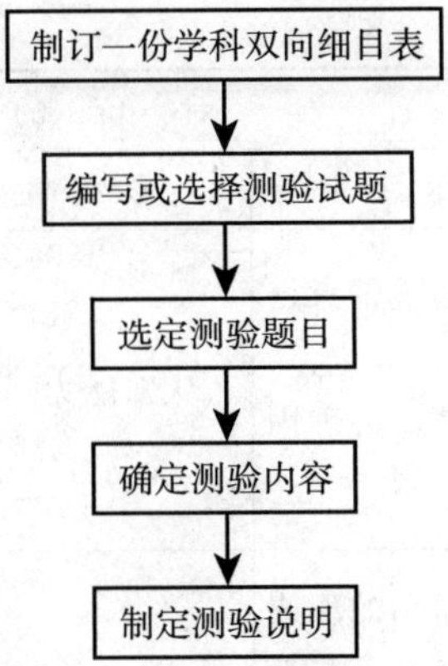

总之，诊断性评价、形成性评价和总结性评价共存于教育、教学过程中，并各有所侧重，发挥不同的功能，而且这三类评价也可互相提供信息和依据，对它们所做的划分只是相对的而非对立的。

诊断性评价、形成性评价、总结性评价的异同表①

评价类型 / 项目	评价的类型		
	诊断性	形成性	总结性
职能	确认必要的技能具备与否 确认现有的掌握水平 确认源于教授方式的特点而造成的学生分类问题 确认影响不同类型学生继续学习的因素	对师生做出关于学生学习进展的信息反馈 明确单元结构的错误，以便明确地制订矫正教学的方针	在单元、学期、课程的终了进行，认定学分，评定成绩
实施时期	在单元、学期、学年开始时，正常的教学活动尚未纳入轨道之前实施，以便分班	在教学展开过程中实施	在单元、学期、学年终结时实施

① ［日］筑波大学教育学研究会编，钟启泉译：《现代教育学基础》，上海教育出版社 1986 年版，第 400 页。

续表

评价类型 / 项目	评价的类型		
	诊断性	形成性	总结性
评价重点	认知能力、情意及技能 生理因素、心理因素、环境因素	认知能力	一般侧重认知能力，有的学科则强调技能和情感能力
评价手段的类型	摸底测验用的形成型测验与总结性测验： 标准学力测验 标准诊断测验 教师编制测验 观察和检验表	特别制作的正式测验	期末测验或总结性测验

二、相对评价、绝对评价和个体内差异评价

依据评价的不同标准，可将评价分为相对评价、绝对评价和个体内差异评价。

1. 相对评价法

相对评价法是在被评价对象的集合中选取一个或若干个作为基准，然后把各个评价对象与基准进行比较，从而排列其名次优劣高低的一种评价方法，见右图：

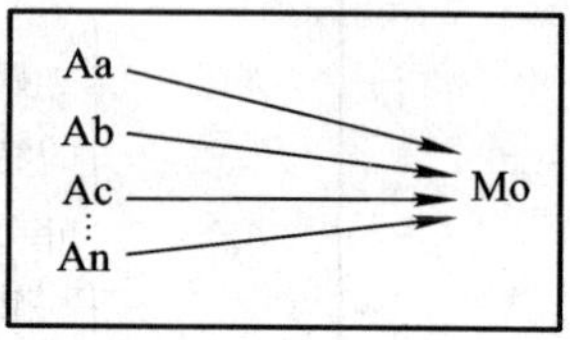

相对评价方法示意图

图中 Aa、Ab、Ac、…、An 为评价对象整体中的单一个体，Mo 为选定的评价基准。相对评价即通过 Aa、Ab、Ac、…、An 与 Mo 的比较，从而确定其在这一整体中所处的相对位置。

在理论上，相对评价法是以建立在机遇规律基础上的正态分布原理为依据的，即用标准正态分布曲线来描绘学生的学习成绩。相对评价具有两大优点：第一，相对评价客观性强，能够将考试成绩的分数作为所属集体中的相对位置准确客观地表示出来；第二，相

对评价完全可以避免由于教师间判断标准不同而造成的过宽或过严的问题。

但相对评价的缺点也是显而易见的。第一，相对评价只在评价对象相互之间进行高低、优劣比较，这种比较不涉及教学目标，所以不能确切说明学生成绩的真实水平。第二，相对评价因按正态分布曲线比例固定各等级人数，这样，在优秀的学校或班级里，许多优秀的学生评不上优秀等级；反之，在较差的学校或班级里，许多成绩不佳的却被排在优等的位置（这样相对评价就像“从矮个里拔高个”，而所拔出的“高个”却未必是真的“高个”，这时这种方法就容易降低评价标准)。所以，相对评价法只能适用于一定的范围（纯随机组成的大集体)，超过这个范围，就变成不客观和不公正了。第三，正是由于相对评价按一定比例名额将学生分等，这样就容易造成学生之间过于激烈的“病态竞争”，从而给教学带来副作用。

2. 绝对评价法

绝对评价法是在被评价对象的集合之外，确定一个要达到的目标或标准（客观标准)，再将评价对象与这个客观标准进行比较，从而判断其达到目标的程度的一种评价方法，见下图：

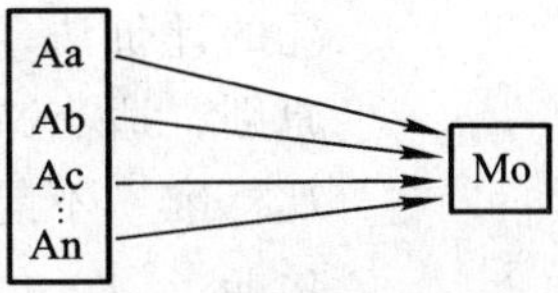

绝对评价方法示意图

图中 Aa、Ab、Ac、…、An 为绝对评价对象集合中的各个元素，Mo 为独立于评价对象的客观标准。进行绝对评价时，每个人的成绩分数只与统一的、固定的客观标准进行比较，而与其他学生的成绩分数无关，也即这种评价并不照顾评价对象的整体水平状况而提高或降低评价标准。以百分制为例，规定 60 分以上为及格，以下为不及格，如果大家都考到 60 分，则全班都及格，反之无一人考到 60 分，则全班都不及格。绝对评价最大的优点是教育化。

但是绝对评价法也有缺点和运行机制上的困难之处。第一，绝对标准虽然是根据课程标准和教材所规定的客观要求制订的，但是试题是否真正反映和概括了课程标准和教材的基本内容，试题难度是否适中，试题编制是否摆脱命题者的主观偏好，这些都是很难确定的，所以绝对标准未必是客观的、统一的标准。这样，一方面分数很难说明真正的水平，60 分未必就是及格（通过)，90 分也未必是真正的优秀；另一方面，不同的教师命题的同学科考试，其分数也同样缺乏可比性。第二，绝对标准强调统一的标准，对基础不同、条件不同的评价对象进行统一的评价，这和相对评价一样忽视个性。

3. 个体内差异评价法

个体内差异评价法是一种以评价对象自身状况为基准，对评价对象进行价值判断的教学评价方法，见右图：

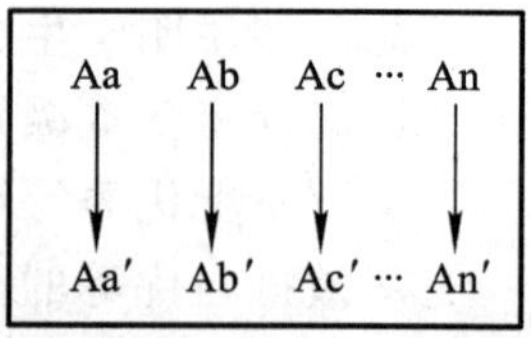

个体内差异评价方法示意图

图中Aa、Ab、Ac、…、An为个体内差异评价对象集合中的各个元素，Aa′、Ab′、Ac′、…An′为各个元素的自身评价基准。

进行个体内差异评价，各个评价对象只与自身状况进行比较。这种比较一般有以下两种：第一，把评价对象的过去成绩与现在成绩进行比较，如过去某科成绩是50分，现在是60分，说明该生该学科成绩上升了、学习进步了。第二，把学业测验成绩与智能测验成绩相比较，这种比较实际上是求个人之成绩商数（成就值）。

个体内差异评价法是从被评价对象的实际出发，判断其发展状况的评价法，其最大的优点是充分体现了尊重个体差异的因材施教原则，适当减轻了被评价对象的压力。但是，由于评价本身缺乏客观标准，不易给被评价对象提供明确目标，难以发挥评价的应有功能。

总之，相对评价法、绝对评价法和个体内差异评价法各有其优缺点和适用的范畴，一般应相互结合起来使用，以全面发挥评价的功能。

三、自我评价与同伴评价

依据参与评价的不同主体，可将评价分为自我评价与同伴评价。

1. 自我评价

自我评价是指被评价者依据指标，参照一定的标准，对自己的工作、学习、品德等方面的表现进行自我评价。这种评价容易展开，主要是用来获得其他手段无法获得的信息，如学生的态度、兴趣以及个人感觉等。如果评价者态度端正，会有较高的准确性，同时，能增强其自我评价的意识和评价能力，有利于及时进行自我反馈、调节，既看到自己的进步，为发展增强信心，也容易认识到自己的不足和需要改进的方面。但是，由于这一方法主观性较强，在评价中容易出现偏高或偏低的倾向，也难以进行横向比较。因此，它通常是作为辅助性评价予以实施。教师要获得学生自我评价的信息，可以通过与学生个别访谈，问卷调查，收集学生的成长记录袋等方式进行。

2. 同伴评价

在学生发展的某些领域，教师的评价有时会显得不够充分，必须由学生同伴的评价予以补充和完善。同伴评价主要是同学之间，依据一定的标准评价某一同学的表现。它为学生提供了一个独特的观察和判断同学行为的机会，而且，由于同伴评价是依据自身的经历而形成的，这对于成人教师而言是很难获得的，因此，同伴评价的信息对教师有重要的参考价值。同伴评价比较适用于评价人格特点、社会关系以及其他典型的行为方式。

同伴评价和自我评价能提供有价值的信息，对于了解学生，指导学生的学习、发展，很有帮助。但是，其结果并不应当用来对学生进行等级评定和报告，或者用于其他与学生有利害关系的目的。同时，还必须确保学生所做出的反应尽可能的准确和坦诚。

第二节　教育评价的主要方法

教育评价就是尽可能地利用测量的和非测量的各种技术方法，来评定教育效果，做出价值判断。为了改进对学生学业发展的评价，我们应当学习与掌握多样化的教育评价技术与方法。

一、客观题评价法与主观题评价法

在教师自编测验中，测题形式大致分为两类：客观题和主观题。客观题：问题给出较为明确，答案唯一，可较为客观地评分的一类测验；主观题：要求学生针对一些问句或陈述句，用自己的语言写成较长的答案，并允许学生自由回答的一类测验。根据测验的目的和测验的特点，客观题和主观题有各自的优缺点，见下表：

	客观题	主观题
优点	试题多且取样广泛和系统，评分较为客观，能涵盖多数教学内容	可测量文字表达能力、综合运用知识能力和分析评价能力
缺点	大多测量细节知识，较难反映对知识的组织与运用能力以及创新想法	客观性差，评分较为主观，测题少且取样代表性差，评分困难且费时间

显然，客观题和主观题各有其突出的特点和长处，当然也有明显的不足。但值得庆幸的是，客观题或主观题一方不足的地方正是对方的长处所在，二者结合恰好可以相互补充。所以，大多数学业成就测验都是结合运用这两种题型。

二、表现性测验评价法

所谓表现性测验指的是客观测验以外的一类以行动、作品、表演、展示、操作、写作、制作档案资料等更真实的表现来展示学生口头表达力、文字表达力、思维思考力、随机应变力、想象力、创造力、实践能力及学习成果与过程的测验。

表现性测验在学生学业考评过程中常用下面一些测验题型与方式：

1. 口头测验

口头测验在应用领域内特别有用：（1）使用特定语言回答问题的能力；（2）综合有关信息，提出问题的能力；（3）阐述观点并为自己的观点作解释与辩护的能力；（4）口头表达时逻辑思维及概括能力；（5）知识理解的广度与深度；（6）态度、气质与情感方面的特殊表现。

口头测验既可用于正规的场合，也可用于日常教学过程；既可用于攻读学位上的论文答辩，也可用于常规招生面试，更常用于课堂中的考核提问。

2. 论辩或辩论

通过论辩不仅可以评估和考察上述口试及答辩所能考查的能力，还能反映学生的随机应变力、论证的逻辑性、思维的敏锐性、言语的深刻性、回答问题的针对性以及个人的知识面等能力品质。论辩方法在课堂教学中的应用，需要教师事先准备好适宜的论题，并应用行为评价表来描述和评定学生的表现，以便在有限的时间内及时地记录多位学生的表现。

3. 短文题考试

短文题考试即通常所指的论述题、问答题、概述题等题型的考试，它可以有效地评价学生对某个问题或某门学科的理解程度。

4. 写作测验

写作能力被认为是一种高级的学习成果，向来受到人们的重视。写作测验主要用于评价学生的写作技能，诸如语言文字表达力、想象创造力、描述事实与整理资料的能力以及根据写作要求能清晰表达自己思想观点的能力。写作测验通常有一般作文题和科学论文题两类。

5. 过程反应题

过程反应题要求学生不仅要给出问题的答案（这种答案可能不是唯一的），而且要把如何得出的结论有条不紊地加以叙述，它有利于记录及评价学生的思维过程和方法，对于描述学生的学习特点以及诊断学生的学习困难起着重要的作用。过程反应题的类型较多，常见的有证明题、作图题、数量关系分析及计算题等。

6. 实验技能教学考试评价

实验技能教学考试评价是结合教学过程，要求学生操作实验设备材料直接去感知事物的一种综合性的考试评价。

学校课程中规定的各种实验，不仅有助于发展学生更高层次的认知技能，而且给学生提供了直接感知与体验事物的机会，有助于促进其动作技能、心智技能的全面发展，并有助于其获取知识和发展积极的学习态度。

表现性测验的类型丰富多彩，且因不同的学科而有所区别。除了上述几种外，常用的还有作品公开演示、展览以及档案袋评价等。

表现性测验虽甚具吸引力，但也有很多局限性。在学校教育中，表现性测验不能完全替代客观测验。最好的选择是让它们共存并进，相得益彰。

案例：高中语文课中的表现性评价：为杂志撰稿[①]

艾滋病是人们普遍关注的一个话题。假设你现在应一家杂志社之邀，写一篇文章来比较现在和十年前我们对艾滋病的了解状况。你要按以下要求来完成任务：

1. 找到最新的有关艾滋病病因、危险因素及治疗方法的文章或其他资源。列出所有资料的来源，并附上所有的资料摘要。

2. 从去年的出版物中选出五篇最好的文章或其他资源。

3. 依照同样的程序选出过去十年中出版的五篇最好的文章。

4. 写文章比较这两组文章和（或）资源。叙述过去十年中人们对艾滋病病因、危险因素的认识，以及治疗方法方面的改变。

5. 把你的文章寄给此杂志的读者看。把你的文章限制在四页打印纸内。你可以按需要加入插图和图表。

6. 把参考资料列在文章的末尾。

我们将从以下几个方面对你的工作进行评价：资料的数量和种类、资料的质量、文章所用表达方式的多样性、问题的适合性和文章的内容、叙述的清晰性和效果。

三、评定量表评价法

评定量表是用来对评价对象进行量化观察的一种测量工具。

评定量表的使用，具有收集接近客观实际情况资料的功能，尤其适合对学生表现性行为或作业的评价。因此，它是表现性评价的常用方法之一。

1. 评定量表的形式

（1）数字等级评定量表

数字等级评定量表是用圈画数字的形式来确定所列行为特性的等级。行为特性一般分 3～5 个等级，用数字 1、2、3、4、5 来表示，并对数字等级作简单的文字说明。

① 教育部基础教育司、教育部师范教育司组织编写：《新课程与学生评价改革》，高等教育出版社 2004 年版，第 72—73 页。

例如，为评价学生在课堂讨论中所表现出的积极程度，以及学生所谈内容与课堂讨论主题联系的密切程度等项目时，可以用“5—4—3—2—1”分别表示行为特性的“很高—较高——一般—较低—很低”这五个等级程度。

演讲评定量表①

说明：根据学生演讲时表现的行为特质程度选择适当的数字等级，1表示从未，2表示很少，3表示偶尔，4表示总是。

（一）肢体表达方面				
1. 站立姿势自然，并且面对听众。	1	2	3	4
2. 随着说话音调的高低而变化面部的表情。	1	2	3	4
3. 保持与听众目光接触。	1	2	3	4
（二）声音表达方面				
4. 说话声调稳定、清晰。	1	2	3	4
5. 变化音调，以强调说话的重点。	1	2	3	4
6. 说话的音量能使听众听清楚。	1	2	3	4
7. 每一个字都能正确发音。	1	2	3	4
（三）语言表达方面				
8. 使用能清楚表达意思的精确词语。	1	2	3	4
9. 避免不必要的重述。	1	2	3	4
10. 用完整的语句表达思想。	1	2	3	4
11. 信息表达有逻辑性。	1	2	3	4
12. 下结论时，能扼要重复重点。	1	2	3	4

（2）图示等级评定量表

图示等级评定量表是在每个行为特性项目的下边或右边给出水平横线图尺的等级刻度。

图示等级评定量表和数字等级评定量表之间有许多相同的地方。但数字或词语等级评定量表只限于整数等级，而图尺等级评定量表可以在连续的水平图尺线上，任意取值。

评定量表除了上述两种外，常用的还有图示描述评定、检选式评定和脸谱图形评定等一些方法。

① 教育部基础教育司、教育部师范教育司组织编写：《新课程与学生评价改革》，高等教育出版社2004年版，第86页。

2. 等级评定量表的使用

第一，它适用于过程评价。学生在许多课程或专题上的成就会通过行为表现出来（如学生说话、辩论、实验设备与仪器的操作、团队班组工作、演唱、演奏乐器、体育运动的动作技能、体操表演等活动）。这些学习内容与活动用书面测验难以充分体现，只有以直接或间接的方式，从活动表现的全过程或部分过程去观察评价，才会客观真实。

第二，它也适用于成果评价。成果评价在许多情况下，具有实质性意义。如果学生的表现与成就能够以某种形式的结果体现出来的话，那么对成果的评价可以与预期的教育目标相结合，以便说明更多的问题。比如，对学生的写作能力、绘图能力、归纳主题能力以及网页制作、程序设计、数学建模能力等，最好是通过学生的作品与成果进行评价。

四、行为检核表评价法

检核表是依据教学目标或评价目标，将学生应有的、可观察的具体特质、行为或技能，依照先后发生顺序或其他逻辑规则逐一详细分项，并以简短、明确的行为或技能描述语句来逐条列出行为或技能标准，尔后请教师、家长或学生等检核者就被评学生的实际状况依序勾选，以逐一评定学生行为或技能是否符合标准。检核表在记录与评价学生行为和技能时，较为方便和具体，尤其适用于动作过程、操作程序等有结构的行为历程。

评定量表与行为检核表在外观和使用方法上很相似，但两者还是有区别的：评定量表主要用于辨别某种特性出现的程度或频率，从而按顺序等级加以划分；而行为检核表仅对某种特性或行为实施所谓“Yes-No”即“有或无”的判断。行为检核表和评定量表在学生的表现性行为评价中特别有用。一般说来，行为检核表在记录判断行为或技能时，比评定量表方便，尤其适用于动作过程、操作程序、工作习惯等方面。而且，行为检核表设计简单，特别适用于对低年级学生的行为评价。

演讲行为检核表①

说明：学生在演讲时，若已表现出下列行为，请在对应观察项目前打“√”号；若无，则不作任何记号。

（一）肢体表达方面

1. 站立姿势自然，面对听众。
2. 随着说话音调的高低而变化面部的表情。
3. 保持与听众目光接触。

（二）声音表达方面

4. 说话声调稳定、清晰。
5. 变化音调，以强调说话的重点。
6. 说话的音量能使听众听清楚。
7. 每一个字都能正确发音。

（三）语言表达方面

8. 使用能清楚表达意思的精确词语。
9. 避免不必要的重述。
10. 用完整的语句表达思想。
11. 信息表达有逻辑性。
12. 下结论时，能扼要重复重点。

五、同伴评定和轶事记录评价法

对学生在“个人-社会”发展诸方面的评价，若能增加同伴评定和轶事记录，则会使评价更有说服力。

1. 同伴评定

在有些方面，学生常比教师更了解同学彼此之间的长处和不足。至少说，有了同伴评定，可以修正教师的评价结论或增加教师评定的自信心。同伴评定的常用方法是人物推定法。

人物推定法是由同伴按要求推举出具有某种特征的人物的一种简单的评价方法。应用人物推定法时，事先要设计一个简表，便于学生

① 教育部基础教育司、教育部师范教育司组织编写：《新课程与学生评价改革》，高等教育出版社 2004 年版，第 85 页。

使用，并要说明清楚。

人物推定法可用来评价“个人－社会”发展的任何方面，也可用于对诸如创造思维、创新精神等方面典型特征的人物推定。

2. 轶事记录评价方法

所谓轶事记录，是教师通过对学生活动的观察所获得的有关事件的真实记录。那么，什么样的事件需要记录下来呢？可把握以下原则：其一，把观察和记录限定在其他方法所不能评价的重要行为领域；其二，尽可能把广泛的行为观察集中在那些需要特别帮助或特别需要增加评价信息的学生身上；其三，针对一些典型的、偶发的、例外的、独特的事件加以记录。轶事记录的最大优点主要是在于它描述的是自然情境中的实际行为，对于描绘学生最本质的行为特性有重要的帮助。

轶事记录卡①

学生姓名：张剑　性别：☑男　☐女

观察者姓名：李朝晖

日期：2003 年 12 月 9 日

地点：学校礼堂

事件实录：

在今天下午的高二年级学生演讲比赛中，张剑是第 5 个上场的。从出场顺序来看，对他比较有利，可是他上场后显然有些紧张，原本需要 8 分钟的演讲，他只用 5 分半钟就下来了。他似乎不是在演讲，而是在背诵演讲稿，和台下观众的交流很少。下台后，我看到他的脸上充满了沮丧的表情。

事件解释：

张剑的语言表达能力本来是不错的，之所以出现这样的失误，可能与他平时登台锻炼少有关系。另外，准备不足、过分自信也是原因之一。

① 教育部基础教育司、教育部师范教育司组织编写：《新课程与学生评价改革》，高等教育出版社 2004 年版，第 86 页。

六、成长记录评价法

成长记录，国内也有人将其译成成长记录袋、档案袋、卷宗夹或学习档案。成长记录在教育领域中的应用迄今已有十多年的历史。成长记录就是根据教育教学目标，有意识地将学生的相关作品及其他有关证据收集起来，通过合理的分析与解释，反映学生在学习与发展过程中的优势与不足，反映学生在达到目标过程中付出的努力与进步，并通过学生的自我反思激励学生取得更高的成就。它具有以下特征：

1. 成长记录的基本成分是学生作品

成长记录主要收集学生在学习过程中生成的各种作品（如作业、论文、手工作品、表演录像等），用以展现学生的努力、成就与进步，描述学生学习的过程与结果。这是它与传统评价方式的最大不同，也是它的一个特色。也正是从这一意义上来说，将成长记录理解成为一个无所不装的大口袋，只要是能反映学生发展情况的资料就不分主次地装进去，或者只是用成长记录将传统评价中产生的各种评价结果（如分数单、测验卷、检查表、奖状等）收集起来，都不尽符合成长记录的特点与要求。学生作品是重要的评价信息来源，是构成成长记录内容的主体。

2. 学生作品的收集是有目的的，而不是随意的

创建和使用成长记录的目的，在很大程度上影响其收集的内容、方式、渠道，以及这些内容的分析与应用。成长记录中的材料应依据特定目的而收集。如果创建成长记录的目的是为了展示学生的最优成果，那么收集的内容应是学生认为最满意或最重要的作品；如果创建成长记录的目的是为了描述学生在某一时期内学习与发展的过程，发现其优势和不足，那么收集的内容就不仅包括学生的最终作品，还要把过程性的东西（如一篇文章的草稿）也装进去；而如果创建成长记录的目的是为了评估学生学习与发展的水平，那么收集的内容就要结构化或半结构化，以便于在不同学生之间进行比较。

3. 成长记录提供给学生发表意见和对作品进行反思的机会

重视学生在成长记录创建和使用过程中的参与，尤其是学生的自我评价和反思，是成长记录的一个重要特色。在自我评价和反思的过程中，学生依据标准和要求评价自己的作品，反思自己的学习过程，从而发现自己的优势和不足，形成追求进步的愿望和信心，明确改进的目标和途径。这不仅是构建双向的、活泼的、着眼于学生发展的评价体系的需要，也是培养学生主动学习的态度和对学习负责的精神，让学生学会学习的重要举措。

上述各种方法各有侧重，又相互交叉，教师要根据评价的目的和内容合理加以选用。

分析与思考

1. 当前考试评价改革有哪些发展趋势？
2. 当前我国中小学学业考试评价存在哪些主要问题？
3. 谈谈你对分数的看法。
4. 请比较表现性测验与传统客观测验的异同。
5. 分析成长记录与传统意义上学生档案的区别。
6. 阐述日常性教育评价的意义与特征。
7. 阐述教学考试的意义与特征。

主要参考文献

1. ［美］布卢姆等著，邱渊等译：《教育评价》，华东师范大学出版社 1987 年版。

2. 陈玉琨著：《教育评价学》，人民教育出版社 1999 年版。

3. 刘本固著：《教育评价的理论与实践》，浙江教育出版社 2000 年版。

4. 余文森、吴刚平著：《新课程的深化与反思》，首都师范大学出版社 2004 年版。

5. 朱慕菊主编：《走进新课程》，北京师范大学出版社 2002 年版。

6. ［美］比尔·约翰逊著，李燕冰译：《学生表现评定手册》，华东师范大学出版社 2001 年版。

7. 教育部基础教育司、教育部师范教育司组织编写：《新课程与学生评价改革》，高等教育出版社 2004 年版。

8. 全国十二所重点师范大学联合编写：《教育学基础》，教育科学出版社 2002 年版。

9. ［美］艾伦·韦伯著，国家基础教育课程改革“促进教师发展与学生成长的评价研究”项目组译：《有效的学生评价》，中国轻工业出版社 2003 年版。

10. 张敏强著：《教育测量学》，人民教育出版社 1998 年版。

第7单元

研究观——以校为本的研究观

以校为本的教学研究以促进学生的发展为宗旨，以教师为研究主体，以教师在教学实践中遇到的真实问题为研究对象，既注重切实解决实际问题，注重概括、提升，又注重总结经验和探索规律，是一种理论指导下的实践性研究。将教学研究的重心下移到学校，建立与新课程相适应的以校为本的教学研究制度，是当前学校发展和教师成长的现实要求与紧迫任务，也是深化教学研究改革的方向和重点。

第一章　校本研究的认识

校本研究是一种什么样的研究？与传统的教学研究相比，它有哪些特点？开展校本研究有什么意义？

第一节　校本研究的特点与类型

校本研究是对以校为本的教学研究的简称。

一、校本研究的前提

校本研究以校本为基础和前提，没有校本，就不可能有以校为本的教学研究。校本的基本内涵可从以下三个角度理解：

1. 为了学校。学校的一切工作都是为了学校的发展，为了学校教育能力的提高、教育精神的建设以及学校整体文化的提升。而这一切归根到底又是为了学生的发展。在现代社会，它还意味着要注重形成学校可持续性发展的内在机制，进行学校个性化、人本化和特色化建设。

2. 在学校中。任何一所学校都是具体、独特、不可替代的，其复杂性是其他学校的经验都不能完全说明的，也是理论所不能充分验证、诠释的。为此，教学的改进只能由学校内部发起和寻求，不能靠“取经”或简单移植而发生。这里，需要的是学校的自我觉醒、自我努力和自我提升。只有植根于学校的生活、贯穿于学校的过程，并被所有教师认同、追求的改革，才能沉淀为学校自身的传统和文化。

3. 基于学校。学校发展的主体力量是教师。教师作为学校的当事人，对学校问题有真切的体会和全面的了解，因而拥有真正的发言权；这意味着教师要把自身的发展与学校的命运有机联系起来；意味着教师要发挥自己的主动性和创造性，从学校实际出发，规划和发展学校，让学校充满创新的活力。

二、校本研究的性质

校本研究是以校本为基础和前提的，校本的性质直接决定了校本研究的性质。校本研究本质上属于实践性研究。

从目的上看，研究是一种有计划、有意图的活动，以发现事物的规律性联系、解决新问题或改进实践为目的；从过程上看，研究是按步骤、分阶段进行的，有着一套严格而系统的操作原则和程序；从方法上看，研究是运用各种方法认识和解决问题的过程，方法的正确选择与使用与否是研究成败的关键。当然，一个完整的研究活动还必须有其他方面的构成要素，如对研究者素质的要求，包括专门的知识、耐心、勇气、富有创新精神等。

教学研究作为一种特殊指向的研究，同样也应具备上述要素或特征。如同科学研究的社会价值主要表现在深化认识和改善实践两个方面，教学研究的意义也可归纳为以下两个方面：一是推进教学理论发展，二是改善教学实践。据此，可把教学研究分为理论研究和实践研究两个方面。前者着重揭示教学规律、深化教学认识，后者的着眼点则是直接指向实践。如果说，教学理论研究回答的是“是什么”和“为什么”的问题，教学实践研究回答的则是“做什么”和“怎么做”的问题。相对而言，教学理论研究主要是教学专业研究工作者的任务，教学实践研究则是中小学教师的职责。当然，这种划分只是相对的，理论研究和实践研究在实际研究过程中是不可能截然分开的，只是各有侧重而已。

毋庸置疑，校本研究是一种教学实践研究。它是以学校为基地，由教师和教育工作者针对学校现实存在的问题而开展的有计划的研究活动，这既是一种以改善和提高学校教育教学质量、促进学校师生的发展为主要目的的实践探索活动，同时又是教育科学研究的重要组成部分。

三、校本研究的特点

作为一种以学校的一线教师为主体的教学研究活动，校本研究是“基于学校”、“在学校中”和“为了学校”的一种教学研究，它与专业研究工作者所从事的研究具有不同的特点，具体表现在以下几个方面：

第一，就研究人员而言，校本研究是以教师为主体的一种研究活动。虽然校本研究并不排斥专业研究人员的介入，但校本研究更加强调学校教师在研究过程中的主体地位，专业研究者在校本研究中主要担任参与和支持的外部角色，为教师的教学研究提供指导和帮助。因此，校本研究是教师“在自己的工作中，针对自己的问题”所做的研究。

第二，就研究目的而言，校本研究不在于验证某种教育教学理论或创立某种学说，而是在于改进、解决教育教学过程中的实际问题，提高教育教学效率，实现教育教学的价值，满足学生发展需求，同时促进教师自我的专业发展和学校的整体改进。

第三，就研究范围而言，校本研究发生和进行的场所就是教育教学发生的具体情境——学校与课堂，而不是别的地方；校本研究是在学校的日常工作和教师的教育教学过程中进行的，它把教学与研究有机地结合在一起，是教师在一种研究的状态下工作，而不是放弃日常的教学工作专门从事研究。

第四，就研究对象来说，校本研究的对象是发生在学校、课堂中的具体的教育教学问题以及与学校、教师、学生整体发展相关的问题。这些问题常常来自教师在日常工作中产生的困惑和疑问。它们普遍地存在于具体的、复杂的学校情境中，存在于师生的交往行为和教与学的活动中，存在于学校领导的教育教学管理工作中。这些问题通常具有情境性，其所涉及的理论和原则不一定具有普适性，却真实地存在于学校的具体教育实践中。

第五，就研究成果的表述来看，校本研究更多的是采用一种“叙事式”的表述，即由研究者本人“叙述”自己在研究过程中所经历的一系列教育事件：所研究的问题是怎样提出的；这个问题提出来后“我”是如何想方设法去解决的；设计好解决问题的方案后，“我”在具体的解决问题的过程中又遇到了什么障碍，“我”是怎么反思的；在反思的基础上，“我”后来又采取了什么新的策略，或者“我”又遇到了什么新的问题，采用了什么新的改进策略以及取得了什么样的效果。这种叙述方式往往是以案例或行动研究报告的方式呈现，一般并不呈现为学术论文或专著。

四、校本研究的类型

校本研究可分为不同的类型，大致可分为单个教师的研究、学校教师群体的研究和合作型研究三类。

1. 单个教师的研究。即指教师个体对自己课堂中所遇到的问题进行的研究。通常是教师在凭借以往的经验无法解决当前面临的问题的情况下，对问题进行诊断，经过深思熟虑，提出解决问题的方案，并付诸具体的行动。同时，在行动的过程中不断地进行自我反思，使问题逐步走向最终解决。

2. 学校教师群体的研究。是指多名教师形成团队对本校的教学和工作实践中存在的问题进行的研究。它是以集体的力量对所出现的问题进行诊断、分析、决策和解决问题的过程。这种研究同样也经常经历不断地讨论、反思和修正行动方案的过程。教师的群体研究实际上也是一种合作型的研究，但研究的合作者主要来自学校内部。

3. 合作型的校本研究。通常是指中小学教师与校外专业研究人员合作开展的研究。这种研究也同样以学校的教育教学活动作为研究的对象，研究的场所是在学校，研究的主体是中小学教师。专业研究人员是研究的参与者和教师开展研究活动的专业支持者，研究过程和教师的教育教学过程自然地融合在一起，研究的目的不单纯是寻求教育理论的验证和建构，而是实际地解决学校发展和具体教育教学活动中存在的问题。

就我国当前基础教育课程改革现状和师资力量来看，合作型的校本研究是一种最佳的研究形式，关键的问题在于如何处理好合作过程中教师和专业研究人员之间的关系，如何调动教师个体自主独立的思考。①

第二节　校本研究的意义

校本研究作为一种实践研究，具有重要的意义。

一、校本研究是教学改革持续发展的内在动力

就教学与研究的一般关系而言，两者是“共生互补”的关系。教而不研则浅，研而不教则空。一方面，从本质看，教学是一种创造

① 姬升果：《校本教育研究是教育研究的基本方式》，《语文建设》2004 年第 2 期。

性的劳动，教学内在地具有研究性；另一方面，教学如果没有以研究为依托的深化和提高，就极易陷于固守旧经验和照搬老方法的窠臼里不能自拔。从实践层面看，教学没有基于研究，就很容易沦为一种按部就班、缺乏生机的教书程式，从而消融了教学原本应有的鲜活光彩，失去了应有的意境和情趣，也不可能达到良好的教学效果。只有研究的“参与”、“介入”，才有可能不断提升教学的品质、水平和境界，从而使教学成为始终富有生机、充满活力的人际活动。这也是促使教学改革持续深化的内在机制。

在新课程的背景下，强调教学研究还具有特别重要的现实意义。新课程所蕴涵的新理念、新方法以及新课程实施过程中所出现的各种新问题，都是过去的经验和理论都难于解释和应付的。没有基于学校和课堂的研究，新课程的顺利推进就会遭遇极大的阻力。新课程把学校和教师推向了研究的前沿。可以说，将教学研究的重心下移到学校，建立与新课程相适应的以校为本的教学研究制度，是推进新课程和实行教学改革的现实要求和紧迫任务。

二、校本研究是教师专业化成长的根本途径

在中小学教师的职业生涯中，传统的教学活动和研究活动是截然分开的。教师的主要任务是教，是按照教材、教学参考资料、考试试卷和标准答案去教。至于为什么要教这些，为什么要这样教以及怎样教更好，教师很少有深入的思考。因而出现了这样的现象：教学内容是由国家的教学大纲规定的，教学参考资料是由教研部门提供的，教学方法是由教研部门介绍的，考试试卷是由教育部门编制的。教师成了游离于研究过程之外的旁观者，成了教育行政部门各项要求的机械执行者，成了各种教学参考资料的简单照搬者，成了教研部门所提供的教学模式的盲目模仿者。① 这种教学与研究相脱离的机制和模式，造就了成批成批的教书匠，导致了基础教育师资的平庸化，从而严重阻碍了教师的专业化发展。

事实上，教师职业专业性的特征之一便体现在职业过程的研究性质上的。教师不应被动地等待他人把研究成果送上门来，再不假思考地把这些研究成果应用到教学中去。教师本身就应该是研究者。校本

① 王枬：《论教师职业的内在价值》，《教育研究》2000 年第 9 期。

研究就是以教师为研究的主体，是教师研究。所谓“教师研究”并不是“关于教师的研究”，也不是“在教师的配合下进行研究”，或者“与教师一起进行研究”，而是指由教师（主要是中小学教师）在学校工作中展开的教改探究活动，是教师关于教学生活意义的持续不断的体验感悟与发现过程。教师成为研究者，并不是要教师在教学之外去做另外一件事，而是在教学中研究，在研究中教学，使教学与研究“共生互补”，成为同一过程的两个方面。教师研究是促进教师专业成长的根本途径。

第三节　校本研究的基本要素

教师个人、教师集体、专业研究人员是校本研究的三个核心要素，他们构成了校本研究的三位一体关系。教师个人的自我反思、教师集体的同伴互助、专业研究人员的专业引领是开展校本研究和促进教师专业化成长的三种基本力量，三足鼎立，缺一不可，其关系可用下图表示：

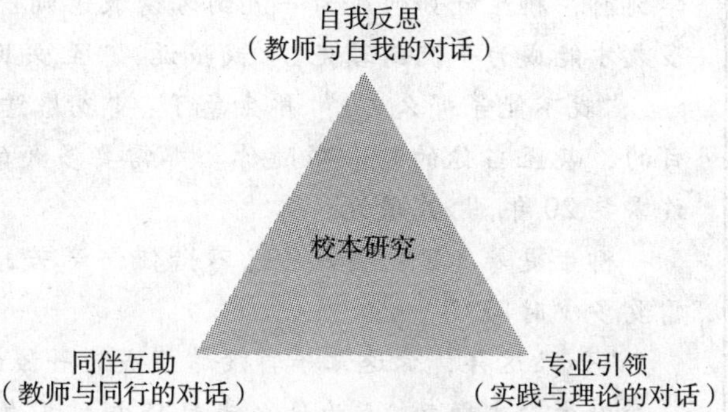

教师个人、教师集体、专业研究人员关系图

一、自我反思

自我反思是开展校本研究的基础和前提，校本研究只有转化为教师个人的自我意识和自觉自愿的行为，才能得到真正的落实和实施。

1. 反思的含义

反思是教师以自己的职业活动为思考对象，对自己在职业中所做出的行为以及由此产生的结果进行审视和分析的过程。反思的本质是一种理解与实践之间的对话，是这两者之间的相互沟通的桥梁，又是理想自我与现实自我的心灵上的沟通。显然，反思不是一般意义上的“回顾”，而是反省、思考、探索和解决教育教学过程中各个方面存在的问题，它具有研究性质，是校本研究最基本的力量和最普遍的形式。按教学的进程，教学反思分为教学前、教学中、教学后三个阶段。第一个阶段：在教学前进行反思，这种反思具有前瞻性，能使教学成为一种自觉的实践，并有效地提高教师的教学预测和分析能力；第二个阶段：在教学中进行反思，即及时、自动地在行动过程中反思，这种反思具有监控性，能使教学高质高效地进行，并有助于提高教师的教学调控和应变能力；第三个阶段：在教学后的反思——有批判地在行动结束后进行反思，这种反思具有批判性，能使教学经验理论化，并有助于提高教师的教学总结能力和评价能力。

“留一只眼睛给自己”①

宫本武藏是日本历史上一流的剑客，柳生又寿郎拜他为师。学剑前，柳生就如何成为一流剑客请教老师：“以我的资质，练多久才能成为一流剑客呢?”武藏说：“至少10年。”

“我不能等那么久!”柳生急了：“我愿意下任何苦功去达成目的，甚至当你的仆人跟随你。那需要多久的时间?”“那，也许需要20年。”武藏说。

柳生更着急了：“如果我不惜任何辛苦，夜以继日地练剑，需要多少时间?”

“如果这样，你这辈子再没希望成为一流的剑客了。”

柳生心生疑惑：“为什么我越努力，成为一流剑客的时间反而越长呢?”

“你的眼睛全都盯着‘一流剑客’，哪里还有眼睛看你自己呢?”武藏平和地说：“要想成为一流剑客，就必须留一只眼睛给自己。一个剑客如果只注视剑道，不知道反观自我、不断反省自我，那他就永远成为不了一流剑客。”

① 陈惠芳：《教育随笔：改变教师的行走方式》，《人民教育》2004年第7期。

学剑如此，教学也是如此！如果一位教师只顾埋头拉车，默默耕耘，从不抬头看路，也不反思回顾，那么，充其量他只能成为一个地道的“教书匠”，而永远无法实现真正的超越和自我发展。

对教师来说，自我反思无疑能让教师“留一只眼睛给自己”。

上完一堂课后，静静地坐在办公桌前，从容地整理自己的教学思路，清理自己的教学行为，总结自己的教学得失，捕捉课堂教学的某个细节，及时记下课堂中精彩的小插曲或倏忽而至的灵感。

面对纷纭的教育现象，即使别人习以为常，也要问问自己：为什么会这样？我和别人有什么不一样的看法？我的观点是否轻易地被别人左右了？在这个问题或现象的背后还隐藏着什么？顺着思，反着思，整体思，局部思，从多个角度或换个角度看问题。

2. 反思的方法与策略

(1) 内省式反思

即通过自我反省的方式来进行反思，可采用反思日记、课后备课、成长自传等方法。

内省式反思意味着教师开始以自己的生命经历为背景去反观自己和观察世界，内在地承受着对自己的言行给出合理解释的思想压力，从而促进教师进入沉静思考的层面，不得不倾听自己内心深处的声音，不得不站在自己的角度反思和挖掘自我。这就可能激发出许多连他们自己都意想不到的想法，这就意味着他们开始不再依赖别人的思想而生活。

反思日记，即对一天中所发生的各种教育行为进行记录，并初步分析收获与不足，以便改进工作，扬长补短。课后备课，即课后根据教学中所获得的反馈信息进一步修改和完善教案，以明确课堂教学改进的方向和措施。成长自传，即教师对自己成长经历的描述和分析，内容包括成长的主要阶段，各阶段的主要事件及其起因和影响等，它是一种比较系统、细致的反思方法。

(2) 交流式反思

即通过与他人的交流来进行反思，可采用观摩交流、学生反馈、专家会诊和微格教学等方法。

反思尽管表面上看是一种个体的活动，却依赖一个群体的支持，它不仅要求教师自己有一个主动、负责、全心全意的心态，同时也有信任、合作、协作的环境要求。

观摩交流，即教师之间相互观摩，分析交流观摩到的情境，提出问题，共同研究解决问题的方案。学生反馈，即教师从学生那里了解自己教育教学效果，以便更好地改进自己的工作，使之达到学生期望的结果。专家会诊，即专业研究人员、学校领导、同行教师定期对教师进行教育会诊，从中发现教师教育教学工作中的不足，并通过共同研究来解决问题。微格教学，即以少数学生、教师或专家为对象，在较短的时间内尝试做小型的课堂教学，并把教学过程制成录像，课后反复观看交流，积极听取他人意见和建议。

(3) 学习式反思

即通过理论学习或通过与理论对照进行反思。

理论学习，即教师系统学习理论，从而深刻理解和把握教育真谛，树立全新教育理念，并对自己已有教育理念和行为进行反思。与理论对照，即教师用相关理论自觉地审查自己的教育理念和行为，从而矫正自身的理念与行为并使之符合理论要求。

(4) 研究式反思

即通过教育教学研究来进行反思。

教师可以用先进的教育教学理论为指导，对教育教学过程进行调查、观察、实验和总结，从而探索出更有助于学生发展的教育教学模式、内容和方法，也可以以本校、本班出现的实际问题为研究对象，以解决这些问题为目标，进而不断改进教育教学工作。

为了提高反思的效果，有两种常用的反思策略（手段）可借鉴：一是问题单。问题单是指教师为了对自己教学实践的某些方面进行自我观察、自我监控和自我评价而使用的一种问题调查表。二是录音或录像。教学录音或录像不仅可以为教师提供更加详尽的教学活动记录，而且可以帮助教师认识真实的自我或者隐性的自我。虽然教学录像可以更全面地记录课堂行为，但是在实践中操作难度较大。相比较而言课堂录音更简捷、更实用。教师通过对所收集数据进行系统的、客观的、理性的反思，分析行为或现象的形成原因，探索合理的对应策略，从而使自己的教学更加有效。

二、同伴互助

校本研究要求教师在自我反思的同时，以开放的心态积极开展与其他教师的合作交流，与其他教师一起对教学中和学校工作中遇到的问题进行专业切磋、互相学习，共同分享经验，实现共同成长。

1. 同伴互助的基本形式

同伴互助的实质是教师作为专业人员之间的交往、互动与合作，其基本形式有：

（1）对话

对话的类型又可分为：第一，信息交换，主要途径有：信息发布会——大家把自己拥有的信息公之于众；读书汇报会——彼此交流看到过的书、观点以及心得体会等。第二，经验共享，主要途径有：经验交流或经验总结会——大家把自己的成功事例和体会、失败的教训和感想与同事分享、交流。第三，深度会谈。深度会谈可以有主题，也可以无主题，关键在于教师间要有非常真诚的人际关系，大家彼此信任，互相视为伙伴（心灵伙伴），只有这样才能无拘无束地发表意见，产生思维互动。深度会谈是一个自由的思想发散过程，它会诱使教师把深藏于心的甚至连自己都意识不到的看法、思想、智慧展示出来、表达出来。这个过程同时也是最具有生成性和建设性的，它会冒出和形成很多有价值的新见解。第四，专题讨论（辩论）。专题讨论是教师在一起围绕某个问题提出各自的看法，进行深入的讨论。这种共同的讨论（辩论）能激发集体的智慧，深化对问题的认识，形成解决问题的有效方案。专题讨论（辩论）的问题通常是教师个人难以解决的，从这种同伴间的相互对话中，教师往往能获得个人自我反思难以获得的思想和力量。

（2）协作

校本研究还要求教师在自我反思的基础上开展协作，共同承担课题研究，完成研究任务。如果说对话是解决校本研究中思想和认识问题，那么，协作则主要是解决研究的组织和实施问题。协作强调团队精神，注重群策群力，是以教师集体的力量研究和解决教学工作中遇到的问题，是同伴互助极为重要的组成部分。教师间的协作，应处理好团队和个人的关系。团队力量的实现，离不开团队中每一位成员潜能的充分发挥，这就要求校本研究的开展需要关注以下两个层面的问题。一是要尊重每位教师的兴趣爱好和个性特长，使教师在互补共生中成长；二是要注重发挥每位教师的独特作用，让每位教师都能以最适合或最有益于其发展的方式，参与到研究活动中来，使教师间的协作能够达到最优的效果。

（3）帮助

帮助是指在校本研究中为完成教研任务教师间开展的相互支持的活动。它的作用在于避免教师在校本研究中陷入各自为战和孤立无援的境地。从性质上看，它是对话、协作等同伴互助活动的进一步深化。教师间的相互帮助可以发生在任何教学同伴之间。在现实语境中，校本研究中的“帮助”通常是指教学经验丰富、教学成绩突出的优秀教师，发挥自己传、帮、带的作用，对其他教师的教研活动进行指导，尤其是对新教师进行指导，以使其尽快适应角色和环境的要求。在我国的教学实践中，骨干教师、学科带头人、特级教师等都是教师中德才兼备的优秀人才，是教师队伍的核心和中坚力量，充分发挥这支队伍的作用，对校本研究的有效开展意义重大。

2. 同伴互助的合作文化

就校本研究的内涵而言，它不同于师本研究。所谓师本研究即教师凭个人兴趣爱好所开展的研究或单个教师针对自己的教学或教育中面临的问题所进行的研究。校本研究是在学校层面上展开的，是学校行为，一方面校本研究致力于解决学校层面所面临的问题，即教师所碰到的共性问题；另一方面校本研究也不是靠个人的力量就可以完全做得到的，它需要借助团体的力量，所以，校本研究常常体现为一种集体协作，体现为教师作为研究者相互之间的合作，是靠团体的力量来从事研究活动，最终达到研究目的的。

就校本研究发挥作用的机制而言，必须是教师集体的研究，唯有教师集体参与的研究，才能形成一种研究的氛围，一种研究的文化，乃至学校教师共同的一种生活方式，这样的研究才能真正提升教师的教育能力和解决问题的能力。只停留在教师个体身上的研究，虽然教学行为也会产生一时的变化，但这种变化难以持久，也难以从个别教师的行为转化为群体教师的行为。研究虽然开展了，但学校依然如旧，教师的行为也依然故我。

可以说，教师集体的同伴互助和合作文化，是校本研究的标志和灵魂。在许多人眼里，学校中的关系规范是个人的、竞争的互动模式，教书一直被称为“一种孤独的职业”，教师只有同辈（peer），没有同事（colleague），更缺少同事情谊（collegiality）。教师职业的孤独限制了他们吸收新的思想和交流有益的经验，以获得较好的改进方法，限制了他们对成功的认定和赞美，导致了保守性和对改革的抵触。为此，要切实改造学校教育的情境，使学校真正成为一个民主的、开放的讨论领域，其中尤其要加以强调的是教师集体内部的专业争论。我们认为，在一个教师群体当中，能够有不同的思想、观念、教学模式、教学方法的交流与冲突，是非常宝贵的，是非常重要的。如果一个学校的教师没有不同的思想，一个人说了大家都认为好，这不是学校的幸运，而是一种灾难。特别是一些有威信的学校领导，一些有威望的老教师，尤其要注意对不同思想、不同观念、不同行为的支持。合作文化（culture of collaboration）的建立，需要重塑教师间的人际关系。应建立关怀的、信赖的和有共同目的的关系规范，要增加同事间的对话、讨论、交流和协商，同事间应合作起来，共同开发课程，研究教学，共享经验和理念，将合作精神和同事情谊体现于每天的教学生活中。

休息室变成“教研室”了

一位实验区中学校长感慨地说，随着校本教研制度的建立，我校的教师休息室也逐渐变样了。随时都可见许多教师聚在休息室谈课改、谈学生、谈教师、谈反思；刚开始时主要是课改实验年段教师，慢慢地学校领导、非实验年段教师也参与了；有时也有学生参与，不过不再是教师对他们的批评、惩罚，而是谈心、交流，再也没有教师把休息室当成聊天室，难怪有许多教师说休息室怎么变成“教研室”了！

三、专业引领

校本研究是在“学校”展开的，是围绕着“学校”的事实和问题进行的，但它不完全局限于本校内的力量。恰恰相反，专业研究人员的参与是校本研究不可或缺的因素。离开了专业研究人员等“局外人”的参与，校本研究就常常会自囿于同水平反复，迈不开实质性的步伐，甚至会停滞不前，从而导致形式化、平庸化。从这个角度说，专业研究人员的参与是校本研究向纵深可持续性发展的关键。学校要积极主动争取他们的支持和指导。

专业研究人员主要包括教研人员、科研人员和大学教师。相对于一线的教师而言，他们的长处在于系统的教育理论素养。校本研究是一种理论指导下的实践性研究，理论指导、专业引领是校本研究得以深化发展的重要支撑。专业研究人员应该有高度的使命感和责任感以及对教学实践高度关注的热情，积极主动地参与以校为本的教学研究制度的建设，为学校和教师提供切实有效的帮助。

专业引领就其实质而言，是理论对实践的指导，是理论与实践之间的对话，是理论与实践关系的重建。从教师角度讲，加强理论学习，并自觉接受理论的指导，努力提高教学理论素养，增强理论思维能力，这是从教书匠通往教育家的必经之路。

拒绝理论，就是拒绝进步，实践就只能在低层次上重复。实际上理论的价值不单在“操作”，理论更重要的价值在于给人以精神和气质的熏陶，智慧和思维的启迪，思想和理念的提升。这也是学习理论的根本目的。教师一定要养成学习理论的习惯，读一本好书、一篇好文章，实际上就是与一位大师对话，所以，教师自学理论实际上是一种隐性的专业引领。需要特别强调的是，对于教师而言，学习不仅仅是对外在变化的一种适应，学习更应是内在生命的一种自觉。作为一个“职业人”的角色，教师要学习与职业相关的知识，在当前，要全面系统学习与新课程相关的教育教学理论和学科专业理论，从而为自己的教育教学活动提供一个新的起点。作为一个现代“社会人”的角色，教师要致力于完善和丰富人性、充实文化底蕴、提升生活情趣的学习，这种学习偏重于提升现代社会人的文明素养，大多是涉及非教师专业的文化层面的内涵，而且许多方面可能与教师的专业和微观教育教学层面的工作无直接关联，但是，这种学习却有助于塑造教师新形象，有助于教师用更广阔的视野来思考和实践新课程，用更为厚实的文化底蕴来支撑教育教学，用更完善的人格魅力去熏陶和感染下一代。

苏霍姆林斯基在《帕夫雷什中学》一书中曾深刻地指出：“集体的智力财富之源首先在于教师的个人阅读。真正的教师必是读书爱好者，这是我校集体生活的一条金科玉律而且已成为传统。一种热爱书、尊重书、崇拜书的气氛，乃是学校和教育工作的实质所在。”

“如果大家不喜欢书籍，对书籍冷淡，那么，这不能称其为学校。”我们希望所有的教师都是热爱书、热爱学习的人。

阅读是教师专业发展的重要源泉和重要标志。没有书籍的滋润，难以得来深厚的学识和素养！教师要想不做浅薄的教书匠，就必须从“阅读”开始！教师通过“阅读”，可以汲取进行教育和教学工作的精神营养，并把这种精神营养转化为自己的工作能力和综合素质，充分提高教育和教学效果。

阅读成为教师基本生活方式的一部分，就是让阅读像衣食住行一样，成为教师职业生活须臾不可离开的东西，让阅读本身成为教师职业生活的基本成分。当阅读成为越来越多教师生活方式的有机构成，教师的专业成长才具有扎实的基础。阅读成为教师生活方式的过程，是与教师专业水平提高过程相辅相成、互为推动、互为因果的。

专业引领就其形式而言，主要有学术专题报告、理论学习辅导讲座、教学现场指导以及教学专业咨询（座谈）等，每一种形式都有其特定的公用，有助于达到某种目的，但就其促进教师专业化成长而言，教学现场指导是最有效的形式，也是最受教师欢迎的形式。

实践证明，专业研究人员与教师共同备课（设计）、听课（观察）、评课（总结）等，对教师帮助最大。但是对专业研究人员而言，时间是一个突出的矛盾。专业研究人员在开展教学现场指导活动中，要努力做到：到位但不越位。所谓到位，就是给教师提供所需要的帮助；所谓不越位，就是不越俎代庖，不包办代替。越位的指导（包括提供过细的教参）也许会急教师一时之所需，却会导致教师产生惰性和依赖心理，从而不仅无助于而且会阻碍教师的专业成长。教师才是教学的真正主体，专业研究人员无论怎么指导，都不能也不应该代替教师的独立思考。

自我反思、同伴互助、专业引领三者具有相对独立性，同时又是相辅相成、相互补充、相互渗透、相互促进的关系。只有充分地发挥自我反思、同伴互助、专业引领各自的作用并注重相互间的整合，才能有效地促进教师的专业成长和教学改革的深化发展。

第二章 校本研究的实施

校本研究的实施是校本研究过程的展开和方法的使用，“过程”和“方法”是研究活动的重要组成要素，了解校本研究的过程与方法，是有效开展校本研究的前提和保证。校本研究过程与方法的独特性也决定了校本研究在成果表述上的特殊性。

第一节 校本研究的基本过程

校本研究既然是一种研究，就得遵循或体现研究的基本规范或基本程序，从而不同于一般的教育教学实践活动。一般地说，校本研究总是要涉及以下几个环节或经历以下几个过程。

一、问题——基于“教学问题”的课题研究

研究总是从问题开始的。教学研究以教学问题为起点，教学问题可分为理论问题和实践问题两类，理论问题是针对“是什么”而提出的问题（事实问题）和针对“应该是什么”而提出的问题（价值问题）；实践问题则是基于事实问题与价值问题，针对“怎么做”而提出的问题。比如，根据新课程的教学观以及新课程所倡导的学习方式，在实践层面上教师具体应该怎么做，才能实现新课程的培养目标，这便是指向实际的教学问题。当前随着新课程推进的不断深入，这类问题层出不穷，它突出表现在新课程理念与教师教学现状的矛盾和冲突上。

但是，教学中出现的问题能否成为研究的问题，关键在于教师是否具有问题意识和探索精神。安于现状，把一切现存的都看成是合理的人，脑子里决不能产生真正的问题（“自己的问题”）；同样，缺乏探索热情和教育责任感，即使面对问题，也决不会有改革的意向和追求。如此，问题也就不仅不能成为研究的推动力，反而成为实践的绊脚石。

爱因斯坦曾说过："提出一个问题往往比解决一个问题更重要。"教学研究中的"提出"问题实际上是一个过程。它是一种"参与"、"介入"的态度，提问者已经"把自己摆进去"。这种"把自己摆进去"意味着提问者已经成为此问题的"参与者"，而不是"旁观者"；也意味着提问者已经成为此问题的"当事人"，而不是随意地提出一个问题，甩手等待"专家"来解决。

教师能否以"参与者"而非"旁观者"的态度提问、能否以"当事人"而非"局外人"的角色提问，将直接影响着教师参与教学研究的程度，也直接影响着教学研究对教学实践的改进程度。因此，有人将"改变教师的提问方式"作为教学研究的一条首要策略提出来。校本研究所指向的教学问题是教师"自己的问题"而非"他人的问题"，是在教室里发生的"真实的问题"而非"假想的问题"。仅此还不够，还要进一步把教师个体发现和提出的问题转化为教师群体共同关注和思考的问题，把教室里发生的真实的问题概括、提炼、升华为有价值的课题，唯其如此，才会有真正意义上的校本研究。校本研究强调自下而上地形成课题，但也决不排斥对学校改革和发展具有导向价值的自上而下的课题。

二、设计——基于"有效教学"理念的教学设计

设计指的是解决问题的一种方案、设想、构想或策划。设计意味着针对问题，提出假设。严格意义上的假设都是具有假定性、科学性和预见性的。假设并非臆断，而是以科学理论为导向、以经验事实为根据的。正因如此，假设也具有科学性，正是科学性避免了研究的盲目性，并决定了研究的探索性质。

事实证明：一个好的假设，是解决教学问题、发现教学规律、形成科学的教学理论的前提，是进行教学研究的核心。当然，一个好的有价值的研究假设的提出是有一个过程的，研究者要在研究过程中不断修改、完善研究假设。

凡事预则立，不预则废。教学设计犹如建筑之前的图纸，是教学研究活动的直接依据。教师要把日常的备课活动提升到教学设计的高度来认识，使备课与研究成为一件事而非两件事，这正是"教学即研究"口号的本意。当前要坚决纠正教师备课中存在的两种不良倾向：一是照搬现成的教案，以"他思"取代"我思"；二是过分依赖已有的教

学经验，凭原来的经验设计教学方案，有的甚至照抄以往的备课笔记。这种行为不但谈不上研究，还将直接导致教学的形式化、低效化。

三、行动——基于“教学对话”的教学行动

行动是设计方案付诸实施的过程，对教师而言，行动意味着改革、改进和进步。它具有以下特性：

第一，验证性，检验设计方案的可行性。所有的设计在行动之前都只是一种假设，它的科学性、有效性是需要实践来检验的。从这个角度来说，教师作为研究者要尽量按原计划行动，否则，检验就无从谈起，研究的科学性也就无从保证。

第二，探索性，发现和寻找各种新的可能性。行动绝不是按图索骥、按部就班的机械活动，而是一种积极寻找和探索解决问题、达到目的的最佳途径和最佳策略的过程。这意味着教师在行动时，不能拘泥于事先的设计，要根据实际情况，随时对设计作出有根据的调整、变更。反映在课堂上，上课不是执行教案而是教案再创造的过程。反映在教师上，不是教教材，而是用教材教；不是把心思放在教材、教参和教案上，而是放在观察学生、倾听学生、发现学生身上；不是把学生当作一种对教的配合，而是把学生看作学习的真正主体和教学过程运行的不可缺少的重要组成部分。

第三，教育性，服从、服务于学生的成长和发展。任何行动都应该无一例外地遵循人道主义原则，体现教育活动的价值导向和人文关怀，无条件地有利于所有学生的成长和发展，这是行动的最高原则。验证和探索只有在完整地关注学生的全面成长的前提下进行才是有价值的、符合教育道德的。

四、总结——基于“问题解决”的教学总结

总结在校本研究中既是一个螺旋圈的终结，又是过渡到另一个螺旋圈的中介。在总结这个环节中教师作为研究者主要要做以下几件事：

第一，整理和描述。即对已经观察和感受到的，与问题、设计和行动有关的各种现象进行回顾、归纳和整理，其中要特别注重对有意义的“细节”及其“情节”的描述和勾画，使其成为教师自己的教育故事或教学案例。这是叙事研究在校本研究中的体现，它会给教师

的研究带来新的变化，使教师作为研究者不再依赖于他人的话语而转向直接讲述自己的教育生活经历和教育生活体验，“做自己的事”、“说自己的话”。这是校本研究改变教师职业生活方式的关键。

第二，评价和解释。在回顾、归纳和整理的基础上，对问题、设计与行动的过程和结果作出判断，对有关现象和原因作出分析和解释，探讨各种教学事件背后的理念，揭示规律，提高认识，提炼经验。

第三，重新设计。针对原有方案及其实施中存在的各种偏差或“失误”，以及新的感悟、新的发现、新的认识和新的思考，修改原有方案或重新设计方案，并付诸实施，进行进一步的检验、论证和改革探索。校本研究的目的是为了改进和改正，它不可能停滞在一个凝固的成果上，而是一个不间断的自我修订、自我完善的过程。所以，任何总结，都只是意味着一个新的开始。

上述四个环节构成了校本研究的相对完整的一个螺旋圈，这个螺旋圈可以以一个学段、一个学年为单位，也可以以一个单元、一节课为单位。校本研究过程就是问题—设计—行动—总结循环往复、螺旋上升的过程。值得强调的是，在实际运行的过程中，四个环节的顺序并不是固定不变的，提出问题可以在研究之始，也可以在行动中，检验也并不是等待最后才进行，它们中间有的可以两个环节合并起来，有的环节也可以匆匆带过，关键在于解决问题，提高质量。

第二节　校本研究的主要方法

校本研究的方法指的是适合于教师从事或参与的研究方法，主要有行动研究、课堂人种志研究和个案研究三种。[①] 这三种研究方法之所以适合于中小学教师，是因为它们都强调对微观的情境、现实的情境进行研究，同时都强调实践问题或是为解决实践问题提供参照，而不追求创建或证明理论。准确地说，这三种研究方法都不是具体的研究方法，而是一种进行研究工作的方式，也就是说，教师在进行行动研究、课堂人种志研究或个案研究时，仍须采用或借用其他具体方法进行。

---

① 本部分内容参见郑金洲等著：《学校教育研究方法》（第七章、第九章），教育科学出版社 2003 年版；陈瑶著：《课堂观察指导》（第四单元），教育科学出版社 2002 年版。

一、行动研究

关于行动研究的最通俗的解释是，它是为行动而进行的研究，即不是脱离教师的教学实际而是为解决教学中的问题而进行的研究；是在行动中的研究，即这种研究不是在书斋里而是在教学的活动中进行的；是对行动的研究，即这种研究的对象和内容就是行动本身。可以说，行动研究把教学与研究有机地融为一体，它是教师由“教书匠”转向“教育家”的前提条件，是教师持续进步的基础，是提高教学水平的关键。

行动研究可从不同的角度分为几种不同的类型。按照研究的不同侧重点，可有以下三种类型：第一，行动者用科学的方法对自己的行动所进行的研究。这种研究带有学理性，重在认识行动，揭示行动的本质。第二，行动者为解决自己实践中的问题而进行的研究，这种研究旨向解决问题，而不是为了建立理论。第三，行动者对自己的实践进行批判性反思。这种研究强调以理论的批判和思想的启蒙来引起和改进行动，实践者在研究中通过自我反思追求自由、自主和解放。虽然不同类型的侧重点各不相同，但具体的某一行动研究可能会含有这三个方面的特征。教师从事的行动研究大多属于第二、第三种类型。

此外，从参与研究的成员成分不同的角度，还可将行动研究分为合作模式、支持模式、独立模式三类。合作模式注重专家（专门研究者）与实际工作者一起工作，共同进行研究。支持模式是指专家帮助实际工作者形成理论假设，计划具体的行动，评价行动的过程和结果。独立模式则是实际工作者独立进行研究，不需要专家的指导。目前教师从事的教育行动研究中，更多的是第一和第二种类型。当然随着研究者研究能力的不断提高，第三种类型的行动研究也会出现。

二、课堂人种志研究

课堂人种志研究是运用文化人类学的人种志研究方法对课堂进行的研究。这种研究力图真实自然地揭示某一特定文化群体的思想、动机和行为方式。课堂人种志具有如下特点：

第一，课堂人种志是一种质性的研究。课堂人种志研究强调以参与观察、深度访谈等方法，进入研究对象的内部世界，运用各种手段进行系统的资料收集，并加以分析和阐释。在课堂研究中，经常采用记事、记录、校刊、照片、录像、个人生活史等质性材料。第二，课堂人种志注重自然情境的研究。课堂人种志要求研究者深入课堂实地进行研究，不但不试图操纵课堂情境，而且应尽量使研究者对课堂的影响降低到最小，展示事物的本来面貌。第三，课堂人种志的研究程序具有弹性。课堂人种志不强调固定的研究程序，研究者可以随时发展一套策略或技巧，以便组织、管理、分析资料，也可随时使用笔记、观察、访谈、文化分析等具体的方法收集资料。第四，课堂人种志研究具有资料来源和收集方法上的丰富性。课堂人种志的资料可来源于说、听、问、看、感觉等不同途径，最常用的资料收集方法是参与观察、无结构访谈、文件分析（文件可以是会议记录、校史、课表、日记、书信），还包括用照片、录音录像带等来记录情境中人们的语言、行动和姿态等。

课堂人种志研究要求研究者长期地“生活”在课堂中，深入地、一致地、持续地进行实地研究，成为班级团体的一分子，并参与他们的大多数活动。一般情况下，外来研究者很少能获得这样的机会。而教师就是课堂的完全参与者，教师进行课堂人种志研究具有天然的优势。课堂是教师极为熟悉的情境。教师成为研究者，如果能化熟悉为新奇，寻找问题甚至制造问题，并不断进行反思，就能从这些看似琐碎的小事中发掘出新的观点和意义。课堂人种志研究不但能发展教师的各种能力和品行，比如观察力、记忆力、持久力、描述能力等，而且能促进教师的专业化发展。

三、个案研究

个案研究是针对单一个体在某种情境下的特殊事件，广泛系统地收集有关资料，从而进行系统的分析、解释、推理的过程。因此，狭义的个案研究是指对单一特定的人、事、物所做的描述、分析及报告。广义的个案研究可界定为：采用各种方法，收集与研究问题相关的资料，对单一个体或一个单位团队作深入细致研究的过程。这里，我们主要强调的是狭义的个案研究。在教育研究中，个案研究往往适用于对不良问题的研究或对某些难以重复、难以预测和控制的事例进行研究，如学生辍学、学业失败、道德不良、青少年犯罪等，也适用于对学生的心理问题和人格偏差的诊断研究和矫正研究。

在学校教育中，个案研究由于研究对象少，研究规模较小，在自然状态中进行，需要较长时间的跟踪，因此是一种特别适合于教师使用的研究方法。在一所学校或在一个班级中，总会有一些学习困难或行为偏差的个别学生，采用常规的教育教学方式往往难以奏效，因此需要对其进行全面而深入的研究，必须给予特别的处理。通过收集有关个人的资料，可以了解学生的实际情况或问题的症结所在，诊断形成问题的原因，然后针对性地提出矫正方案或提供正确的指导策略，帮助学生解决问题。

个案研究具有如下特征：第一，研究对象的单一性。个案研究，顾名思义，研究的对象通常是单一个体或单一群体，即使研究中有多个被试，通常也把他们作为一个单位或某个整体看待。个案研究的对象往往是那些具有特殊行为表现的个体或具有反常行为的个体，如天才儿童、弱智儿童、辍学儿童、问题儿童、残障儿童等。第二，研究方法的综合性。个案研究收集个案资料的方法是多样的，研究的手段是综合的。研究中常常要综合运用测验法、访谈法、调查法、观察法、实验法、文献法等多种方法。只有这样才能比较全面、系统地考察研究对象的特点及其发展变化的过程和规律，从而得出比较科学的结论。第三，研究内容的深入性。个案研究的研究周期一般比较长，需要对个案进行连续的跟踪研究。不但要研究个案的现状，也要研究个案的过去，还要跟踪研究个案的发展。由于个案研究的对象单一，便于对个案进行深入细致、全面系统的分析和研究。

第三节 校本研究的成果表述

校本研究的目的是追求具体教育问题的解决，但为了给人提供借鉴和保留研究资料、积累研究经验，研究者还有必要把研究过程及成果表述出来。相对而言，校本研究的成果表述更多的是采用一种“叙事式”的表述，可分为教学叙事和教育叙事。由于教学叙事与教育叙事总是叙事者“个人生活史”的一系列片段，因此真实的教学叙事或教育叙事往往具有某种“自传”的性质，因此校本研究也可以用“自传叙事”的方式提出自己受教育经历及教育经历中发生的教学事件或者生活事件。

1. 教学叙事

教师的日常生活主要是“课堂教学”，教师所寻求的对教育实践的改进主要是对教学生活的改进，因此教师的叙事报告主要是由教师亲自叙述课堂教学生活中发生的“教学事件”。可以将这种对教学事件的叙述称为“教学叙事”。“教学叙事”类似以往人们所谈论的“教学案例”，但“教学叙事”不仅强调所叙述的内容具有一定的“情节”（“情节”是案例的一个核心要素），而且强调“叙述者”是教师本人而不是“外来者”。另外，作为叙事的行动研究，教师所叙述的教学事件除了“偶发事件”之外，更多地属于教师本人有意识地“改变”的事件，这样，教学叙述就是对改变之后所发生的事件的叙述。

相对而言，传统的“课堂教学实录”很难反映教师的“反思”以及“反思”之后所引起的“教学改进”与“教学重建”，教学叙事则要求教师将自己对“教育”的理解以及对这一节课某个“教学事件”的反思插入到相关的教学环节中。教师可以用“当时我想……”、“现在想起来……”、“如果再有机会上这一节课，我会……”等方式来表达自己对“教学改进”、“教学重建”的思考。在校本研究中，有教师将这种“夹叙夹议”的方式称为“插入”或“涂抹”，即教师将自己对本节课的感想“插入”到课堂教学实录中，将自己对整个教育或相关教育理念的理解“涂抹”到相关的课堂教学实录中。①

《松鼠》的结尾是不和谐的音符吗？②

学习法国作家布丰的《松鼠》，在指导学生反复朗读课文的基础上，我让他们提出自己的疑难问题或是自己感兴趣的问题。

“老师，我认为文章最后一个自然段的最后两句话，是这篇文章中的一个不和谐的音符。”

我笑着问：“为什么你会得出这样的结论呢？”

“我没有亲眼见过松鼠。读了这篇文章，了解到松鼠原来是个漂亮、驯良、乖巧的小动物，我感觉自己很喜欢它。可是，文章最后却说：‘松鼠也是一种有用的小动物。他们的肉可以吃，尾毛可以制成画笔，皮可以制成皮衣。’我在读到此处时，感到很别扭。如果我们真心喜欢一个小动物，比如说小狗，我们在夸奖它一番后，会告诉别人它的肉可以吃，皮可以制成皮袄吗？”

① 刘良华著：《校本教学研究》，四川教育出版社 2003 年版，第 100—101 页。

② 单咏梅：《〈松鼠〉的结尾是不和谐的音符吗？》，《语文建设》2002 年第 12 期。

或许，以前的学生也有这一想法，只不过作为老师的我，从来没有给他们这一机会，让他们畅所欲言。课改后，正因为我们在教学中关注学生，关注学生的问题，尊重学生读书的感受，学生才敢于提出问题，乐于提出问题，能够大胆发表独立的见解。作为老师，我欣赏学生独立思考的精神，佩服他们读书时那种鲜活的感受，也在努力为学生营造宽松、和谐、民主的学习氛围。于是，我进一步鼓励道："你敢于向课本挑战，很了不起。同学们，你们当中有没有人同意这位同学的观点，认为这是不和谐的音符呢?"

陆陆续续有几个举手。

"那就请你们继续说说你们的理由吧。"

生1："本单元的单元主题中有这样几句话：'你一定很喜欢动物吧？动物和人类一样，是地球这个大家庭的成员……了解这些动物的外形、特点、习性，将唤起我们对动物世界生存状态的关注，激发我们关爱动物、保护动物的热情。'我认为课文的结尾与本单元的主题是不吻合的。"

生2："布丰生于1707年，死于1788年。可能在18世纪人们还没有环保的意识。今天我们读这篇文章的时候，我们读到松鼠可以吃，感觉别扭，可能是我们在感情上已经把松鼠当作了我们的朋友。"

生3："《松鼠》是本单元的第一课，《松树金龟子》是本单元的第二课。在单元预习课上，我曾经比较着阅读两篇文章的结尾，坦率地说，我更喜欢后一篇文章的结尾：'……松树金龟子的危害，照我看来，成不了灾……如果我是松树林主人的话，我对它造成的小损失不会太放在心上。茂密的松林被吃掉些树叶，损失点松针，算不得重大事件。别去打扰它吧！它是暑天暮色的点缀，是夏至那天镶在天幕上的漂亮首饰。'"

这位学生读得很动情，读完后，教室里爆发出一阵热烈的掌声。

突然，一个学生把手高高举起。

我问："你有话要说?"

生4："我不同意以上几位同学的观点。今天刚开始上课的时候，老师就告诉我们，这篇课文是一篇科学小品。我想科学小品属于说明文，说明文是给人以知识的。这样结尾，既照应开头的‘很讨人喜欢’，又点出松鼠的用途，加深人们对可爱的小松鼠的了解，首尾呼应，结构严密，介绍完整。”

生5：“我想，有些同学认为这篇课文的结尾是不和谐的音符，可能是因为他们太喜欢小松鼠了，担心人们一旦知道松鼠的肉可以吃，就会去捕杀松鼠。如果仅仅是因为这个原因而不愿让作者说实话，那不是在搞愚民政策吗？其实，当我们了解到松鼠不仅漂亮、驯良、乖巧，而且它还是一种有用的小动物时，你不觉得更喜欢它们了吗?”

教室里静下来了，学生热切地望着我，他们在期盼着老师的“答案”。我深知，在课堂上常常会遇到这种对同一个问题“公说公有理，婆说婆有理”的情形，大多数时候，到底谁说得更好，在以往老师是需要有明确的态度的，对学生而言，老师的表态便是一个“权威”的答案。面对同学们热切的眼光，我深情地说道：“如果有一天，你们做了课本的编者，认为结尾是不和谐的音符，在编教材时，可以将最后几句话删掉；认为结尾是和谐的，就继续保留这种结尾吧。”

下课了。我的这种做法是否合适呢？我不只一次地问自己。虽然至今没有明确的答案，但有一点是可以肯定的，那就是无论是赞同的还是反对的，他们关心松鼠的命运、喜欢松鼠的感情都溢于言表，而这不正是本课的情感目标吗?

这一节课上完后，开头那位同学提出的问题引起了我深深的思考。显然，在实际生活中，我们是不会在介绍小动物之后，说它肉可以吃，皮可以制成皮袄的。可是，我在备课时，怎么就没有这种“别扭”的感觉呢？怎么压根儿也没想到学生会有这种感觉呢？是因为这篇文章我已经烂熟于心，我闭着眼就说出这一段写了什么，一切都熟视无睹的缘故吗？看来，为尊重学生读书的独特感觉，教师本人也应该走出习惯思维的束缚，拥有自己的读书感受，进而尊重自己的读书感受呀。

“写”教学故事不是为了炫耀某种研究成果，它的根本目的是通过教师“写”自己的教学故事来“反思”自己的课堂教学。由于教师的“反思”总是以某种教学理念的眼光来“反思”自己的教学行为，教师的个人化的教学理论以及教学行为将经由这种“反思”发生转化。

2. 教育叙事

如果说，教学叙事关注的是课堂以及教学活动问题，那么教育叙事关注的是学校（班级）以及师生交往问题。

反思“扣分教育”

中午放学后，我正在办公室改作业，我班有个同学战战兢兢地跑到办公室对我说：“老师，我和几个同学一起玩飞碟，不小心，飞碟碰着了日光灯，把学校的日光灯打破了。”

看到这位同学那副神情，我知道这孩子是诚实的。我不忍心再批评他，就安慰他说：“你做错了事能主动认错，是个诚实的孩子，以后注意就是了。好，现在我们一起去把那儿打扫干净吧。”他妈妈接他的时候知道了这事，不断地向我表示歉意，并马上找人买回了日光灯，安装好。

可就因为这事，我们班那一个星期没有评上文明班。学期末评文明班，我们班也没有评上。因为学校有制度：只要有一个星期评不上文明班，学期末就不能评文明班。后来我们班也就因为上学期没评上文明班，与先进班也无缘了。当然，我不能告诉学生评不上的真正原因，我怕全班同学会责怪他，怕当事人要承受这么大责任，怕他以后在同学面前抬不起头，更怕学生以后丢失了诚实的美德。

前一段时间，我班有两个同学打架，在本班同学劝停后，他们就到大队部去承认自己打了架。按学校扣分条例，打架者一个人扣五分，其后果可想而知。大家都在笑，笑我们班的学生愚蠢。

我没有笑，我在反思。我班的学生是“愚蠢”吗？是的，这样做不是太“幼稚”了吗？如果他们不向上报告，就没有人知道，我们班就不会被扣分。然而，从教育的角度去思考，学生诚实的美德，难道不是我们教育者梦寐以求的品质吗？我们班的学生在文明班的评比中是扣了分，但在诚实上他们加了分。我庆幸我的教育没有失败，在我管辖下还有一方净土。我不能批评学生，我应该为他们喝彩。

想起上个星期的早晨，学校洗手间发出一声巨响，办公室的老师跑过去发现洗手盆不知被谁打破了。为了这事，学校曾在全校大会上呼吁请那位同学主动承认错误，也请目睹这事的同学到老师那里反映；在教师会议上也要求老师们认真彻查这件事。但这件事却如石沉大海，杳无音信。这不是一件令人深思的事吗？是洗手盆自己打破的？还是我们的学生已经“成熟”了？或者是我们的老师给“包容”了？

这几年，我们学校实行了规范管理，定下了很多扣分条例，而这些条例就成了我们一些领导者、一些老师的口头禅：“不准……，否则扣分”。他们把禁止、防堵作为立足点，进行消极防范，忽略了正面的引导。当学生一旦触及禁区，不由分说地扣分，没有申辩的余地，更没有将功补过的机会。现在我们的学生一般都具有判别是非的能力，他们对自己犯下的错误是有所知觉的，但当他们看到勇于承认错误的人不得“好下场”，为求自保，逃避可能受到的批评和惩罚，避免累及班级，他们就不得不想方设法来掩盖真相，不得不要自己尽快“成熟”起来。学校的教育管理方式、教师的师表作用都是导致学生“成熟”的催化剂。

我希望学生能具有诚实的美德，不希望他们过早地“成熟”。

作者：林竹君

3. 教育自传

当教师们讲述他们自己的教育故事时，这种谈论教育的方式有些像叙述自己的“自传”。我们把它叫做“教育自传”。教师的“教育自传”也可以视为一种“教师日记”，这种日记能使人清理自己的人生经历而找到自己的位置，有助于弄清自己的思想和感情，保持对过去生活的回忆。中小学教师是否一定要像大学的专业研究人员那样谈论教育呢？是否需要、是否可以有自己的谈论教育的方式呢？中小学教师在提交研究报告时，是否可以“换一种说话的方式”呢？

所谓换一种说话的方式，也就是让教师用自己的话语而不勉强地用专业概念术语讲述自己的教育生活中发生的教育事件。我们不必担心教师没有教育理论，我们只担心教师对自己的教育生活中的“教育事件”不敏感。当教师已经具有某种教育事件意识，当教师讲述自己的教育事件时，教育理论已经蕴藏其中。

两则教育自传①

（一）

靳娜老师在她的教育自传里讲述了她的学生如何让她转变了对学生以及对整个教育的理解：

初为人师，我22岁，很担心学生不怕我。我遇到的第一个问题是，一个因病留级到我班的学生总是不能交作业。我让他写检查并让家长签名，然后拿到班会课上念。

当时我也觉得这样会伤害他的自尊心，但一时又想不出更好的办法，我担心他会反抗，所以提前和他商量。他答应了，我松了一口气，总算没有在学生面前丢面子。

这件事就这样过去了，他按照我说的做了，也起到了我预期的“杀一儆百”的作用。可是后来过了很长一段时间，从这位同学的日记中，我知道了在这件事中真正对他起教育作用的并不是那次难堪的当众检讨。

他在日记里说：“今天，我心里很矛盾，因为前些天我有一件事骗了你，今天我想把事实告诉你，不想再骗你了。因为今天早读的时候无意中我看到你正费力地给我们班糊窗户，那么冷的天气，同学们读书都不愿伸出手来，可是你却不怕冷，吃力地把一扇扇窗户的缝隙糊好，把刺骨的寒风挡在外面，让我们的教室温暖起来。老师，上次你让我念的检讨，我并没有让家长签名，而是我偷了爸爸的印章自己盖上了印。当时你问我原因时，我就骗你说是爸爸盖的，当时我还为骗过去而庆幸。可是直到今天看到你是这样关心我们，我忽然觉得我这样做是多么对不起你。老师，我决心以后改掉不写作业的毛病。我没有勇气向你道歉，就写在这篇日记里，当你看到的时候，希望能原谅我。”

这篇日记震撼了我的心灵，原来孩子的心是那么细腻，孩子们那么懂感情。我为我以前的过激行为而悔恨。

① 靳娜：《我对教育的理解》，《人民教育》2003年第15—16期。

这篇日记让我对眼前的这群“毛孩子”刮目相看，我开始喜欢这群孩子了。以后我们班上发生了很多温暖人心的事。那些学生直到现在还常常提起他们难忘的初中生活。

……

现在想起教育生活中发生的教育事件，我真有些感动。是学生坚定了我的教育信念，是学生教会了我，让我尊重学生，爱学生。

（二）

简敏静老师在她的教育自传里讲述了她选择做教师这个职业的故事：

许多人因为喜欢教师这一职业而成为教师，而我却恰恰是因为讨厌教师而去做教师的。说起来也有一段故事：在我读小学的时候，由于父母对我的严格教育，所以学习成绩一向很好，每次考试都是名列前茅。

可能是我性格比较内向，很少说话，在班上表现并不活跃，所以我并不是老师心目中的“爱将”。即使我考试考到第一名，老师也从未表扬过我一次。相反，那些平常话很多、很讨老师喜欢的几位班干部，老师无论事大事小总是表扬他们。那些表扬语，连我都听腻了。

然而，我想听一句老师对我的赞扬就像天上的星星一样，可望而不可求。更可气的是，每次家长会，班主任对我妈妈说的都是同一句话，而又是唯一一句话：“你的女儿就是一块死木头，根本感觉不到她的存在。”

这句话至今还深深地印在我的脑海里。为了这句话，我不知在多少个不眠之夜哭泣。我不明白老师为何如此不公，如此偏心。

也是因为这一句话，我暗地里下了决心：我日后一定要做一名教师，而且要做一名关爱每一个学生的教师。结束了小学那段不愉快的日子后，我更加努力学习，并开始不断改变自己。我努力去和同学、老师交往，并积极地在各方面表现自己。在中学和师范大学的学习期间都受到老师的一致赞许。经过了多年的学习后，我果然成为了一名教师。

当我第一次走上讲台，接触到那一张张天真烂漫、活泼可爱的小面孔时，我的心融化了。他们使我产生了一种从未有过的对教育的狂热之情。我始终不明白，为什么我的小学教师不喜欢我呢？其实，每一个学生都有他的可爱之处，只在于老师有没有用心去挖掘而已。

在我教的第一批学生中有这样一个小男孩：在许多教授过他的老师心目中，他是一个顽劣可厌的学生，不仅学习成绩差，而且处处与老师作对。刚接班时，由于我是一位刚毕业的年轻教师，他更加不怕我。上数学课，他就拿语文书，上语文课，他就拿数学书。你叫他去东，他就偏去西。你骂他，他习以为常。

在一次体育课中，我教学生学青蛙跳时，他不仅不学，而且还冲着我说："你以为我们是白痴，无聊。"说完他拔腿就跑。我不服气，就在后面追他。跑了几圈后，我不仅没有追上他，还被他抛开了一段距离。这时我惊奇地发现原来他跑步如此之快。我停下来不再去追他，站在原地高兴地鼓起掌来。他回过头来惊奇地看着我。

我对着学生们说："同学们，原来我们班有一个跑步健将，他就是曾××。如果不相信，咱们就来个跑步比赛，好吗?"学生们都一致赞同。"你敢不敢跟同学比比，证明自己的实力呢?"以他那不认输的性子一定会答应的。果然，他马上答应了。经过几轮的比赛后，他果然战胜了所有的对手，被同学公认为我班的第一跑步健将。所有的同学都向他投来羡慕的目光。

从那次以后，我发现他变好了。上数学课时，他悄悄地把数学书放在桌子上了……

还记得一次上数学课时，我提出这样一个问题："一段绳子，要让它变短，但不能剪断，你有何方法?"经过一分钟的思考后，这些一年级的学生居然想出了多种方法：把它对折，重叠；用纸把它遮住一部分；拿一段比它更长的绳子跟它比……我及时表扬了学生，他们居然说还要再想想是否还有其他答案，我很高兴。

一个女孩又举起手："老师，我还有答案！"话音刚落，一个学生马上大声说："老师，她是我们班最聪明的！"其他学生立刻附和："语文老师天天表扬她！"我让这位学生发表她的意见，她说："把绳子打上结，它就变短了。"我肯定了她的想法，接着对学生说："同学们刚才说这位同学是全班最聪明的，老师不同意。我觉得每一个同学都有不同的聪明。"教室里突然静了下来，学生们瞪大眼睛望着我，那目光流动着新鲜、好奇，还有微微的喜悦和羞涩。我说："有的同学字写得好，有的同学会讲故事，有的同学做事很快，这都是聪明……"我发现，许多学生不无惊喜地用眼神悄悄地交流着自豪，那女同学却有些茫然，大概是受惯了表扬，今天老师不再单独表扬她，有些不适应。我于是接着说："但是要使自己更聪明，都要积极动脑筋，像这位同学一样。老师希望每一个同学都有不同的聪明，还要有很多的聪明。"

学生们都使劲地点头。下课了，"老师，她是我们班最聪明的"这句话还萦绕在我的耳边。我实在感到悲哀，才一年级，班级就形成了从众的氛围，就形成了弱势群体和强势群体。那些边缘生（经常受老师批评和被忽略的学生）目光中的畏惧不安、疑虑是多么令人心痛啊！正如我的童年一样，那段经历就成为我人生中不可磨灭的阴影。要知道，他们漫漫的人生路才刚刚开始！而有一些"中心人物"又是那样骄傲，不可一世。

所以，作为教师应该掌握惩罚和赏识的度。每个人都有权利使自己成为人类认识领域中的一个开拓者。尊重每一位学生，赏识每一位学生，以一名帮助者、支持者、欣赏者的身份走近学生，这才是我们做教师的真正含义。

分析与思考

1. 谈谈你对校本研究的特点和意义的理解。
2. 经验 + 反思 = 成长，阐述你对这一命题的认识和体验。
3. 请制订一份教育阅读的行动计划，并付诸实施。
4. 请设计一个中小学生个案研究的行动方案，并付诸实施。

5. 请撰写一则“教育自传”，反映自己对教育的理解和体验。

6. 你认为中小学教师如何才能成为一个有效的研究者？

主要参考文献

1. 余文森、洪明编著：《校本研究九大要点》，福建教育出版社 2007 年版。

2. “创建以校为本教研制度建设基地”项目组编写：《校本教研在行动》，高等教育出版社 2006 年版。

3. 刘良华著：《校本教学研究》，四川教育出版社 2003 年版。

4. 汪利兵等著：《教育行动研究：意义、制度与方法》，浙江大学出版社 2003 年版。

5. 陈向明主编：《在行动中学作质的研究》，教育科学出版社 2003 年版。

6. 杨小微主编：《教育研究的原理与方法》，华东师范大学出版 2003 年版。

7. 郑金洲等著：《学校教育研究方法》，教育科学出版社 2003 年版。

8. 张行涛、李玉平著：《走进校本教研》，开明出版社 2003 年版。

9. 郑金洲著：《校本研究指导》，教育科学出版社 2002 年版。

10. 余文森、陈进兴主编：《以校为本的教研制度建设》，福建教育出版社 2003 年版。

11. 余文森：《论以校为本的教学研究》，《教育研究》2003 年第 4 期。

12. 姬升果：《校本教育研究是教师教育研究的基本方式》，《语文建设》2004 年第 2 期。

13. 朱玉东：《反思与教师的专业发展》，《教育科学研究》2003 年第 11 期。